KB189113

진은숙과의
대화

발행일
2024년 10월 25일 초판 1쇄

엮은이 | 이희경
펴낸이 | 정무영, 정상준
펴낸곳 | (주)을유문화사
창립일 | 1945년 12월 1일
주소 | 서울시 마포구 서교동 469-48
전화 | 02-733-8153
팩스 | 02-732-9154
홈페이지 | www.eulyoo.co.kr

ISBN 978-89-324-7527-1 (03670)

우주의 끝에 다다르려는 작곡가의 온 평생

진은숙과의
대화

이희경 엮음

엮은이 **이희경**

20세기와 21세기 음악의 다양한 흐름과 그 속에서 아시아와 한국 현대음악이 어떻게 전개되어 왔는지 오랫동안 천착해 온 연구자다. 서울대학교에서 음악 이론을 공부하고 동 대학원에서 음악학 석사를 마쳤으며, 베를린 예술대학에서 리게티 연구로 박사학위를 받았다. 현재 한국예술종합학교와 서울대학교에서 가르치며, 비평지 『오늘의 작곡가 오늘의 작품』 편집위원장으로 활동하고 있다. 한국문화예술위원회 6기 위원을 역임했다. 지은 책으로 『리게티, 횡단의 음악』, 『작곡가 강석희와의 대화』, 『메트로폴리스의 소리들: 빈·파리·베를린·뉴욕, 20세기 대도시를 가로지르는 현대음악의 풍경』, 옮긴 책으로 『진은숙, 미래의 악보를 그리다』, 『그라우트의 서양 음악사 7판』(공역), 엮은 책으로 『현대음악의 즐거움. 서울시향 '아르스 노바' 10년의 기록』 등이 있고, 현대음악의 다양한 주제로 40여 편의 논문을 썼다. 현재는 해방 이후 한국 음악계의 형성 과정을 문화 냉전의 관점에서 조명하는 연구 프로젝트를 진행 중이다. https://leeheekyung.kr/

일러두기

• 음악·미술·영화는 〈 〉로, 음반·오페라·창극은 《 》로, 책·잡지·신문은 『 』로, 기사·단편은 「 」로 표기했다.
• 진은숙의 작품명 및 작품 연주자명의 원어는 부록에 일괄 수록했다.
• 각주는 엮은이가 작성했으며, 간단한 부연 설명은 본문에 괄호로 넣었다.

차
례

엮은이의 말

작곡가의 말을 기록하는 일은 필요할까요? 작곡가는 전하려는 바를 음표로 악보에 적어 두는 존재이고, 그 음표들은 연주자들을 통해 소리로 우리에게 전달되잖아요? 바흐나 모차르트, 베토벤이나 말러가 살았던 시대에 사람들이 그들의 '음악'이 아닌 '말'에 귀 기울였을 것 같지는 않아요. 그런데 오늘날 이들 작곡가의 모습은 온갖 사사로운 기록과 각색된 이미지로 끊임없이 재탄생하고 있거든요. 작곡가의 일상을 엿보게 되면 그들이 창조해 낸 음악도 좀 더 가깝게 느껴지기 때문일까요?

20세기에 이르러 클래식 음악 작곡가들은 음표를 기록한 악보만이 아니라 자기 생각을 정리한 글도 많이 남겼습니다. 특히 일반 청중과 만나기 어려웠던 낯선 음악을 시도했던 작곡가들이 그랬어요. 세기말 청중과의 단절을 자처했던 쇤베르크, 2차 세계대전 이후 나온 불레즈와 슈토크하우젠 같은 작곡가의 글은 한때 그들의 악보만큼이나 많이 읽혔답니다. 음악의 청취 경험보다 그 음악을 낳은 의도와 이론에 주목했던 1950~1960년대 유럽 아방가르드의 모습은 이념이 지배했던 냉전 시대의 산물인지도 모릅니다.

진은숙은 1980년대 중반 창작 활동을 시작했어요. 한국이라는 나라가 어디에 있는지조차 잘 알려지지 않았던 시절, 동아시아 출신 여성이라는 어쩌면 눈에 띌 수도 있는 정체성을 전면에 드러내기보다, 고유한 음향적 상상력과 철저한 음악적 완성도로 자신만의 음악 세계를 서서히 벼려 가고 있었습니다. 한국에서 유럽으로 건너간 후 얼마간 창작의 슬럼프를 겪기도 했지만, 작품 하나하나에 자신의 모든 걸 바치는 열정으로 극도의 정교함을 추구하면서 작곡가의 길에 나선 것이지요. 그 과정에서 겪어 온 산고의 고통이야말로 오늘날의 진은숙을 있게 한 힘이 아닐까 생각합니다. 올곧게 걸어온 창작의 여정이 어느덧 40년이 되어 갑니다.

진은숙의 음악은 백인 남성이 주도해 온 현대 작곡계를 넘어 오늘날 클래식 음악계의 독보적인 존재로 자리매김했지만, 우리에게는 여전히 익숙하지 않은 '현대음악'으로 분류됩니다. 그런데 베토벤의 음악도, 쇼팽과 차이콥스키의 음악도 당시에는 현대음악이라 외면당하기도 했다는 걸 아시나요? 고전 낭만 시대를 지나 20세기에 수많은 음악적 시도와 실험이 명멸하는 과정에서 현대 작곡가들은 저마다의 방식으로 과거와는 다른 현대의 감성을 작품 속에 녹여 냈습니다. 새로운 정보도 쉽게 받아들이는 시각과 달리 새로움과 낯섦에 보수적으로 대응하는 청각의 특성상, 현대음악은 현대미술보다도 더 다가가기 어려운 것이 사실입니다. 작곡가의 말에 귀 기울이는 건 그가 빚어낸 추상적인 음들의 세계로 들어가기 위한 준비 같은 거라고 할까요?

환상적인 소리의 마술사라 불리는 진은숙의 음악 듣기는 그 자체로 흥미로운 청각적 경험을 제공합니다. 독특한 아이디어들에서 출발한 작품들은 시간의 흐름 안에서 섬세하게 세공된 음들의 조각으로 구성돼 있고, 이것들이 역동적으로 직조되며 색다른 음향의 팔레트를 펼쳐 나가거든요. 트로이 여인들의 울분과 세이렌의 침묵에 담긴 이야기, 소프라노 가수의 직업적 특성과 별들의 아이들인 인간에 대한 우주적 대서사시가 다뤄지기도 하고, 빛의 움직임을 음악적으로 재현하거나 피아노나 바이올린이 이전까지 표현하지 못했던 독특한 소리를 길어 내기도 합니다. 진은숙 창작의 원천이라 할 꿈의 세계는 《이상한 나라의 앨리스》와 《달의 어두운 면》 같은 오페라의 출발점이기도 하고요. 흥미진진한 진은숙의 음악 세계로 들어가는 길잡이 역할을 위해 이 대담집을 기획했습니다.

2012년 독일에서 50세를 맞아 출간된 진은숙 책을 한국어로 옮기면서 제 인터뷰도 추가했었어요. 외국어를 옮기는 데서 느낄 수 없는 내밀한 모습이 한국어 대화에서는 더 생생하게 전달된다고 생각했고, 작곡가가 60세가 되면 한국어로 나눈 대화를 기록하리라 마음먹었어요. 정제된 글이 아닌 말로 이루어진 기록에는 때로 모순되는 이야기들이 충돌하기도 합니다. 우리는 모두 이질적인 다중의 자아로 구성된 복잡한 존재들이고, 조건과 상황에 따라 다른 모습으로 드러나기도 하니까요. 다층적이고 복합적인 예술가의 내면을 말이라는 다소 즉흥적인 틈새를 통해 들여다보려는 욕망은 추상적인 음악을 창조하는 예술가에게 더 가까이 가기 위한 소통의 방편이 될 수도 있지 않을까요? 낯설게만 들리는 현대음악도 그걸 만든 사람의 모습을 친근하게 접한다면 조금은 다르게 들릴 수 있고, 사람에 관심이 생겨야 그가 만든 창작물에도 마음이 열리는 법이니까요. 낯선 음악을 온전히 받아들이기 위해서는 사이에 놓인 심적 장애물이 사라지는 것도 중요하잖아요.

인생사가 늘 그러하듯 이 대담집도 우여곡절을 거쳐 지금의 모습에 이르렀어요. 2021년 60세를 맞아 전 세계 곳곳에서 진은숙 음악회들이 예정되어 있었기에 그곳들을 방문해 현상에서 몇 차례의 인터뷰를 진행하려 했었는데, 2020년 발생한 코로나 팬데믹으로 이듬해까지 대부분의 공연이 열리지 못했어요. 원래의 인터뷰 기획은 무산되었고, 여러 분야의 전문가들과 나누는 대화로 방향이 바뀌면서 현재의 구성을 갖추게 되었습니다. 대화는 서로 간에 주고받는 상호적 소통이어서, 그날그날의 개인적 상황, 상대와의 친분 정도, 대화가 이뤄지는 시공간에 따라 어떻게 흘러갈지 예상하기 어려운 일종의 퍼포먼스에 가까워요. 그런 날것의 생생함을 최대한 덜어내지 않고 담아내려 했습니다. 2023~2024년에 가진 세 번의 인터뷰들 사이에 이전에 이루어졌던 두 번의 대화를 넣어 내용을 보완했어요. 진은숙과의 대화에 흔쾌히 시간을 내주신 '인터스텔라' 김지수 기자님과 물리학자 김상욱 교수님, 그리고 이전 대담을 수록하도록 허락해 주신 루체른 페스티벌과 로슈 기업의 마티아스 에센프라이스 이사님, 원일 작곡가/예술 감독님과 국악방송 제작진께 깊이 감사드립니다. 정신없는 일정 속에서도 어떻게든 시간을 내 인터뷰에 응해 준 진은숙 작곡가에게도 무한한 감사와 존경을 보냅니다.

말과 글은 다른 생리를 가진 터라 지면으로 접하는 작곡가의 말이 어떤 감응을 불러일으킬지 궁금합니다. 이 다섯 번의 대화가 진은숙 음악으로 들어가는 입구가 되기를 바라며 대담집 곳곳에 QR 코드를 넣어 진은숙 음악에 바로 접속할 수 있도록 했어요. 무엇보다 작곡가는 소리로 우리에게 말을 거는 존재니까요. 긴 시간 기다려 주신 을유문화사 최원호 편집자님을 비롯해 디자이너 님들, 정상준 대표님께도 감사 인사를 전합니다. 유난히도 더웠던 여름을 지나왔으니 이 대담집이 많은 이에게 가 닿아 결실을 거두기 바랍니다. 독자분들이 진은숙 음악 청취의 즐거움도 만끽하게 되시길……

2024년 9월
이희경

1.

음악하며
살아가기

'인터스텔라' 김지수 기자와의 대화

진은숙은 지난 20년간 다양한 형태의 인터뷰를 했다. 그 가운데 2016년 10월 '김지수의 인터스텔라' 기사에는 진은숙의 진솔한 모습과 당시 생각이 잘 담겨 있었다. 그로부터 7~8년의 세월이 흐르는 동안 신상에 많은 변화가 있었고 열두 편의 작품을 새로 써냈다. 클래식 음악계의 굵직한 상들을 받았고, 2020년 9월 초연된 오케스트라 곡 〈수비토 콘 포르차〉는 코로나 시기를 거쳤음에도 2024년까지 140여 회 연주되었으며, 2023년 발매된 《베를린필 진은숙 에디션》 음반 세트는 '디아파종 골드'에 선정되었다. 60대가 되어서도 창작은 물론이고 음악제 예술 감독으로 왕성한 활동을 벌이고 있는 진은숙의 현재를 생생하게 기록하기 위해, 2024년 4월 통영국제음악제를 마치고 서울에 잠시 체류하는 동안 김지수 기자와의 두 번째 만남을 주선했다. 인간 진은숙의 면모를 자연스럽게 끌어낼 훌륭한 인터뷰어라 여겼기 때문이다. 이 대화는 2024년 4월 9일 11시 30분부터 2시까지 서머셋팰리스 서울에서 진행되었다.

얼굴, 영화 음악

김지수(이하 생략) 제가 하는 일이 인터뷰여서 하시는 말씀을 귀 기울여 듣는 역할을 하겠습니다. 선생님 제가 너무 좋아하는 얼굴을 갖고 계세요.

진은숙(이하 생략) 아유, 이제 늙어서. 시시(오스트리아 황후)는 40대부터 우산으로 옆을 가려 사진 안 찍히려고 했다는데, 나는 지금 60이 넘었는데…….

사진가들이 좋아할 얼굴이세요. 국적을 알 수 없는, 특히나 항상 라인을 진하게 그리시고.
사실 눈 화장을 이렇게 할 수밖에 없어요. 제가 40대 무렵부터 눈썹을 붙였는데, 눈썹 붙이는 풀이 세요. 언젠가부터 그걸 떼면 눈썹이 같이 빠지더니 내 눈썹이 안 나서, 눈 화장을 안 하면 완전히 좀비처럼 되기 때문에 안 할 수가 없어요. (웃음)

그런 아픔이 또 있군요. 그런데 그 눈매의 깊이와 서늘함이 아우라를 만들어 내는 것 같아요. 긴 생머리도.
이 머리를 언제까지 할 수 있을까요. 요즘은 머리숱도 너무 많이 빠지고.

저는 이 책의 기획 자체가 좋았어요. 박찬욱 감독, 김상욱 물리학자가 진은숙 선생님과 일으킬 화학 작용이 근사할 것 같다고 생각했거든요.
그런데 박 감독님은 참석을 못 하실 것 같아요. 며칠 전 통영국제음악제에 오셨는데 바로 또 미국으로 가신다고 하더라고요. 도저히 시간을 내실 수 없는 상황이라.

30대의 진은숙(1993년 베를린)과
60대의 진은숙 © 구본숙

박 감독님에게 좋은 영감이 될 수 있었을 것 같은데……. 최근에 영화 〈듄 2〉를 봤어요. 혹시 보셨어요?

아뇨. 요즘 영화 볼 시간이 없네요.

드니 빌뇌브 DENIS VILLENEUVE 감독의 〈컨택트〉나 〈듄 2〉의 음악이 너무 좋더군요. 그런 스케일에 그 정도로 현대적인 음악을 할 수 있는 일은 흔치 않을 것 같은데, 오늘 아침에 선생님 음악을 들으면서 선생님이 영화 음악을 하면 좋겠다는 생각을 해 봤어요. 그럴 계획은 전혀 없으신가요?

영화 음악은 저희와는 장르가 완전히 달라요. 작곡하는 방식도 다르고요. 영화 음악은 영화 분위기에 맞게 사용되는 음악이잖아요. 잘은 모르지만 영화를 찍고 나면 짧은 시간에 그에 맞춰 곡을 만들어야 하는데, 그런 방식이 우리와는 전혀 다르죠. 우리는 우리가 원하는 것, 예술적인 걸 하니까.

다만 좋은 작품을 하는 감독들이 선생님의 음악을 영화에 가져다 쓴다면.

그건 반대하지 않아요. 그런데 아무도 안 그러죠. (웃음)

오늘 아침에 〈생황 협주곡〉을 듣는데 하나의 실내극 같은 느낌이 들더라고요. 촬영을 그렇게 해서인지 모르겠지만, 연주자와 정명훈 지휘자 등을 오가면서 사운드가 서사를 구성하는 느낌이었어요.

영화 음악을 한다면 생황 연주로 하면 좋을 것 같긴 해요. 복잡할 필요 없이 단순한 걸로. 소리 자체가 아주 이국적이고 좋으니까.

그런 상상을 하면서 좀 더 정확한 표현을 찾아내고 싶은데, '아름답다' 보다는 조금 다른 차원의 형용사가 쓰이면 좋겠다고 생각했어요.

에른스트 폰 지멘스 음악상 뒷이야기

먼저 얼마 전 받은 지멘스 음악상 이야기부터 해 보죠. 아시아인으로서는 반세기 만에 첫 수상이고, 카라얀 HERBERT VON KARAJAN **과 번스타인** LEONARD BERNSTEIN **도 받은 클래식계의 노벨상 같은 상이라고 하던데, 2004년 그라베마이어상도 노벨상이라고 했잖아요.**

그라베마이어상은 제가 받은 후로 상금이 반으로 줄었어요. 지금은 젊은 세대도 타고 상의 위력이 그만큼 반감된 거죠. 그 상이 처음 생겼을 때는 상금이 15만 달러였는데 제가 타기 바로 전에 20만 달러로 올랐다가 타고 나서 반으로 깎였어요. 저는 항상 상 운이 너무 좋아요. (웃음) 지멘스 음악상은 아무래도 독일에서 주는 권위 있는 상이기 때문에 피드백도 좋았고, 사람들이 '누가 이 상을 탔구나' 감지하는 정도가 다른 상들과는 스케일이 다르더라고요.

상복이 진짜 많으신데, 운도 능력이라고 하잖아요. 그 기운에 딱 맞는 작품을 정확하게 내놓을 때 눈에 띄는 거니까요. 수상 소식을 들었을 때 뭘 하고 계셨어요?

베를린 집에서 곡 쓰고 있었어요. 지멘스상 수여하는 재단 책임자가 예전에 도나우에싱겐 음악제 예술 감독이었는데 한 번 만난 적이 있어요. 저는 평소에 누구와 핸드폰으로 통화하는 경우가 거의 없거든요. 아무도 내 번호를 모르고 통화를 썩 좋아하지 않는데, 뮌헨 번호로 누가 전화를 한 거예요. 누굴까 했는데, 예전 이메일 계정으로 그분이 통화를 잠깐 하자고 메일을 보냈더라고요. 나한테 뭔 볼 일이 있지 싶어 전화했더니, 전날 마지막 회의를 했는데 내가 상을 타게 됐다고 하더라고요. 사실 작년에 친구인 조지 벤자민이 수상했을 때 제가 처음으로 그 시상식에 초청받아 갔어요.

어디서 하나요?

뮌헨에서요. 그 시상식에는 처음 가 봤는데, 친구가 상을 타고 파티도 하고 좋았어요. 그런데 끝나고 조지가 나한테 귓속말로 '너도 이 상을 빨리 탔으면 좋겠다'라고 해서, '내가 이 상을? 독일 사람들이 나한테 이걸 줄까?' 하면서 말도 안 되는 소리 하지 말라고 했어요. 만약에 타게 되더라도 80 넘고 나이 다 들어서 상 필요 없을 때쯤 주지 않을까 하고 생각했는데, 바로 그다음 해에 받게 되어서 믿어지지 않았어요. '말도 안 된다, 이게 진짜냐' 그랬죠. (웃음) 6개월 동안 아무한테도 말하면 안 돼서 남편과 둘만 알고 있었어요.

남편은 뭐라고 했어요?

너무 좋아하죠. 내가 돈 벌면 자기 거니까. (웃음)

상금이 많죠?

꽤 많죠. 누군가가 그 돈을 그냥 주는 거잖아요. 그 상금엔 세금도 안 매기거든요. 그러니까 완전히 순이익이에요.

얼마였죠?

25만 유로니까, 지금 환율로 3억 7천 정도예요.

진짜 거대한 상이네요.

아무한테도 얘기 안 하고 있었는데 그때 연주가 많아서 쾰른과 베를린의 페스티벌이나 음악회를 많이 다녔거든요. 그러면 사람들하고 만나 얘기를 하잖아요. 다들 '지멘스상은 누가 탈까?' 그러면 시침 뚝 따고 있고, 누가 농담으로 '이번에는 여자가 좀 받으면 안 돼?' 그러면서 저를 보면 '물론이지' 하면서 모르는 척하고 그랬어요.

그렇게 사람들이 모르면서 점치는 걸 즐기셨네요.

그전에 받았던 상도 결과를 미리 통보받고 말하면 안 되는 기간이 길었어요. 비후리 시벨리우스상은 1년 동안 말하면 안 됐고, 레오니 소닝상은 2년 전에 이미 결정됐으니까, 그렇게 함구하는 훈련을 해서 별로 힘들지는 않았어요.

그런데 왜 미리 알려주는 거예요?

시상식을 미리 준비해야 하니까요. 어떤 곡을 연주하고, 어떤 앙상블이 출연하고, 누가 인사말을 할지 등을 논의해야 하니 미리 알려

2024년 5월 18일 뮌헨 레지덴츠 헤라클레스 홀에서 열린
2024 에른스트 폰 지멘스 음악상 시상식과 앙상블 앵테르콩탱포랭의 기념 연주 모습
진은숙의 두 대의 바이올린을 위한 〈그랑 카덴차〉(2018)를 연주하는
강혜선과 디에고 토시

줘요. 그리고 수상일도, 그쪽에서 나한테 연락하기 전에 이미 내 일정을 다 알아보고 날짜를 정해 통보하더라고요.

음악가는 스케줄상 항상 미래를 살기 때문에 어쩔 수 없군요.
그런데 시상식 바로 전에 샌프란시스코에서 〈알라라프 '심장박동의 제의'〉 미국 초연이 있는데 연주를 세 번 해요.* 거기 참석할까 말까 고민했는데, 일정상으로는 갔다가 아주 급히 첫 연주만 보고 오면 되지만 아무래도 그 연주는 포기해야 할 것 같아요. 요즘 여행을 다니다 보면 비행 일정이 취소되거나 연기되는 경우가 많아서 너무 위험하고, 그렇게 먼 거리를 이동하기가 힘들어서 이번에는 집중해서 시상식에만 가려고 합니다.

그런 큰 상의 수상자가 되면 '이제 다 이루었도다', 그런 마음일까요?
아이, 그렇지는 않죠. 상이라는 건 중요하지 않고, 작품을 쓰는 게 중요하지. 저는 상은 완전히 운이라고 생각해요.

그런데 상을 하나도 못 받았다고 생각해 보세요.
그러면 좀 힘들었겠죠. 그동안 저는 프리랜서 작곡가로 살았으니까, 지금은 상을 안 받아도 생활이 가능하지만 젊었을 때는 안 그렇잖아요. 여러 가지로 조금 힘들었겠죠. 그래서 처음에 그라베마이어상 받았을 때 진짜 큰 도움이 됐어요. 그런데 그건 세금을 내는 상이었어요. 한 곡으로 상을 받으면 세금을 내야 하거든요.**

그 세금을 독일에 내나요?
네. 제가 독일에 사니까요. 그래서 상금을 한꺼번에 안 주고, 5년 동안 나눠서 매년 4만 달러씩 주더라고요.

사려 깊다. 이럴 때 진은숙 선생님도 생활인이라는 걸 느낄 수 있어요.
그렇죠. 독일 세금이 세거든요. 독일 시스템에서는 돈을 많이 저축

---

* 뮌헨의 지멘스상 시상식은 2024년 5월 18일에 열렸고, 샌프란시스코 심포니 연주는 5월 16~18일 3회에 걸쳐 진행됐다.

** 미국 켄터키주 루이빌대학에서 수여하는 그라베마이어상 Grawemeyer Award은 하나의 아이디어가 세상에 미치는 영향력을 강조하며 창의적인 아이디어의 힘에 경의를 표하는 상이다. 진은숙은 2004년 〈바이올린 협주곡〉(2001)으로 수상했다.

해서 부자 되기는 불가능해요. 나라에서 다 가져가서. 그래도 누군가는 세금을 내야 하니까요. (웃음) 상금 외에도 세금은 이미 많이 내고 있어요.

독일에서 공부하신 김누리 교수 이야기를 들어 보면 독일 교육이나 시스템이 그나마 가장 좋은 대안이던데요?
글쎄요. 요즘은 독일이나 유럽 문화가 전체적으로 조금씩 붕괴되고 있다고 느껴요. 모든 것이 디지털화되면서 세상이 너무 빨리 바뀌잖아요. 그런데 유럽이라는 곳은 뿌리가 깊고 오랫동안 이어져 온 터라 빨리 적응하지 못하고 허덕허덕하면서, 뭐랄까 구멍이 생기는 거예요. 하다못해 기차 시간도 잘 안 지켜지고, 디지털화 과정에서 기능이 제대로 안 되는 곳이 많아요. 그런데 아무도 책임을 안 지는 거야. 책임지는 사람이 없으니까 물어볼 데도 없고 항의할 데도 없어요. 참, 이 나라가 옛날에 내가 처음 왔을 때 독일이 아니구나, 그런 생각을 요즘 많이 해요. 안타깝지만, 그래도 독일이 지닌 보이지 않는 저력은 상당하죠.

그렇군요. 그곳에 이방인으로 살면서 변화를 보신 분은 또 다르게 느끼시는구나. 선생님 이력을 찾아보면 항상 가족 얘기가 붙는데요. 음악평론가 진희숙의 동생이고 진중권의 누나라는.
요즘에는 신문 기사에 그런 건 안 나오던데. 그건 좀……. (웃음) 아니 왜 가족 얘기가 계속 붙을까요?

원가족이 선생님 인생에 얼마만큼 영향을 미쳤나요?
우리는 가족이라는 개념이 별로 없어요. 각자 개인주의고 서로 자주 왔다 갔다 하지도 않고요. 아버지가 일찍 돌아가셨고 어머니까지 재작년에 돌아가셔서 이제는 가족이라고 만나는 일도 별로 없고, 특히 저 같은 경우 가족의 중요성은 잘 모르겠어요. 물론 지금의 가족은 중요하지만, 원가족은 성인이 되면서는 별로 의미가 없는 것 같아요.

'이상한 나라의 진은숙'?

그렇군요. 2000년대에 제 후배가 잡지 『보그』에 있을 때 선생님을 인터뷰한 적이 있어요. 그때 바람에 휘날리는 사진이 인상적이었는데, 그런 외모와 현대음악 작곡가라는 포지션이 특별했거든요. 그때 기사 제목 「이상한 나라의 진은숙」이라는 표현이 선생님의 스타일을 비롯해 모든 것과 너무 딱 맞아떨어졌어요. 《이상한 나라의 앨리스》 오페라도 쓰셨으니까, 혹시 스스로 '내가 이상한 나라의 진은숙'이라는 생각을 하셨어요?
글쎄요. 물론 작품이 개인적이거나 무의식의 차원에서는 연관되겠지만, 저 자신은 작품과 분리해서 거리를 두려고 하는 편이거든요. 내가 '이상한 나라의 누구'라는 건 너무 과장된 표현 같고요.

어떤 국적이나 민족적인 지향 같은 것이 선생님 작품 세계에 아예 없잖아요?
민족적이라는 것이 옛날 조선 시대부터 있던 건 아닐 테고, 세상은 너무 많이 바뀌니까 지금 하는 것도 사실은 한국적인 거죠. 저는 그런 식의 생각에 얽매이지는 않았어요. 그것 때문에 독일에서도 제 작품이 많이 연주되지 않았고, 한국에서도 초창기에는 비판하는 사람도 많았고요. 그런데 그것도 다 유행이라서 시대가 지나면 사람들의 생각도 바뀌더라고요. 막연하게 한국의 전통이 한국적이라고 생각하는데, 솔직히 말해서 지금 우리의 일상생활이나 삶이 얼마만큼 그것과 연관되나요? 관련이 거의 없다고 해도 과장이 아닌데.

그렇죠. 굉장히 섞여서 부글부글 끓고 있죠.
한국 전통 음악, 특히 궁중악의 경우는 왕조와 왕이 있을 때 연주됐던 것이고 지금 세상에서는 가끔 박물관에서 유물 보는 것처럼 연주를 들을 뿐, 그게 우리 일상생활이나 인생에 중요한 역할을 하고 있지 않잖아요. 음악적으로 너무너무 훌륭하지만, 궁중악은 어느 정도 음악이라기보다는 철학 같은 느낌이라서, 그 음악이 가능했던 제반 상황이 없어지면 일상생활에서 살아남기 힘들죠. 그런데 판소리나 민속악들은 상당히 생동감 있기 때문에 의미가 있어요.

황병기 선생님의 〈미궁迷宮, THE LABYRINTH〉만 들어 봐도.
〈미궁〉은 지금 봐도 세련되게 잘 만드셨는데 서양 음악을 가야금으로 연주하는 느낌이 들어요.

〈미궁〉에 대해서 선생님이 얘기한다는 것 자체가 신선하네요.
그런데 국악기를 사용해서 만든 음악 중에 여태까지 저를 설득한 음악은 별로 없었어요. 진짜로 새롭다기보다 서양 음악을 흉내 내거나 서양 음악의 단순한 작곡 기법으로 듣기 좋은 음악을 쓰는 정도. 그게 안타깝기는 하죠.

황병기 선생님과 백남준 선생님이 교류를 많이 하셨죠.
백남준 선생님은 진짜 오리지널하고 그전에 없던 걸 창조한 분이죠. 그런 분이 한국에서는 푸대접받는 게 너무 아쉬운데, 정말 그분을 문화적인 콘텐츠로 만들면 얼마나 대단하겠어요. 한국에서만 몰라요.

음악적으로는 전혀 평가해 줄 사람이 없으니 그 부분을 끌어올려 주지 못하고.
그분이 했던 작업의 음악적인 면을 보자면, 당시 유행했던 플럭서스 FLUXUS 운동•은 전통적인 것을 무너뜨리는 데 의미가 있었고, 그전에 없던 '비디오 아트'를 만들어 냈다는 점에서 진짜로 오리지널하죠. 그런 작업이 사실 한국적인 거예요. 한국의 문화적인 콘텐츠고요. 그런데 그걸 이용하지 못하고 외국의 문화원에도 케이팝 스타들 사진만 있어요. 윤이상-백남준-정명훈 이렇게 가도 좋을 텐데, 문화를 바라보는 시각이나 차원이 좀 단편적이고 무엇이 중요하고 중요하지 않은지를 구분하는 기준이 없는 게 안타까워요.

> • 1960년대 주로 독일의 여러 도시를 중심으로 일어난 국제적 전위 예술 운동. 백남준은 플럭서스 운동의 주요 멤버였다.

안타까우면서 외로움이 들기도 할 것 같아요.

그렇죠. 외국에서 활동하는 한국 출신, 특히 창작하는 사람들의 딜레마는, 외국인으로서 활동하기 쉽지 않고 받아들여지기도 쉽지 않다는 거예요. 어딜 가나 좀 싸워야 하는데 그건 다른 나라 사람들도 마찬가지예요. 그들도 외국에 나가면 쉽지 않아요. 그런데 그들은 모국에 돌아가면 튼튼한 홈그라운드가 있어요. 그런데 우리나라는 그렇지 않아요. 그러니 상당한 손실이죠. 모든 분야가 그래요.

쓸쓸한 일이네요. 그래도 어쨌든 클래식계에서 한국인들이 약진하고 있죠.

주로 연주 쪽이죠. 그들이 바깥에서 활동할 때의 국제적인 수준이 국내 수준이 되어야 하는 거예요. 지금은 많이 나아졌지만 그들이 한국에서도 진짜 탄탄하게 일할 수 있어야 해요. 그리고 연주자들에게는 많이 쉬워졌어요. 멋있게 연주하는 건 보면 아니까. 그런데 창작은 아무래도 이해도가 떨어지니 힘들죠. 그런 부분에서 앞으로 개선되어야 할 여지가 많아요. 그래도 1980년대에 비하면 여러 면에서 많이 좋아졌죠.

1960~1970년대 한국 사회

굉장히 어려운 일을 해 오셨고 어려운 길을 가고 계신다는 생각이 듭니다. 어쨌든 뿌리는 한국의 가난한 개척 교회 목사의 둘째 딸로 교회에서 피아노 반주하면서 음악을 시작했는데, 거기서 얼마나 멀리 왔다고 생각하시나요?

멀리 왔죠. 진짜 개천에서…… 정말 한국의 1960~1970년대를 생각하면, 가난, 정치적 불안, 인권에 대한 무감각 그 모든 것이 끔찍해요. 그때는 사람을 대하는 방식도 훨씬 더 험악했고, 특히 아이들은 인간이 아니었으니까요. 학교에서는 막 쥐어패고 집에 가면 부모한테 두들겨 맞고 길거리에서 잘못하면 어른들이 와서 꿀밤 때리고 이런 일이 너무 일상적이었어요. 인간적으로 존중해 주기보다는 윽박지르니까 사람들이 옹이지는 거죠. 아이들을 그렇게 망가뜨린 거 아니에요. 그렇게 성인이 됐는데 그들한테 사람 노릇을 하라고 요구하는 게 가능하지 않죠. 저는 우리 사회의 너무나 많은 문제가 거기서 왔다고 생각해요. 몇 세대에 걸쳐 인간성과 자존감의 싹을 어렸을 때 다 잘라 버렸는데, 그런 사람들이 어른이 되면 사람 구실을 할 수 있겠느냐고요.

엄청난 트라우마죠.

자존감의 결여. 이 사회의 너무나 많은 문제가 여기서 온다고 봐요. 일단 자존감을 가지고 자기를 존중하는 사람이 남도 존중하지, 자기를 존중하지 않고 학대하는 사람은 남도 학대하게 되거든요. 나는 외국에 오래 살아서 그런지, 한국 사회의 인간관계에서 이런 점들이 보여요. 페스티벌을 조직하는 일에서도 그런 문제가 항상 대두되는 것 같아요. 자기가 어디 안 끼면 자존심 상해 하고 모든 일을 개인적인 차원에서 바라보죠. 자신의 개인적 이익이라는 차원에서 바라보

어린 시절 피아노 치는 진은숙(1968년경)

10대 시절 가족 사진(1970년대). 앞쪽 둘째 딸

는 거예요.

자신이 배제된다고 생각하면 본인의 자존, 생존과 바로 연결되니까요.
그렇지 않거든요. 그게 잘못되었어요.

그런 사회였는데 선생님은 강한 자존감을 가지셨네요.
나도 자존감을 가지려면 아직 멀었어요. 나 역시 1960년대 한국 사회에 태어나서 자랐기 때문에 해결되지 않는 문제가 너무나 많았고 지금도 있어요. 이런 점이 나의 생활과 작품 활동에도 지대한 영향을 미쳤죠. 서양 작곡가들은 자신감이 넘치고 자기가 하는 작업이 너무 대단하다고 생각해요. 대단하지 않으면서 그렇게 생각하는 사람도 물론 있지만, 기본적으로 그들은 자기를 존중해요. 영국이나 독일, 프랑스 사람들은 태도가 다르잖아요. 너무 자신감 있는데 우리는 그렇지 않거든요. 그 사이에서 싸우며 생존해야 하는데, 지금까지도 나는 내 곡에 대해 항상 비판적이니까요. 작가로서 자신 없는 부분이 많은데, 물론 창작하는 사람으로서 그런 태도는 필요하지만 지나칠 정도로 자신 없어 하는 이유는 어린 시절의 그런 교육에 있다고 생각해요. 내가 나를 믿지 못하는 태도가 좋을 수도 있지만 안 좋은 영향도 미쳐요. 서양 작곡가들은 좋지 않은 작품을 써도 자신감이 있으니 자기 걸 밀어붙이는 거예요. 작품에 투영되는 예술가 자신의 아집과 자존, 자신감 같은 것들이 음악적인 부분에도 영향을 미치거든요.

그렇죠. 글쓰기도 마찬가지고요. 그런데 그렇게 험한 환경에서 어쨌든 피아노나 음악을 붙잡고 이렇게 쭉 올라왔다는 게 놀라워요.
저한테는 하나도 놀랍지 않고 너무 자연스러운 일이에요. 정말 음악을 알고 나서부터는 음악이 나의 인생이라 생각했으니까요. 음악 없이는 살 수가 없는 거죠, 어렸을 때부터. 오히려 어렸을 때는 더했어요. 그때는 음을 들으면 정말로 무슨 마약을 넣는 것 같았어요. 그러니 그걸 붙들고 여태까지 산 게 그렇게 대단하진 않아요.

그러니까 음악이 생명약 같네요.
음악을 잘하는 사람들, 예를 들어 앙투안 타메스티 ANTOINE TAMESTIT ● 같은 사람을 봐요. 그 사람은 정말 머리끝부터 발끝까지 음악가예요.

● 프랑스 비올라 주자. 2024년 통영국제
음악제 상주 음악가로 초청되어 네 차
례의 연주를 했다.

그 사람에게 음악하는 건, 숨 쉬고 밥 먹고 자는 것과 똑같아요. 그 사람한테 '당신 너무 대단해. 여태까지 이렇게 음악하면서 왔어'라고 얘기하는 건 의미가 없죠. 그건 너무 자연스러운 일이니까요. 저도 마찬가지예요. 그런데 음악하는 사람 중에는 진짜로 음악이 좋고 음악이 자기 삶이라서 하는 사람과 그렇지 않은 사람이 있어요. 음악을 자기가 살아남는 수단, 돈 벌고 성공하기 위한 수단으로 이용하는 사람들이 있어요. 권력을 얻고 싶으면 정계로 나가고, 돈을 벌고 싶으면 재계로 나가고, 유명해지고 싶으면 연예계로 나가지, 음악은 너무나 힘든 일이고 거기서 얻을 수 있는 명성은 극히 미미하거든요. 그래서 그럴 거면 하지 말아라 싶죠. 그런데 그걸 모르는 사람들이 너무 많아요. 특히 창작 분야에서 성공하기 위해 음악 창작을 이용하고 그걸 통해 유명해지려고 하는 사람들.

창작과 성공이라는 말은 잘 붙지 않는데요.
성공했다 하더라도 그 성공이라는 건 너무 미미하고, 죽고 나면 다 물거품이 될 수도 있어요. 창작을 해서 새로운 걸 내놓은 사람이 지금 유명하고 대단하다 해도 그 상태가 유지되지 않는 경우가 많거든요.

음악은 삶 자체

그런데 선생님은 왜 하시는 거예요?
나는 배운 게 음악밖에 없고 음악이 나의 삶이기 때문에 하는 거죠.
할 수밖에 없는 것.

항상 처음 들어 보는 소리를 추구하시잖아요.
처음 들어 보는 소리라고 할 수는 없죠. 너무나 많은 소리가 이미 나
왔고 사용되었으니까. 소리라기보다는 그 소리를 이용한 음악 세계,
다른 사람들이 하지 않은 세계를 추구하는 거죠.

**그런데 그 세계 안에 아주 정교하면서도 역동적이고 항상 모순적인 것
이 같이 있잖아요. 저는 선생님이 완전한 세계를 꿈꾼다는 느낌이 들
어요. 완전한 건 완전할 수 없는데.**
완전하고 완벽한 것은 창작하는 사람이면 누구나 꿈꾸어요. 옛날
작곡가 바흐가 너무너무 대단하지만 요즘 세상에 음악을 하면서 그
런 차원에 도달하기는 불가능하고, 누구나 꿈꾸지만 도달하지 못하
기 때문에 창작을 계속하는 거예요. 그런데 어느 순간 작품이 완벽
하다는 생각이 들면, 물론 그렇게 착각하면서 계속 쓰는 사람도 있
지만, 내 작품이 진짜 완벽하다면 이제 그만두면 돼요. 더 이상 안 해
도 돼요.

모든 작품이 굉장히 야심만만한 것 같아요. 소품이 별로 없고.
그게 나의 문제인데, 야심만만하게 하다가 또 포부AMBITION 가 생기
니까.

그러다가 쓰러질 것 같아요.

그런데 그런 점이 나의 살아온 인생과도 연결돼요. 음 몇 개 쓰고 소품 같은 걸 해서는 나를 인정하지 않거든요. 항상 나의 최대치를 하면서 소리를 질러야 사람들이 나의 존재를 알아줬고, 그렇게 살아왔기 때문에 작품도 그렇게 되었는데, 나이 들면서 이제는 조금 여유를 가질 필요는 있죠. 이번에 페스티벌 하면서 느낀 게 많았어요. 특히 앙투안 타메스티 연주는, 물론 잘하는 건 알고 있었지만, 이번 연주에서 그가 준 감흥은 이루 말할 수가 없어요. 연주도 잘하지만 정말 그 사람은 한 음을 해도 그 안에 모든 우주가 들어가 있어요. 그래서 창작할 때도 저렇게 해야 한다는 생각을 했죠.

그러셨구나. 그렇게 웅장해지고 스케일이 커진 데는 선생님의 어떤 아우성이 있으셨군요.
나를 알아봐 주세요, 그 정도.

음악가마다 자기 영혼의 저장고가 있잖아요. 선생님 영혼의 저장고에는 무엇이 제일 많이 들어 있나요?
글쎄요. 그건 모르겠는데⋯⋯. 알 수가 없죠. 내가 나에 대해 얘기하기는 힘들어요. 내가 나를 모르기 때문에.

어떤 감정?
글쎄요⋯⋯. 복잡하죠. 나도 내면에 소용돌이가 많은 사람이라, 특히 이런 페스티벌 하나 끝나고 나면 좀 멍해요. 지금 쓰는 오페라 작업을 다시 시작해야 하고. 2025년에 초연이니 얼마 남지 않아서 지금 감정을 들여다볼 여유가 없어요.

늘 위촉받고 또 그 숙제를 끝없이 해내시네요.
인간의 삶이 아니죠.

해냈을 때 쾌감이 있으니까.
쾌감도 아니에요. 약간의 성취감이 잠시 있죠. 그런데 창작하는 사람들에게 창작이나 그 과정에 대해 물어봐도 잘 몰라요. 학자들도 마찬가지인 것 같던데, 이번에 제 오페라 무대를 데드 센터DEAD CENTRE라는 영국 팀이 해요. 그 담당자가 무대 아이디어를 생각하다가 제가 미팅 때 볼프강 파울리WOLFGANG PAULI에 대해 미국 물리학자가 쓴 『137』이라는 책이 좋았다고 하니까 저자를 만나러 갔어요. 영국 옥스퍼드에 사는 아서 I. 밀러ARTHUR I. MILLER라는 학자인데 마

릴린 먼로의 남편 아니고 다른 사람이에요. 책도 읽었으니 물리학에 대해서도 물어보고 무대 아이디어도 얻을까 하는 대단한 기대를 갖고 찾아갔는데, 점심을 하면서 물리학 얘기를 물어보면 '내 책에 다 있으니 책을 읽으시라' 그러고, 바캉스 가는 얘기만 하다가 끝났다는 거예요. 그 분야를 잘 모르는 사람이 얘기하면 어떻게 대답해야 할지 모르겠기도 하고 너무 복잡하기도 하니 책을 읽으라는 거죠. 답은 거기 다 있으니까.

맞아요. 재독 철학자 한병철 작가와 인터뷰를 했었는데, 뭘 물으면 자기는 책보다 엄청 아둔한 사람이니 그 책에 대해 묻지 말라더라고요.

유럽 음악계의 인정

선생님은 아시아 변방 출신의 여성인데, '현대음악 작곡'이라는 유럽 예술의 자부심의 성전에서 일하고 계세요. 유럽인들이 자신들에게 어떤 영감을 촉발하는 존재로 나를 인정했다고 느낄 때가 언제였나요?

특정한 시점에 느끼진 않았고, 몇십 년 동안 서서히 받아들여졌죠. 처음 독일에 살면서는 별로 연주가 없었고, 전혀 안 알아주고, 저도 알아주길 원하지 않았어요. 쌍방의 합의하에 그랬어요. 왜냐하면 지금은 좀 나아졌지만, 독일에서 활동하려면 그들이 원하는 걸 해야 하니까요. 나는 처음부터 현대음악계가, 특히 독일-오스트리아 쪽의 아방가르드한 현대음악계가 너무나 많은 거짓말이 난무하는 판이라고 봤어요. 그럼 결정해야죠, 나도 그렇게 살지 안 그럴지. 그런데 나는 나를 뮤지션이라고 생각하거든요. 내가 좋아하는 음악과 내가 쓰기를 원하는 음악이 있어요. 음악적인 차원에서 생각하고 행동하고 일하는 사람이야. 그런데 거기서 인정받으려면 끊임없이 프로그램 텍스트를 멋지게 써야 하고, 제목을 정할 때도 말하자면 항상 전략적으로 생각해야 하는 거예요. 어떻게 하면 내가 먹힐까, 남들한테 어떻게 보일까, 어떤 식으로 하면 나를 인정할까. 나는 그게 거짓말하는 거라고 생각해요.

그들이 원하는 그림이 있네요.

한국적인 것, 우리 전통을 하면 그들은 평가를 못 해요. 비판을 못 하니 먹히죠. 제대로 된 음악은 우리가 할 테니 너희는 그냥 너희 민속을 하라는 식이죠. 독일 사람들이 여행을 좋아하잖아요. 이국적인 곳에 바캉스 가서 자기네와 다른 걸 즐기며 좋아하지만 절대 자신들한테 넘어오진 말라고 하는 사고방식이 있는데, 음악이나 예술에서도 똑같아요. 제대로 된 유럽 전통의 음악은 우리가 할 테니 너희는 우리가 못 하는 구석을 채워 주는 역할을 하라는 것이고, 누가 자기네와 비슷한 음악을 한다면 인정하지 않죠. 사실 그들을 뛰어넘는 좋은 작품을 내놓기가 어렵기도 하고요.

처음에는 그랬는데 15~16년 정도 지나 외국 지휘자가 내 작품을 오케스트라에서 연주하기 시작했어요. 켄트 나가노, 사이먼 래틀이 베를린에 오면서 심포니 오케스트라에서 연주했죠. 그런데 현대음악계에서는 앙상블 모데른도 그때까지 내 곡을 딱 두 번 연주했나?* 그때는 내가 젊었으니까 우리 출판사 사람이 찾아가서 프로모션도 했는데, 시간이 안 되고 자기네가 초청받아 가는 쪽의 기획자가 내 작품을 원해야 하는데 그렇지 않으니 기회가 없었죠. 이번에 통영에 왔던 클랑포룸 빈은 20년 동안 내 작품을 단 한 곡도 연주하지 않았어요.** 그리고 베를린 음악축제 MUSIKFEST BERLIN 에서는 재작년까지 단 한 곡도 연주하지 않았고요. 내가 베를린에서 35년을 살았는데 독일이 그랬다니까요.

엄청나게 배타적이네요.

자기네가 원하는 울타리에 맞춰 주지 않는 사람은 받아들이지 않는 거예요. 요즘은 미투 운동도 일어나고 다양성이 중요해져서 여성 작품도 해야 하니까 몇 해 전부터 조금씩 분위기가 바뀌고는 있어요. 그동안 나를 인정하고 유일하게 받아들인 건 베를린 필하모닉이에요. 그들은 현대음악계와는 상관이 없고, 초연이 아니라도 자기네가 원하는 음악을 연주하니까요. 다행히 그렇게 해서 앨범도 나왔고요. 이제 내가 나이가 있으니 음악제들에서도 연주 안 하면 욕먹을 것 같은 분위기라 약간 등 떠밀려서 하죠. 작년에 처음으로 베를린 음악축제에서 세 곡이 연주됐어요. 집중 조명하는 것처럼요. 독일 사회가 그만큼 자기 것을 주장하면서 인정받기 힘든 사회예요. 그런데 내가 그들이 원하는 대로 했다면 좀 더 일찍 인정받았겠지만 작곡가로서의 수명은 일찍 끝났을 수도 있어요. (웃음)

* 1990년대 말까지 앙상블 모데른은 진은숙의 〈말의 유희〉를 1996년 11월 투어에서 3회, 〈기계적 환상곡〉을 1998년 12월에 2회 연주했다. 두 곡 모두 지휘는 조지 벤자민이었다. 2000년대 이후에는 진은숙의 〈구갈론〉을 비롯해 여러 곡을 13회 더 연주했다.

** 지금까지 클랑포룸 빈은 진은숙의 작품을 7회 연주했는데, 1990년대에는 단 한 번도 연주한 적이 없다. 첫 연주는 2001년 6월 〈기계적 환상곡〉, 두 번째는 2012년 9월 〈구갈론〉이었다. 프랑스의 앙상블 앵테르콩탱포랭 34회, 네덜란드의 뉴 앙상블 20회 연주에 비하면 적은 횟수이긴 하다.

아시아 여성으로서의 정체성을 맞춰 줬다면.

내가 여자라서 힘들다고 하거나 한국 얘기를 하는 게 별로 보기에 안 좋아서, 인터뷰할 때도 음악 얘기만 하고 내가 소수 민족이라서 차별받는다는 얘기는 안 해요. 그건 중요하지도 않고요.

설움은 있지만 드러내지 않는다.

내가 개인적으로 특정인한테 고까워할 문제는 아니고요. 어떤 시대의 흐름이나 시스템이라는 큰 그림 안에서 그런 경향이 있었다는 거예요. 무슨 음악제 감독이 내 작품 연주를 안 해 줬다는 식의 얘기가 아니고, 나도 연주회를 조직하고 페스티벌을 기획하는데, 프로그램 선정에 개인적인 호불호가 개입되지는 않으니까 그런 차원의 얘기는 아니죠. 어쨌든 독일에서 내 음악이 인정받고 연주되는 게 그만큼 힘들다는 겁니다. 네덜란드에서는 1980년대부터 계속 위촉도 받고 음악이 연주되었고, 영국이나 미국을 포함해 세계 각국에서 그랬죠. 특히 프랑스에서는 내가 거기 살지도 않는데 앙상블 앵테르콩탱포랭과 이미 1990년대부터 작업하면서 도이치그라모폰에서 음반도 냈고요. 외국에서는 그만큼 활발했는데 내가 살고 있는 나라, 특히 내가 살고 있는 도시에서 인정받기가 힘들었죠.

많이 힘드셨겠다.

나는 오히려 다행이었다고 생각해요. 곡을 쓰면서도 바깥에서 나를 인정하거나 성공하는 게 그렇게 중요하지 않았어요. 지금도 마찬가지고요. 관건은 내가 쓰는 이 작품이 어떠냐는 거죠.

새로운 오페라 작업

로열 오페라단의 《거울 나라의 앨리스》는 어떤 연유로 중단됐나요? 영국에서 터부가 있었나요?

그렇죠. 그런데 그쪽에서 내게 위촉료를 모두 지불했기 때문에 여러 사정으로 연기됐다는 게 공식 입장이에요. 웃기는 건 보통 오페라하우스에서 위촉료를 모두 지급하면 그 작품에 대한 권리를 자기네가 갖고 어떤 반대급부가 있어야 하잖아요? 그런데 전혀 없어요. 돈 줄 테니까 쓰지 말라는 느낌이었어요. 그때가 브렉시트 직후였는데 코번트가든 왕립오페라극장 감독이 바뀌고 출근해서 첫 번째로 한 일이 내 커미션을 취소한 일이었어요. 독일 작곡가 작품도 취소하고, 영국 작곡가들 건 하고요.

정치적 결단이 있었네요.

앨리스 이야기가 자신들의 유산이라서 외국인이 하는 걸 반대했던 것 같아요. 이 일이 무산되고 코번트가든에서 영국 작곡가들의 앨리스 발레, 어린이 오페라를 했어요. 그런데 전 이 오페라가 취소되고 나니까 그 순간에 앨리스에 대한 흥미를 잃었어요. 첫 번째 앨리스 오페라를 하고 너무 많은 시간이 지났고,* 또 내가 바뀌기도 했고, 그때 볼프강 파울리에 대한 관심이 있어서 앨리스 오페라는 취소됐죠. 연출도 클라우스 구트CLAUS GUTH가 하기로 했는데 말이죠. 그런데 인생을 60년 정도 살고 나니까 이러저러한 일들이 물 흐르듯 흘러가는 것 같아요. 파울리 오페라를 하기 위해서 앨리스가 취소되었

* 진은숙의 오페라 《이상한 나라의 앨리스》는 2004~2007년 작곡되어 2007년 6월 30일 뮌헨 바이에른 국립오페라극장에서 초연되었다.

다고 생각해요. 결국은 잘되었죠.

그럴 수 있겠네요. 지금 머릿속에 온통 볼프강 파울리로 가득한데, 재미난 작품이 나올 것 같아요.
글쎄요. 이 곡도 사실 요즘의 트렌디한 오페라는 아니거든요. 트렌디한 현대 오페라는 길지 않고 공간이 아주 많아요. 음악이 기본적으로 느리고, 주인공이 몇 분 동안 공허하게 어디를 쳐다보는 장면처럼 사람들이 자기 생각을 투영할 수 있는 공간이 많죠. 요즘은 그런 걸 좋아해요. 그런데 이번 제 오페라는 제대로 된 스토리가 있고 관객이 그 스토리를 좇아가야 하고, 끊임없이 뭔가 일어나고 음악이 계속 나오는데 몰입하지 않으면 알 수 없는 음악이라서 아마 상당한 비판이 예상돼요. 그리고 한국 여자가 오스트리아 물리학자에게 관심이 많아서 새로운 버전의 파우스트를 만들었다? 이건 그들이 원하는 게 아니기 때문에.

그런데 그들이 원하는 게 아니라는 점이 선생님껜 별로 상관이 없죠?
이번에 대본을 쓰면서 정말 내가 평생 읽었던 책과 생각했던 모든 것, 그리고 나의 퍼스낼리티가 모두 합쳐져 나오는 것 같아요. 그러니까 남들이 욕하건, 좋아하건 말건 이건 써야 하는 작품이에요. 창작하는 사람들이 진짜로 그런 작품만 써야 하는데, 사실 창작하면서 그럴 수만 있나요. 별로 아이디어가 없고 쓸 필요가 없는 작품도 쓰게 되고. 그런 점이 유감인데, 이번에는 그런 면에서 완전히 확신이 있어요. 이건 정말로 써야 하는 작품이다. 그리고 이렇게 할 수밖에 없는 작품이다.

물리, 천체가 우주의 이성이고 표면이라면, 그 안쪽에 있는 꿈은 또 심리잖아요.
이 오페라의 주인공이 물리학자지만 그렇다고 물리학에 관한 오페라를 쓸 수는 없어요. 그래서도 안 되고요. 전문적인 용어가 나온다고 청중들이 알아듣지도 않고, 그게 중요하지도 않아요. 그러니까 주인공이 물리학자건 예술가건 철학자건, 사실 다른 직업이라도 얘기가 돼요. 자신의 이상과 인간이 도달할 수 있는 최고의 차원, 신에 접근하고 싶은 열망은 어떤 분야든지 있을 수 있으니까요. 대본에도 물리학적인 내용은 전혀 안 들어가지만 양자역학이라든가 물리학자들의 자연철학적인 생각들이 아리아 등에 녹아 들어가 있어요. 일반 사람들은 모르지만 그 분야를 아는 사람들이 보면 무슨 생각에서 왔는지 알죠.

진은숙이라는 사람이 평생 사로잡혔던 주제가 드디어 이야기로 나온다는 생각이 듭니다.

재능, 이야기의 크기

혹시 피아니스트 시모어 번스타인SEYMOUR BERNSTEIN 아시나요? 에단 호크 ETHAN HAWKE 가 〈피아니스트 세이모어의 뉴욕 소네트〉라는 다큐멘터리 를 만들기도 했는데, 그 사람이 "어떤 재능이든 간에 우리가 가진 재 능이 우리 존재의 핵심이라고 확신한다"라고 얘기했거든요. 저는 이 말이 인상적이었어요. 재능에 대해 어떻게 생각하시는지요?
누구나 저마다의 재능이 있죠.

재능이 주는 행복감과 불행감도 있을 것이고요.
그렇죠, 특히 예술을 하는 사람은 일반적인 사람들의 삶을 살 수가 없기 때문에. 모르겠어요. 일반적인 삶을 사는 사람들은 그 나름대 로 행복이 있을 것이고, 자기가 가지고 태어난 삶의 의무가 있는 것 같고. 나의 경우는 이걸 하는 게 의무고요.

〈별들의 아이들의 노래〉를 쓰실 때 150여 권의 책을 읽으셨다고 하던 데, 시와 음악의 유사성이 있잖아요.
그렇죠. 시는 언어로 하는 음악이니까.

혹시 좋아하는 시나 영향받은 문학 작품이 있나요?
좋아하는 시는 많아요. 이번에 리브레토(오페라 등의 음악극의 대 본)를 쓰면서 영감을 얻기 위해 시를 많이 읽었어요. 옥타비오 파스 OCTAVIO PAZ , 페르난두 페소아 FERNANDO PESSOA 같은 라틴아메리카 나 스페인계 시인들의 작품들 중에 좋은 시들이 많더라고요. 물론 나는 그 시들을 독일어 번역으로 읽지만 독일어로 번역해도 좋은 작품이 많고, 페소아는 여러 이름으로 글을 썼는데 본명으로 쓴 글 이 제일 좋아요. 그 언어가 주는 힘이 너무 대단해요. 시를 읽으면서 내가 쓸 대본의 아이디어나 영감을 얻는데, 음악을 쓰는 뇌와 글을 쓰는 뇌가 다르거든요. 그러니까 시를 읽으면서 글 쓰는 뇌로 바꾸는 거죠.

감정과 감성보다 이성과 논리에 더 끌리는 타입이세요?
나는 그렇게 분리되지는 않는다고 생각해요. 양자역학에서 모든 것이 연결돼 있다고 하잖아요. 모든 것이 뭉쳐서 하나의 총체적인 것을 만드는.

어쨌든 우주의 실체, 스펙터클한 사운드에 대한 몰입감이 크신 것 같아요.
우주에 대한 건 결국 인간에 대한 거예요. 한 인간 인간이 사실 다 하나의 우주잖아요.

그렇죠. 〈별들의 아이들의 노래〉도 그런 스토리 안에 있고요. 스스로를 많이 사랑하시는 편이세요?
자신을 사랑하는 부분이 있고 학대하는 부분이 있죠.

사랑과 학대의 공존. 작곡가의 측면과 개인의 삶을 통합해서 살고 있다고 느끼세요?
그건 분리가 불가능해요. 그냥 매일 살면서 청소도 하고 밥도 하고, 그러면서 곡도 쓰고 피아노도 치고 음악도 듣고. 모두 합쳐져 있죠.

분리가 안 되는군요. 좋은 작품을 만들어 낼수록 내가 더 나은 음악가가 되면서 더 나은 사람이 된다고 생각하시나요?
글쎄요. 작품을 쓰면서 작품은 좋아지는데 사람이 좋아지진 않는 것 같아요. 작품 질의 문제는 선악의 경지를 넘어선 차원에 있기 때문에 인간성과 관련이……. 물론 캐릭터와 상관있을 수는 있지만, 그 사람이 좋고 나쁘고와는 관련이 없어요. 제 오페라에서도 어떤 사람의 인간적인 모순과 성격이 적나라하게 드러나거든요. 그런데 그건 그 사람이 '나쁜 사람 내지 좋은 사람'이라는 게 아니라, 한 인간의 정신세계가 얼마나 복합적인지를 얘기하려는 거예요.

이야기의 크기를 많이 생각하시나요?
그렇죠. 어떤 예술 작품이건, 음악이건 그림이건 영화건 상관없이 그 작품이 포함하는 크기가 있어요. 예를 들어 베토벤 피아노 소나

타는 너무너무 별 볼 일 없는 소재로 시작하는데 이 사람이 만들어
내는 우주는 굉장하잖아요. 어떤 분야나 마찬가지 같아요.

첫 음, AI 작곡, 악보

『파친코』를 쓴 이민진 작가를 인터뷰했었는데, 첫 문장이 "역사는 우리를 망쳐 놨지만 그래도 상관없다"거든요. 정말 어마어마한 첫 문장이 나온 거예요.
너무나 많은 한국 사람들한테 해당하는 말이네요. 특히 지금 60대 이상, 1970~1980년대 초반까지 대학을 다닌 사람들.

『파친코』는 코리안 디아스포라, 재일 한국인을 다루니까요. 작가들에겐 서사와 주제를 모두 함축하는 첫 문장이 중요한데, 작곡가도 첫 음이 모든 것을 함축한다든지 하는 의미 부여를 많이 하나요?
그렇지는 않지만, 첫 음이 중요하긴 해요. 내 경우는 처음이 중요한 것 같아요. 처음이 내 생각에 딱 맞아 들어가는 느낌이 있어야 그다음에 계속 쓸 수 있거든요. 어떤 사람들은 스케치도 하고 뒷부분도 쓰고 중간도 써서 나중에 합치는 식으로 작업하던데, 나는 시작할 때 '네 놈이다'라는 느낌이 들면 계속 잘 써지고, 그렇지 않으면 나아가질 않아서 힘들어요. 그러면 버리고 다시 하기도 하죠.

지금도 손으로 다 쓰시죠?
네. 지금도 손으로 다 해요.

저도 사실 인터뷰할 때 다 손으로 써요. 계속 손을 고집하시는 이유가 연주자들이 몸을 사용하기 때문일까요?
아니요. 손으로 쓴 악보는 출판사에서 컴퓨터로 찍어요. 연주자들은 컴퓨터로 찍은 악보를 받죠. 아예 컴퓨터로 곡을 쓰는 사람들도 있는데 상당히 위험하다고 봐요. 왜냐하면 너무 쉽게 음표를 찍을 수가 있거든요. 손으로 쓰면 한 음 한 음 생각하면서 결정하고, 쓰

작곡가의 생생한 필체를 느낄 수 있는 손으로 쓴 악보들
왼쪽은 공식 목록 첫 작품 〈트로이의 여인들〉(1986),
오른쪽은 최근작 〈바이올린 협주곡 2번 '정적의 파편'〉(2021) © Boosey & Hawkes

는 순간 어떤 에너지를 느끼고 다음 음을 쓸 때까지 또 생각하고, 그렇게 시간이 걸리는 숙고의 과정이 있는데, 컴퓨터로 하면 그냥 '짝짝짝짝' 아무렇게나 할 수 있잖아요. 어떤 사람들은 막 써 놓고 그걸 복사해 딴 데 붙여 넣기도 하는 식으로 짜깁기해서 즉석에서 들어봐요. 그걸 들어 보고 결정한다는 게 저는 상상만 해도 끔찍해요.

훨씬 더 신성하게 느껴지네요. 요즘에는 AI도 작곡하잖아요.
글쎄요. 뭐 피아노도 로봇이 연주하는데 예술의 의미는 그게 아니에요. 예술 작품에는 한 사람의 정신세계와 모든 경험이 들어가는데 AI는 그 경험이 있을 수 없잖아요. 물론 그런 경험을 프로그래밍해서 만들 순 있지만 그건 진짜가 아니죠. 그걸로 예술 작품을 만들려고 시도하는 사람들은 뭘 원하는지 모르겠어요. 그런데 옛날에도 알고리즘을 가지고 작곡한 사람들이 있었어요. 지금은 유행이 지나갔는데, 자기가 음을 생각하는 게 아니라 아이디어를 컴퓨터에 입력해서 컴퓨터가 50가지 이상의 옵션을 제공하면 그중에서 하나를 선택해서 컴퓨터랑 같이 작업하는 거죠. 그래서 꽤 성공한 작곡가들도 있어요. 그런데 그런 음악에서는 그 작곡가의 퍼스낼리티가 느껴지지 않아요. 그런 음악을 듣다 보면 1~2분 있다가 내가 완전히 딴생각하는 게 느껴져요. 작곡가가 곡을 연주시켜 놓고 이미 떠난 느낌. 그냥 자동 기기에서 음악이 나오는데 내게는 아무것도 주지 않는. 그런데 지금 작곡가 중에 AI를 이용하는 사람들도 있다고 하더라고요.

많이들 이용하죠. 대중음악에서는 훅으로 귀를 붙드는 멜로디가 있으니까요. 악보는 선생님한테 얼마나 중요해요?
악보는 곡만큼 중요하죠. 곡을 써 놓은 게 악보니까요.

악보가 모두 불타거나 없어지는 악몽은 없으세요?
요즘은 조금 덜하다고 느끼는데, 악보가 컴퓨터로 저장되어 있고 이메일로도 악보 파일을 보내니까 원본 악보의 중요성이 많이 떨어졌죠. 스트라빈스키 시대만 해도 지휘자가 원본을 가지고 지휘하고 나면 다음 연주를 위해서 그 원본이 가야 했어요. 악보를 복사할 수 없어서요. 그때는 써 놓은 악보가 없어지기도 하고, 그러다가 다시 나오기도 했어요. 요즘은 그 정도의 중요성은 없죠. 그럼에도 불구하고 악보는 중요해요. 내 인생이 악보에 다 투영되었기 때문에.

음표에 인생이 투영돼 있군요. 글 쓰는 사람의 문장도 그런 것 같아요.

스승에게 너만의 언어를 만들라는 이야기를 들으셨잖아요.

그 얘기는 내가 지금도 학생들한테 똑같이 해요. 자기 언어가 없으면 예술가가 될 수 없죠. 가장 기본적이지만, 그 기본의 중요성을 모르는 사람들이 많아요. 남을 모방하고 적당히 화려하게 써서 연주 잘되면 작곡가로 이름나는 경우가 많은데, 정말로 자기 언어, 자기 세계를 갖는다는 건 굉장히 힘든 일이에요. 자기 세계를 이뤄야 예술가로서 기억에 남고 역사에 남죠. 그런데 그런 사람은 정말 드물어요.

혹시 누군가와 나를 비교하지는 않아요?

그러지 않아요. 비교는 너무나 불필요한 짓이죠.

질투나 시샘은 없으세요?

나는 질투나 시샘을 모르는 사람이에요. 젊었을 때 대부분의 내 또래 독일, 오스트리아 작곡가들이 나보다 훨씬 더 유명하고 잘나가고 여기저기서 존경받았는데 나는 질투 나지 않았어요. 오히려 그런 모습을 보면서 다행이라고, 저 사람들이 스포트라이트 받는 와중에 나는 조용하게 내 걸 할 수 있다고 생각했어요. 나는 남들이 안 보는 데서 내 걸 하는 시간이 너무 필요하다고 생각했기 때문에 성공에 대해서는 한 번도 시샘해 본 적이 없어요.

중 1 때 작곡하려는 마음을 처음 먹었고, 곡 쓰기의 비참함과 사회적 대접 사이의 괴리도 아셨고, 곡을 쓰는 과정에서 자신이 형편없어지는 절망도 맛보셨잖아요. 그런데 제 경우는 나를 위해서 글을 쓰기도 하지만 대중의 마음에 들어야 한다는 생각도 크거든요. 내가 잘 써도 대중이 외면하면 실패작 같은 느낌이 들고요. 선생님은 어떠세요?

글과 음악은 다른 점이 있어요. 글은 사람들이 읽고 이해하는 것이니 아무래도 접근성 면에서는 대중에게 상당히 직접적이죠. 그런데 음악은 추상적이어서 더욱더 대중이 원하는 쪽으로 맞출 수가 없어요. 어쨌든 내 작품을 훌륭하게 만들어서 대중이 이해하게끔 해야죠. 물론 대중과의 커뮤니케이션이라는 면에서, 작품을 쓸 때 대중에 영합해서 나의 이상과 아이디어를 맞추는 게 아니라, 이들의 입장에서 얼마만큼 작품에 접근할 수 있는지는 생각하죠. 그런데 대중이 무엇을 원하는지는 아무도 몰라요. 왜냐하면 너무나 다양한 층의 사람들이 있고 저마다 경험의 수치가 달라서요. 대중이 원하는 걸 한다는 건 창작하는 사람이 망하는 지름길이에요. 어쨌든 커뮤니케이션 면에서 얼마만큼 저들이 다가올 수 있는지는 생각하지만, 결국은 음악이 정말 훌륭해야 하고 내가 생각하는 이상향이 더 중요하죠.

그렇네요. 대중음악이 아니니까 클래식 현대음악은 대중보다는 작곡가 자신의 세계가 계속 앞으로 가는 게 중요할 수밖에 없겠군요.

인생 전체가 슬럼프

곡을 써야 한다는 중압감이 얼마나 대단할까 싶은데요. 쉴 때는 뭘 하세요?
나는 쉬는 게 없어요. 피아노를 치든지 미친 듯이 뭔가를 해야 해요.

미친 듯이 음악이 아닌 무언가를 하시는 게 쉬는 거네요.
똑같은 에너지로 다른 걸 하죠.

에너지 레벨이 너무 높으시네요. 만약에 작곡가가 아니고 한국에 살았다면 무엇을 했을 것 같으세요?
(웃음) 어쩐지 상당히 힘들게 살았을 것 같아요. 가끔 그런 에너지가 있는 사람들이 그런 일을 할 수 없으면 안 좋은 에너지가 나와서.

종교는 없으시죠?
없어요. 종교에서 얘기하는 신의 의미에서 무신론자예요.

유신론자와 무신론자 중에 누가 더 예술의 폭이 넓고 자율성이 많을까요?
예술가들은 대부분 무신론자예요. 올리비에 메시앙OLIVIER MESSIAEN 만 빼고. 바흐는 교회 음악을 많이 했지만 그 당시 독일에서는 다들 기독교를 믿었으니까요.

종교 음악에 엄청난 깊이와 신비로움이 있잖아요. 저는 음악이 아주 감정의 언어라고 생각했었는데 꼭 그렇지는 않더라고요. 그런데 대중을 울리는 건 음악의 그런 감정성이잖아요.
그렇다고 사람들이 생각하는데, 아까도 말씀드렸지만 우리가 언어로 표현할 때는 감정과 이성을 따로 두지만 모든 것은 총체적으로 합쳐져 있으니까요.

대중에게 어떤 감정을 주기 위해서 음악을 하지는 않으시겠군요.
그것과는 조금 다른 차원의 문제 같아요.

선생님 음악을 들으면 조직적인 지성이 반영된 느낌도 들고, 어떤 질서가 계속 전개되다가 막 돌아서는 느낌도 드는데, 그것이 진은숙이라는 사람의 머릿속에서는 계속 펼쳐지는 걸까요? 그려지고 펼쳐지는 이 안에 또 하나의 우주가 있는 거죠?
그렇죠.

우주가 있는 걸까 괴물이 있는 걸까. 괴물 같은 에너지가 있는 거겠죠? 예전에 몬스터, 버러지라는 말까지 하셨잖아요. 벌레의 시간을 산다면서.
진짜 그렇죠. (웃음)

너무 가혹한 면이 있으신 것 같아요. 그런데 다른 유럽 작곡가들은 선생님만큼 가혹하진 않죠?
저희는 몰라요. 작곡가들은 아무리 친해도 서로 왕래를 안 하기 때문에. 나름대로는 다 힘들게 하죠. 그런데 대부분의 유럽 작곡가들은 최소한 자기 곡을 쓰는 동안은 자기한테 심취해 있어요. 그래서 작곡가들과 만나면 피곤해요.

자아도취 상태군요. 저도 얼마 전에 책 하나를 끝냈거든요. 지금 마지막 교정지를 보고 있는데 너무 힘들었어요. 이전과는 다른 새로운 형식의 책이다 보니 끝까지 '이게 맞나? 아닌가? 나 혼자 도취해 있는 것은 아닌가' 의심하고요. 어쨌든 책은 현대음악과는 다르게 '독자가 이걸 수용해 줄 수 있을까, 독자에게 뭘 줄 수 있을까, 독자에게 시간 낭비 아닐까'를 생각하게 되거든요. 요즘엔 사람들이 즐길 거리나 할 것이 너무 많잖아요. 그렇다 보니 작가들이 항상 저자세가 돼요. 그런데 작곡가, 특히나 클래식 작곡가는 스스로 벌레의 시간에 살면서도 고자세를 유지해야 하는 거 아닌가요?
그렇죠.

어떤 전능성 같은 것을 믿고 가야 할 것 같은데요.
굉장히 복합적이에요. 학대하듯이 자기를 비판하면서도 자기가 하는 작업에 대한 믿음, 자기에 대한 믿음이 있어야 하고요. 그 균형을 잘 맞춰야죠.

그렇게 힘들어도 그만두고 싶다는 생각은 안 하시죠?
그만두면 뭐 먹고 살아요.

비단 그것뿐만은 아니잖아요.
평생 해 온 일이고. 작품을 쓰면 항상 만족하지 못하니까, 만족 못 했으니 다음에는 잘해 보자 했는데 여전히 만족을 못 해. 이러면서 계속하게 되는 것 같아요.

이어령 선생님이 하신 말씀이 있어요. 계속 실패를 딛고 또 쓰고 또 쓰신다고요.
그렇죠. 그 실패가 상당히 중요해요. 내가 누구한테 우스갯소리를 했는데, 내가 어느 순간에 내 작품에 만족하는 걸 보면 나를 총살해 달라고요. (웃음) 만족한다는 건 이상한 거야.

그럼 예술가들은 너무 슬픈 거네요. 혹시 스스로 계속 다잡기 위해서 하는 루틴이 있나요?
약간의 요가? 피아노 치는 게 나를 잡아 주는 것 같아요. 스트레스 받고 곡이 잘 안 나가고 머릿속이 복잡하고, 나 혼자만의 시간이 필요할 때 피아노 치는 게 상당히 도움이 돼요. 피아노를 치는 순간은 정말 완전히 혼자야.

어떤 작품을 주로 치세요?
바흐를 많이 쳐요. 바흐 푸가.

슬럼프도 있으셨겠죠?
옛날에 리게티GYÖRGY LIGETI에게 배울 때 3년 동안 슬럼프였고. 그다음에 전체 인생이 슬럼프라고 보면 돼요. (웃음)

정말 위로가 되는 말이다.
인생은 슬럼프의 연속.

계속 슬럼프인데 상은 제때 받고요.
상이야 운이 좋아서 받았죠.

나쁘지 않네요. 계속 슬럼프인데 상은 받고, 상금에 세금을 안 매길 때
도 있고요. 계속 슬럼프였다는 게 왜 이렇게 위로가 되죠?

작곡가의 일상

건강 관리는 어떻게 하세요?
관리를 특별히 할 수 있나요?

한국에서는 요즘 건강 관리가 유행인데, 요가 정도만 하시나요?
네. 요가 하고 피트니스 가끔 하고.

독일 베를린에 사시는 곳은 어때요?
베를린 좋아요. 조용하고. 나는 베를린에서 밖에 나가는 경우가 별
로 없어요. 온종일 일하고, 가끔 장 보러 잠깐 나갈 때 외에는 집에
만 주로 있거든요. 아는 사람도 별로 없고요. 그래서 좋아요.

그래서 좋은 거예요? 사람을 안 만날 수 있어서?
네. 나가면 하루가 그냥 깨져 버리더라고요.

**독일은 내가 작업하고 나한테 몰두할 수 있는 시간을 가져다주는 곳이
군요. 주변 환경이 아름답다거나 그런 게 아니라.**
주변 환경도 나쁘지 않죠. 베를린에 숲도 많아서 드라이브하기 좋고요.

엄격하게 시간 관리를 하시는군요.
이제 나이 드니까 사람들과 어울리는 시간을 점점 줄이게 돼요. 사
람을 만나면 에너지 소비가 너무 많아서요.

그렇군요. 작업에 크게 도움이 안 되는군요.
네. 정신이 산만해지니까요.

작업 스타일이 있나요? 90분 하고 쉰다든가 하는 방식이요.

아니요. 그런 스타일은 없고, 요즘은 잠깐이라도 일어나서 억지로라도 몸을 움직이려고 해요. 종일 앉아만 있으니까 허리도 안 좋고 몸이 견디질 못해서 30분에 한 번씩이라도 일어나서 기지개도 켜고 몸을 움직여야 하는데 집중하다 보면 시간이 금방 가요.

글 쓸 때는 다른 책들을 보면서 분위기를 잡으시는데 음악 작업하실 때는 참고하는 게 있나요?

작품을 준비하는 과정에서는 음악을 많이 듣거나 책을 읽죠. 그런데 쓰기 시작하면 그럴 시간이 없어요. 그냥 무조건 쓰는 거예요. 특히 이번 오페라는 지금 너무 늦었기 때문에.

지금 어느 단계를 쓰고 계신가요?

40퍼센트 정도 했어요. 60퍼센트를 더 해야 하는데 글도 병행하니까 방법을 생각해 봐야 해요. 한 신 SCENE이 완성되면 그다음 대본이 있어야 바로 시작할 수 있는데, 신이 끝나면 사람이 왕창 풀어지잖아요. 다시 글을 써야 하는데, 음악은 아무리 막혀도 어떻게든 이어지지만 글이 안 돼 있으면 불안해요. 그런데 마음을 잡고 컴퓨터 앞에 앉아 대본을 쓰면 또 돼요. 그리고 20페이지 정도 미리 써 놓은 이야기가 있거든요. 거기 대화도 대부분 들어가 있어서 그것들을 발췌해서 작업하면 되는데, 중간중간 빠진 부분은 따로 또 생각해야죠. 글을 전문적으로 쓰는 사람이 아니라서 쉽지는 않아요.

아까 대본 쓰면서 물리학 얘기는 안 하는 대신 그 생각이 깔리게 쓴다고 했는데, 그 작업이 힘들어요. 이런 걸 해 보지 않은 사람은 생각하기 힘든 방향이어서요. 처음에는 누가 대본을 같이 쓰기로 해서 초고를 써 왔는데 그렇게 하면 안 될 것 같더라고요. 셰익스피어 소설이라든가 이미 나온 작품이 있으면 그것 가지고 하면 되는데, 이 이야기는 다 내 머릿속에 들어가 있잖아요. 그러니 이걸 다른 사람이 써 준다면 내가 그 사람에게 이야기를 다 설명한 다음에 그 사람이 써 온 것을 보고 내가 또 이것저것 수정안을 내야 하는데 그럴 시간도 없고요. 생각해 보니까 이건 내가 만들어 낸 이야기라서 나밖에 할 수 없겠더라고요. 그래서 혼자 하기로 했는데 잘한 결정 같아요. 이 작업은 그렇게밖에는 할 수가 없어요.

이런 대작 오페라의 대본과 음악을 혼자 다 하겠다는 모험을 하시는 게 대단해요. 63세에.

63세니까 하지, 스무 살 때는 할 수 없는 모험이죠. 물리학에서 빛의 성질이 파동이기도 하고 입자이기도 하잖아요. 그런 빛의 이중성DUALISM 얘기도 나와요. 그런데 빛에 대해 직접적으로 말하는 게 아니라 주인공을 사랑하는 여자가 주인공에게 계속 거절당하면서 노래하는 부분에 나와요. "내가 너를 처음 만났을 때 너의 눈에서 외로움의 파동WAVES이 쏟아져 나왔다. 그런데 그 파동이 너무 강해서 마치 천 개의 칼에 찔리는 것 같았다." 그러니까 파동이기도 하고 입자이기도 한 거예요. 빛의 이중적 성질을 아는 사람들은 그런 은유를 알아차릴 수 있죠.

쓰고 나서 굉장히 기쁘셨겠다.
아리아에 시적으로 나오는데 그런 식의 내용이 많아요.

가르침, 사사

곡을 쓰기도 하지만 가르치시기도 하잖아요.
팀프TIMF 아카데미에서 조금 가르치죠. 잘하는 애들이 있으면 여기
저기 기회를 주는 일은 계속해 왔고요.

**스승에게 사사하면서 3년간 엄청난 슬럼프를 겪으셨잖아요. 가르친
다는 것, 어떤 스승을 만난다는 게 음악가의 인생에서 큰 의미일 것 같
아요.**
좋은 선생을 만나서 좋은 의미를 찾는 학생들이 있고, 전혀 아닌
학생들이 대부분이에요. 기회를 줘도 그 기회가 얼마만큼 중요한
지 대부분은 몰라요. 그런데 정말 몇 년에 한 번씩 괜찮은 학생이
나올까 말까이기 때문에 당연한 것 같아요. 그 가치를 아는 사람
은 자기를 위해 뭔가를 찾아내서 하고, 그렇지 않은 사람은 와서
얼굴 보이고 자기가 너무 대단하니 어디 소개해 주지 않을까 하는
데, 대부분이 그렇죠.

**요즘도 사사했다는 표현을 쓰나요? 그 말이 참 재밌다고 생각했어요.
강석희와 리게티를 사사했다고 하면 그분의 계보를 이었다는 의미 아
닌가요?**
그분들과 공부했다는 거죠. 좀 더 심층적인 뜻으로. 그런데 요즘 세
상에서는 그게 진정한 사사인지는 모르겠어요.

**보통 학문도 그렇지만 사사했다고 하면 그 사람의 학파나 유파 안으
로 들어갔다는 개념이 아닐지.**
그럴 수도 있고 아닐 수도 있어요. 선생의 어떤 부분을 받아들여
서 계속하는 사람도 있고 아니면 완전히 자기 것만 하는 사람도

스승 강석희와 1989년 암스테르담 가우데아무스 음악제에서
(자료 제공: 한국문화예술위원회 아르코예술기록원)

스승 죄르지 리게티와 1993년 9월 도쿄에서

있으니까요.

선생님은 어떻다고 생각하세요?

나는 리게티에게 많이 배웠어요.

무엇을 배웠고 무엇을 벗어났다고 생각하세요?

리게티는 정말 대단한 작곡가인데, 그분이 뮤지션은 아니었거든요. 그분은 음악을 쓸 때 아주 의식적으로 CONSCIOUS 모든 부분을 컨트롤하는 사람이라면, 나는 그 사람보다는 좀 더 무당 끼가 있다고 할까? 그런데 내 작품 중에도 리게티에게 영향을 받은 작품이 있고, 그 사람과 아무 연관이 없는 작품이 있죠.

그분에게 사사했지만 다른 세계로 나오셨군요.

그래야 하고요.

현대음악이란

사람들이 현대음악이 뭐냐고 물으면 어떻게 대답하시겠어요?

현대음악은 클래식 음악과 하나도 다르지 않아요. 클래식 작곡을 현대의 어법으로 하는 거죠. 그런데 현대에 와서 이 음악이 너무 대중들과 괴리가 커져서 완전히 다른 관념으로 받아들여지는데, 사실 아니에요. 옛날 음악들도 당시에는 모두 현대음악이었고 배척받은 음악가들도 많았고요.

오늘날의 클래식 음악이네요. 선생님은 작업하시면서 수학적인 희열을 느끼시잖아요?

어떤 논리죠. 곡을 쓸 때 재료의 성격에 맞춰서 기하학적인 형태를 만드는 일을 좋아해요. 물론 모든 작품에서 그런 형태가 나오진 않지만요. 리게티가 작곡 스킬을 중요하게 생각했기 때문에 많이 배웠고 지금도 악보를 읽으면서 배우고 있는데, 이 음들을 조합하고 리듬이나 다른 파라미터(매개 변수)를 모두 합쳐서 어떤 형태로 만들 때 그 안에 나름의 논리가 있거든요. 그런 작업을 좋아하죠.

그런 걸 제자들에게 가르칠 수는 없죠?

가르칠 수 있어요. 그런데 안 배우려고 하고 가르쳐 줘도 모르죠. 일단 내가 교수가 아니기 때문에 1년에 한 번 아카데미에서 하는 레슨으로는 한계가 있어요. 레슨에서는 주로 전체적인 얘기를 하고, 물론 악보를 보면서 아주 세세한 테크닉에 대해서도 잘못이 있으면 얘기하죠. 그런데 이런 과정은 수년간 계속 훈련하면서 배워야 하는데, 내가 그렇게 가르쳐 줄 수는 없고요.

음악을 만들고 연주하고 가르치고, 또 음악을 듣는 데 공통으로 필요

한 자세는 뭘까요?

자세라기보다는 경험이라고 할 수 있죠. 그걸 원하고 자꾸 들으면서 경험을 쌓으면 귀가 트이거든요. 우리나라 클래식 애호가들도 수준이 상당한 분들이 많잖아요. 물론 그분들이 너무 말을 함부로 여기저기 하고 다니는 건 그렇긴 해도.

잘난 척하고 싶잖아요.

어쨌든 악보를 읽을 줄 몰라도 자꾸 들어서 귀가 트이면 그 정도 수준으로 누구나 갈 수 있는데, 스스로 원해야 하고요. 사람마다 성향이 달라서 어떤 사람은 스포츠를 좋아하고 어떤 사람은 음악에 꽂히죠. 그러니 모든 사람이 음악을 듣고 뭘 해야 한다고는 생각하지 않아요. 음악적인 것을 받아들일 여지가 있는 사람들의 얘기죠.

스스로 계속 고전을 만들어 간다고 생각하세요?

그런 말은 너무 거창한 얘기고, 솔직히 이렇게 작곡에 대해 얘기하기는 상당히 힘들어요. 나도 내 작업이 어떤지 알 수 없고, 나는 본인이기 때문에 현재는 알기 힘들고 시간이 지나 봐야 알죠. 죽고 나서 한참 더 있어야 알 수 있고요.

선생님에게 연주자, 지휘자, 관객이란 어떤 존재예요?

그들은 내 작품을 연주해서 음악을 만드는 사람이고, 망칠 수도 있는 사람들이죠. 칼자루를 손에 쥐고 있는 사람들.

전체적으로 태도가 시니컬하세요. (웃음)

제가 워낙 나에 대해서 시니컬해요. 멕시코 시인 옥타비오 파스가 그랬어요. 머릿속에 시상을 떠올리면 너무 완벽한데, 그걸 꺼내서 쓰면 완벽성이 깨진다고. 시를 쓰기 전에 생각을 오래 하잖아요. 내가 쓰지 않는 이상 이 시는 너무 완벽한데, 쓰는 행동을 하는 순간부터 완벽하지 않은 거예요. 나도 똑같은 생각을 했어요. 머릿속에 이상적인 음악이 있고, 내가 쓰지 않는 이상 완벽해요. 그런데 꺼내는 순간 망가지면서, 잘돼 봤자 50퍼센트 이상 망가진 형태로 나와요. 그다음에 이상한 연주자가 연주하면 또 반감, 그리고 이상한 오케스트라 감독이 와서 또 이상한 짓을 하면 또 반감, 연주되면서 점점 반감돼요. 그리고 청중이 욕을 해. 그럼 또 반감. (웃음) 그러면서 점점 조그매지는 거예요.

(큰 웃음) 너무 리얼하다. 그럴 수 있군요. 반면 그 반대도 있지 않아요? 일단 꺼냈는데 뛰어난 연주자가 너무 잘 해석할 때.

그런 경우가 당연히 있죠. 요즘은 내 작품을 주로 잘하는 사람들이 연주하니까, 예를 들어 김선욱은 내 〈피아노 협주곡〉을 재발견하다시피 좋게 연주했고, 레오니다스 카바코스는 워낙 잘해서 그가 잘한 건 하나도 놀라운 일이 아니지만, 그런 경험이 있죠. 그런데 대부분은 그렇지 않아요. 대부분 타협해야 하고, 막판에 뭐가 나올지 정말 알 수 없어요.

그렇군요. 어쨌든 위촉받는다는 것은, 조금 세속적인 표현이긴 하지만 클라이언트의 주문을 받아서 작품을 만드는 건데, 이 음악을 누군가가 연주하면서 점점 더 안 좋아지기도 하는군요. 무대에 올라갔을 때 겁에 질리진 않나요?

연주자들은 그렇죠. 나는 연주하는 사람이 아니니까 무대에 올라가는 순간보다 청중석에 앉아서 내 곡을 듣는 순간이 더 끔찍해요. 그리고 무대에 올라가는 일을 너무 싫어해요. 언젠가 지휘자가 내가 온 줄 몰라서 무대에 안 부르는 바람에 청중으로 앉아 듣고 말았는데 그런 연주를 더 좋아하죠. 매번 무대에 올라가면 좀 창피하고요. 연주가 안 좋은 경우도 있고요. 대부분 모른다고 해도 사람들이 잘하는 연주와 좋은 작품과 그렇지 않은 건 알거든요. 저는 무대에 안 올라가면 좋겠어요.

어떤 음을 만들어 낼 때 제일 흥분되세요?

창작하면서 흥분되는 경우는 없어요. 뭘 해도.

굉장히 이성적이시구나.

어떤 음이라기보다…… 예를 들어 이번 오페라를 몇 년 동안 구상하면서, 어떤 장면에서 누가 무슨 얘기를 할지 머릿속에서 그려 보고 흥분이라기는 뭐하지만 이렇게 해야겠다는 에너지가 느껴질 때는 있었죠. 그런데 곡을 쓰는 동안은 그렇지 않아요. 곡을 쓰기 전에는 어떤 걸 쓰면 너무너무 잘 나갈 것 같은데 시작하면 그렇지 않아요. 그러면 '다음 2막을 쓸 때는 잘될 거야, 아이디어도 있고 다 괜찮으니까'라고 생각하지만 끝나고 그리로 가면 똑같은 상황이 벌어져요.

너무 이해된다. 본인의 작품 중에서 그래도 좀 예뻐하는 게 있나요?

예뻐한다기보다 내 작품 리스트에서 중요한 몇 곡이 있죠. 〈피아노

협주곡〉을 비롯해 협주곡들은 대부분 중요하고, 오케스트라 곡으로
는 〈로카나〉가 중요하고. 몇 곡 있어요.

《이상한 나라의 앨리스》도 좋던데요.
그것도 사실은 중요하죠.

너무나 진은숙다운 작품이랄까. 너무 멀리 오셨다는 생각이 드시나요?
어쨌든 스타일 면에서 전후에 썼던 내 작품들과는 많이 다르니까요.
음악이 심플하잖아요.

인생의 뼈아픈 지점, 클라이맥스, 미켈란젤리

선생님 인생의 서사 중에서 가장 뼈아픈 지점이 언제였나요?

재수, 삼수할 때가 힘들었죠. 대학교 들어가기 전에 돈도 없고 레슨도 못 받고, 아무런 희망도 없던 그때가 힘들었던 것 같아요. 1970년대 말의 한국 분위기는 끔찍해요. 정말 다시는 돌아가고 싶지 않아요. 나는 운이 좋았어요. 서울대에 삼수해서 미달로 붙었는데, 미달아니었으면 못 붙었을 거예요. 전공 레슨도 전혀 못 받고 독학으로 했기 때문에 운이 진짜 좋았죠. 그때는 몰랐는데 지금 생각하면 얼마나 살얼음판 같은 인생을 살았나 싶어요. 그때 뭐 하나 삐끗 잘못했으면 인생이 부서져 버렸을 것 같아요. 너무 운 좋게 잘 와서 그에 대해서는 정말 감사하게 생각하죠. 하나님은 안 믿지만.

그리고 독일로 가셨죠?

선생님이 또 많이 도와주셔서 독일 유학 가게 된 게 정말 결정적이었어요.

진은숙이라는 현대음악 작곡가, 클래식 작곡가의 지금을 위해서 이런 길이 다 예비되었던 것 같은데요.

그런데 누구의 인생이나 마찬가지 같아요. 물이 흘러갈 데로 흘러가는 것처럼 모두 구조가 있고 계획이 있는 것 같아요.

반대로 인생의 가장 클라이맥스는 언제일까요?

클라이맥스는 앞으로 와야죠. (웃음) '이미'였다고 하면 안 되지. 그런데 인생에 클라이맥스는 없는 것 같아요. 그날그날 사는 거죠. 나이가 드니까 그런 생각이 들더라고요. 젊었을 때는 인생이 한없이 갈 것 같잖아요. 그런데 언젠가는 끝나고, 아무리 좋은 것도 다시는

학창 시절의 진은숙
1982년 동기 안종덕 집에서 서울대 작곡과 81학번 모임. 왼쪽 네 번째가 진은숙
1985년 졸업식 때 동기들과

돌아오지 않아요. 페스티벌도 끝나고 나면 힘들어요. 그 음악을 하면서 너무 좋은 순간들이 많았는데 다 지나가고, 다시는 그 순간이 오지 않거든요. 정말 순간순간 최선을 다해서 살아야죠.

그래서 이번 통영국제음악제 제목이 '순간 속의 영원'일까요? 인생에 클라이맥스는 없다고 하셨는데, 선생님 음악에도 클라이맥스가 없나요?
음악의 구조 안에는 클라이맥스가 항상 있죠. 저는 그 부분을 아주 중요하게 생각해요. 아무리 이성적으로 곡을 써도 구조 안에서 감정의 절정이 듣는 사람에게 직접적인 영향을 주잖아요. 직접 다가가기 때문에 중요하다고 생각해요. 그래서 제 작품에는 어떤 곡이든지 그 부분이 항상 있어요.

마음의 위안을 얻고 싶거나 고양되고 싶을 때 어떤 음악을 듣나요?
바흐! (웃음) 물론 음악은 바흐 말고도 많이 듣는데, 일단 머리가 복잡할 때는 푸가를 치면 정리돼요. 그리고 아르투로 미켈란젤리ARTURO MICHELANGELI를 너무 좋아해요. 어제도 통영에서 서울 오면서 계속 미켈란젤리의 슈만 협주곡과 라흐마니노프 협주곡 4번을 들었는데, 라흐마니노프 4번을 한번 들어 보세요. 진짜 인간이 아니야. 그 곡은 정말 그전에도 후에도 그렇게 피아노 친 사람이 없었어요. 소리가 다이아몬드처럼 견고하면서도 빛나고 향수처럼 향이 나요. 너무너무 대단해서 표현이 안 돼요. 그런 음악을 들으면 진짜 위안이 되죠. 그런데 너무 안타까운 게 그 사람이 젊었을 때, 40대까지만 해도 완벽한 테크닉으로 아주 격정적으로EMOTIONAL 쳤거든요. 앞으로 달려가면서도 그 모든 것이 완벽해요. 나이 들면서 연주가 변했는데, 젊었을 때가 1940~1950년대여서 영상이나 녹음으로 남겨 놓은 연주가 많지 않아요. 그 점이 너무 아쉬워요. 그 사람 연주를 다 녹음했으면 놀라웠을 텐데. 지금 인간의 힘으로 할 수 있는 연주가 아니에요. 보통 우리 작곡가들은 연주자를 예술가로 안 치는데 (웃음) 그 정도 되면 예술가 해도 돼요.

정말 작곡가들은 위세가 엄청나군요.
왜냐하면 그들은 있는 걸 연주하고, 작곡가들은 없는 걸 만드니까. 현대에 와서 미켈란젤리에 견줄 만한 사람은 카바코스 정도? 진짜로 한 세기에 몇 명 나올 수 없는 음악가들이죠.

우주의 소리, 퓨어 은숙, 늙어 감

우주의 본질이 소리라고도 하더라고요. 그 중심에는 웅웅거리는 수벌 소리가 난다는 얘기도 있고요.

우주에서 별들이 자전하거나 폭발할 때 소리가 난다고 생각하지만, 소리라는 건 순전히 공기가 있는 지구에서 나지 공기가 없으면 파장을 느낄 수 없어요. 소리가 안 나요. 우주에서 전파RADIO WAVE를 포착하면 그걸 들을 수 있는 수준으로 다시 작업하는 거죠. 화성이 움직이는 소리가 어떻다는 얘기들을 하는데 사실 아무것도 안 들려요. 들릴 수가 없어요.

요즘에는 소리를 듣는 것, 경청이 중요한데요.

지난번에 책에도 썼지만,• 지구에 대기가 있기 때문에 파장이 되고 그걸로 우리가 음악도 만드는데, 지구만의 특별한 점이죠. 우주의 대부분은 입자가 전혀 없이 완전히 비어 있기 때문에 우리가 이렇게 살 수 있어요. 예를 들어 우주가 공기로 차 있다고 생각해 보세요. 어디서 초신성이 터졌는데 그 파장을 우리가 느낀다고 상상해 봐요. 태양이 자전하는 소리가 여기까지 온다면 이런 시스템이 존재

• 2017년 발간된 서울시향 '아르스 노바' 10주년 기념 책자를 말한다. 이 책자에 실린 「상임 작곡가의 포부와 비전」에서 진은숙은 이렇게 썼다. "음악은 그저 공기의 진동에 불과하다. 큰 우주의 관점에서 볼 때 씨알보다 더 작은 지구는 그것을 둘러싸고 있는 가냘픈 대기를 가지고 있다. 인류는 이 공기의 진동이 소리를 만들어 낸다는 사실을 알아낸 후 그 소리를 조합해 자신들의 존재를 표현하는 음악을 발견해 냈고, 긴 역사 속에서 수많은 형태의 음악을 만들어 왔다. 진동할 공기라는 물체가 존재하지 않는 텅 빈 우주 공간에서 음악이란 존재할 수 없다. 음악이란 지구상의 인간들만이 누릴 수 있는 엄청난 특혜가 아닐 수 없다." 이희경 엮음, 『현대음악의 즐거움. 서울시향 '아르스 노바' 10년의 기록』 29쪽.

할 수 없죠. 별이 아무리 멀리 있어도 보이죠? 그건 그 별과 우리 사이에 아무것도 없다는 얘기거든요. 물론 반짝거리지만, 이 빛이 대기로 들어오면서 대기의 움직임 때문에 그렇게 느끼는 거예요. 완전히 비어 있는 진공VACUUM은 아니지만, 1세제곱센티미터에 원자 하나 정도로 거의 비어 있어요. 그러니까 갤럭시들이 충돌해도 거기에 또 엄청난 공간이 있어서 별들 사이에 충돌이 없다잖아요. 다 비어 있죠.

그런 생각을 계속 하시는군요.
네. 이 생각들을 또 대사에 쓰죠.

미래에 이루고 싶은 꿈이 있으세요?
좋은 작품 쓰는 거죠. 이제부터가 정말 관건인데, 이번 오페라를 하고 나서 내가 작곡을 계속하는 걸 상상하기가 힘들어요. 오페라가 끝나도 인생은 계속되고 뭔가를 해야 하잖아요. 어떤 곡을 쓸지가 지금 고민이에요.

다음 작품은 준비 안 해 놓으셨어요?
위촉받긴 했는데 아이디어가 없어요. 음악극 아이디어는 하나 있지만, 이제는 실내악도 하고 싶고 앙상블 곡도 하고 싶은데, 오케스트라 위촉만 많이 들어오니까 생각을 잘해야죠.

작업량이 굉장히 많은 편이죠?
작업은 많은데 곡은 많이 안 쓰는 편이에요. 1년에 한 곡 쓰니까요. 훨씬 많이 쓰는 작곡가들도 있죠. 들어오는 의뢰를 거절하지 않고 다 받으면 그런데, 나는 딱 하나만 해서 곡의 개수는 많지 않지만 한 곡 할 때 작업량은 많아요.

음악계에서 최상위에 있는 사람이 작곡가군요.
감히 그렇게 얘기할 수 있죠. 예를 들어 미술에서는 모두 창작가잖아요. 글 쓰는 사람도 마찬가지고요. 그런데 음악만 해석자INTERPRETER가 있어요. 예를 들어 시를 쓰는 사람이 있고 시를 낭송하는 사람이 있는데, 시를 낭송하는 사람들을 너무나 대단하게 취급하는 건 말이 안 되죠. 문학상을 준다면 시를 쓰는 사람한테 줘야지, 시를 낭송하는 사람한테 줄 수는 없는데, 음악계에서는 작곡가가 또 연주자를 필요로 하는 특수한 상황이 있고, 일반 사람들이 직접 악보만으로 음악을 즐길 수 없기 때문에 해석자가 절대적으로 필요해요.

작곡가 일을 사랑하시죠?
사랑하는지는 잘 모르겠어요.

그런 정서적인 질문을 할 때마다 잘 모르겠다고 하시네요.
사실 본인들은 잘 몰라요. 글쎄…… '음악을 사랑한다'고는 할 수 있죠. 그런데 곡 쓰는 것 자체를 사랑한다? 그건 잘 모르겠어요. 정말 배운 게 이것밖에 없기 때문에 할 수 없이 하는 거예요.

그렇다고 하기에는 너무 치열해요. 너무 헌신하고요. 그냥 사랑한다고 말하면 안 되나요?
아니, 사랑한다는 말이 나이브NAIVE하게 들려서요. 그 말 자체가 너무 단순해요. 내가 서양에서 인터뷰할 때도 말을 아끼는 편인데, 보통 우리 같은 현대음악 작곡가들은 머리싸움만 하지 피아노를 친다든가 클래식 음악을 듣는 사람이 별로 없거든요. 그런데 나는 그렇게 하고 음악을 사랑하니까. 그런데 그런 말을 하지는 않아요. 그렇게 얘기하면 다음 날 타이틀로 "She loves music"이라고 나올 거 아니에요. 그게 너무 끔찍해요. 원래 내 의도와는 다르게 포장돼서 쉽게 축약되고 인스턴트화되어 나가는 게 끔찍해서요. 그런데 이런 점을 역으로 이용하는 사람들도 많아요. 여성 음악가들은 여성 인권 같은 멋있는 얘기를 하잖아요. 여성 인권을 위해 싸운다는 식의 말들이요.

음악 외적으로 조금이라도 군더더기가 붙는 게 싫으시군요.
그게 가짜이기 때문에요.

가짜가 싫으시군요. 조금이라도. 너무나 퓨어PURE한 것을 향하시네요.
(웃음)

퓨어 은숙 님이시다. 머리는 계속 안 자르실 거죠?
다른 헤어스타일을 시도해 볼까 생각은 해요. 머리숱이 점점 적어지면 긴 생머리 하기가 힘드니까. 두고 봐야죠.

아름다우세요. 늙는다는 것에 대한 두려움은 있나요?
두려움은 없지만 유감이죠. 그런데 나만의 운명은 아니잖아요.

늙는다고 해서 창작하는 에너지가 떨어지나요?

떨어질까 봐 걱정돼요. 그러니까 지금부터 신경 쓰고 노력해야죠. 여태까지는 체력 문제를 생각해 본 적이 없는데, 언젠가 나도 기력이 떨어질 텐데 강도 높은 작업을 할 수 있을까 하는 걱정은 당연히 있어요. 그러니 자기 관리를 해야죠. 마르타 아르헤리치^{MARTHA ARGERICH}를 봐요. 80이 넘어서도 호랑이같이 피아노를 치잖아요. 그런 활동이 불가능하진 않은 거예요. 피아노 터치가 굉장하잖아요. 젊었을 때와 아직 똑같아요. 그게 가능하니까 나도 노력해야죠. (웃음) 최소한 80까지는 가야 하는데, 80까지라고 해도 시간이 많지 않아요.

그렇죠.

'인생은 너무 짧고 예술은 길다'라는 말이 그래서 나오는 것 같아요.

인생도 길어질 수 있도록.

인생이 길어지더라도 이렇게 작업을 해야 사니까 이걸 안 하고서는⋯⋯. 그런데 모르겠어요. 내가 고양이를 좋아해서 요즘 고양이나 개가 나오는 '애니멀포유' 같은 유튜브 영상을 가끔 보는데, 귀농해서 전원에서 개, 고양이 키우는 모습을 보면, 물론 그들은 힘들겠지만, 보는 사람 입장에서는 정말 어느 순간에 모든 걸 놓고 저렇게 몇 년이라도 살아 봤으면 좋겠다 싶어요.

그렇게 하시면 되잖아요.

지금은 안 되고 언젠가는.

그런 생각도 잠깐은 하시는군요. 창작은 마지막 힘이 떨어질 때까지, 연필이 안 쥐어질 때까지⋯⋯.

그런데 작곡가들이 나이 들어서 노망기가 있으면 곡을 쓰면서 이상한 짓을 하거든요. 그렇게 되기 전에 그만둬야죠. 한때 대단했던 사람도 나이 들어서 '저렇게 꼭 안 해도 되는데 안타깝다'는 반응을 불러일으킬 때가 있어요. 나는 그렇게 안 되도록 해야죠.

알겠습니다. 감사합니다!

진은숙과 '빌라 마시모'의 고양이 '로소Rosso'. 진은숙의 고양이 사랑은 2020~2021년 로마에 있는 독일 아카데미 '빌라 마시모'에 체류할 때 그곳에 상주하는 '로소'를 만나면 서부터 시작되었다. 그 후로도 로마에 갈 때마다 만났고, 위독하다는 얘기를 듣고는 모든 일정을 뒤로한 채 찾아가 마지막을 함께했다. 2024년 5월 말, 로소는 열아홉 살의 나이로 무지개다리를 건넜다.

2.

예술과 연구의
본질을 찾아서

로슈 커미션 마티아스 에센프라이스와의 대화

『로슈 커미션. 진은숙 — 2014』 프로그램 책자에 실린 마티아스 에센프라이스와 진은숙의 대화 모습
© Emanuel Ammon

진은숙은 2012년 '로슈 커미션ROCHE COMMISSIONS'의 일곱 번째 수상자로 선정되었다. 글로벌 제약 기업 로슈와 스위스 예술 재단 루체른 페스티벌이 파트너십을 맺어 공동 주최하는 로슈 커미션은 현대음악의 혁신과 발전을 지원하기 위한 프로그램으로, 2003년부터 2년마다 뛰어난 현대 작곡가들에게 오케스트라 곡을 의뢰하고 그 작품을 루체른 페스티벌에서 초연해 왔다. 로슈 커미션의 위촉을 받아 쓴 진은숙의 소프라노와 오케스트라를 위한 〈세이렌의 침묵〉은 2014년 8월 23일 루체른 페스티벌에서 사이먼 래틀이 지휘하는 루체른 페스티벌 아카데미 오케스트라와 소프라노 바버라 해니건에 의해 초연되었다.

로슈 커미션 작곡상 수상에는 전통적으로 다양한 로슈 현장 방문이 포함된다. 이는 작곡가에게 제약 진단 회사를 소개하는 일일 뿐만 아니라 예술과 과학 간에 상호 유익한 대화를 시작하기 위해서다. 7회 로슈 커미션 수상자인 진은숙은 2013년 9월 바젤의 로슈 본사에서 진단 사업부 최고 기술책임자CTO인 마티아스 에센프라이스MATTHIAS ESSENPREIS와 만나 대화를 나눴고, 그 내용이 2014년 '로슈 커미션' 프로그램 책자에 실렸다(32~55쪽). 이 대화는 3년 후 『음악과 문학MUSIC & LITERATURE』 8호(2017)에도 영문 번역본으로 재수록된 바 있다.

제약 회사의 신약 개발과 작곡가의 창작은 전혀 다른 분야처럼 보이지만 그 과정은 매우 유사하다는 점에서 두 사람의 대화는 시사하는 바가 크다. 천문학에서 시작해 서서히 물리학으로 나아가는 진은숙의 지난 10년간의 지적 여정에서 이 대담이 흥미로운 출발일 수도 있겠다 여겨 그 내용을 번역해 싣는다(번역 이희경). 이번 대담집에 한국어 번역이 실릴 수 있도록 허락해 준 로슈 재단과 루체른 페스티벌에 감사드린다.

예술과 연구의 유사함

마티아스 에센프라이스(이하 생략) **대화를 시작하며 바로 묻고 싶은 게 있습니다. 자신을 위해 작곡을 하시나요? 아니면 의뢰를 받았을 때만 작품을 만드시나요?**

진은숙(이하 생략) 사실 저는 위촉받은 곡만 씁니다. 하지만 이 작품들 역시 제가 오래전부터 구상해 온 것들이에요. 제가 실현하고 싶은 음악적 아이디어가 있고, 이에 관심 있는 의뢰자를 찾으면, 그 위촉료로 제 계획을 실행에 옮길 수 있죠.

그러니까 의뢰받은 곡 작업이 시작되기 전에 이미 아이디어가 준비되어 있다는 말이군요.

네. 위촉을 받으면 보통 의뢰처에서 일정한 틀을 제시하는데, 예를 들어 어느 길이의 오케스트라 곡을 써 달라는 식으로요. 이런 사항 외에 다른 모든 건 꽤 자유로워요. 이번 로슈 커미션의 의뢰는 조금 특별한 경우인데, 다른 곡의 작업 일정이 이미 계획되어 있었거든요. 하지만 이 과제의 조건과 전체 프로젝트가 무척 흥미로웠고 성악에 대한 경험도 많았던 데다, 연주자로서 바버라 해니건을 잘 알고 있었기 때문에 비교적 짧은 기간에도 문제없을 것이라 예상했습니다.

보통 곡 하나를 쓰는 데 시간이 얼마나 걸리나요?

곡마다 천차만별이에요. 머릿속에 처음 떠오른 아이디어가 점차 숙성되어 개별 스케치를 완성하는 데까지 전 과정이 아주 오래 걸릴 때도 있고, 작품을 붙잡고 시작해야 하는 순간이 왔는데 잘 안 되기도 해요. 이 순간이 창작 과정에서 가장 중요한 단계이고, 일단 시작하고 나면 끝까지 비교적 빠르게 진행됩니다. 하나부터 열까지 많은 시간이 걸릴 때도 있고요. 곡마다 달라요. 2분 30초 길이의 〈피아노 에튀드〉 하나 쓰는 데 석 달 이상 걸리기도 하고, 그러면 거의 절망적이죠. 20분짜리 〈생황 협주곡〉은 작업이 빠르게 진행되어 8주 만에 완성했어요.

설명하신 내용은 저희 제품 개발에도 비슷하게 적용됩니다. 우리의 업무 프로세스와 비슷한 점이 있다고 생각되네요. 먼저 영감과 아이디어가 떠오르면 연구가 시작됩니다. 때로는 장애물을 극복할 수 없는 것처럼 보이기도 하고, 오랫동안 해결책을 찾고 또 찾아 나가는 과정에서 모든 것이 멈춰 버리기도 해요. 그러다가 어느 순간 갑자기 돌파구가 나타나고 제품의 경로가 어떻게 만들어질지 더 명확해지죠. 하지만 그렇다고 해서 제품이 실현 가능하다는 의미는 아닙니다. 바로 그때부터 힘든 작업이 시작돼요. 의약품 임상 연구나 진단을 위한 복잡한 시스템 개발에는 많은 위험이 도사리고 있거든요. 우리 회사에서는 많은 작업이 팀과 네트워크를 통해 이루어져요. 혼자서 악보를 쓰는 당신과 달리 많은 사람이 조율하여 발표할 수 있는 결과물을 만들어 내죠. 예를 들어 수년 동안 우리는 피부 아래 작은 센서를 사용해 당뇨병 환자의 삶을 더 수월하고 안전하게 만들겠다는 비전을 추구해 왔어요. 당시 팀에 과학자 한 명이 있었는데, 그는 이전에 알려진 것보다 훨씬 더 신뢰할 수 있는 센서를 설계할 수 있다고 확신했어요. 우리는 매우 특별한 디자인의 센서를 만든 다음 수많은 임상 시험을 통해 계속 개선해 나가야 했습니다. 그 과정이 쉽지는 않았지만, 첫 결과를 보고할 수 있다는 확신을 가졌어요. 갑자기 음악이 연주된 겁니다. 비유적인 의미로요.
이 과정은 얼마나 걸렸나요?

처음 아이디어를 낸 후 만족스러운 임상 시험 결과를 얻기까지 약 10년이 걸렸습니다. 이 시점에 제품 개발을 시작할 수 있었고요. 그다음에 최소 4~5년이 더 걸립니다.
새로 개발된 1만 개 중 단 하나만이 의약품으로 시장에 출시되는데, 이 과정이 평균 14년 걸린다는 기사를 최근에 읽었어요. 그 배후에 얼마나 많은 노력과 연구가 들어가는지 생각해 보면 놀라운 일입니다.

하지만 당신 경우도 그렇지 않나요? 아이디어가 많아도 그중 한두 개만 구현하고 나머지는 실현하지 못하는 경우가 많잖아요. 모든 창의적인 과정에는 이런 일이 있지 않나요?

그런 것 같아요. 제 경우에도 아이디어나 영감의 98퍼센트는 버리게 되니까요. 그런 과정이 단선적이지도 않고, 갑자기 어떤 아이디어에서 벗어나 다른 가능성을 찾다가 우회적인 방법으로 다시 돌아오기도 하고요. 때로는 원래의 아이디어가 거의 남아 있지 않을 때도 있어요.

하지만 이런 가시적인 결과가 혁신 과정의 본질이며, 우리의 의약품과 진단 테스트의 혜택을 받는 환자들이 더 나은 삶을 누릴 수 있도록 하는 것이죠. 당신 작품들 간에 어떤 유사성이 있나요? 한 작품이 다음 작품에 영감을 주고 그로부터 관련 작품들이 줄줄이 나온다는 의미에서 말입니다.

직접적으로 그렇진 않아요. 제가 작품을 쓸 때 가장 중요하게 생각하는 것은 그 작품이 이전과 다른 독특한 형태를 가지는 겁니다. 물론 작곡가로서 특정 기술을 갖고 있고 특정 재료를 선호하며 수년 동안 습득한 작곡 기법을 활용하죠. 이런 이유만으로도 제 작품들 사이에 자연스레 어떤 연결 고리가 있겠지만, 각 작품의 성격은 유일무이해야 합니다. 제게는 이 점이 매우 중요해요. 제가 작업에서 견지하려는 질적 기준이기도 하고요. 파블로 피카소가 이런 말을 한 적이 있어요. 스타일이란 화가를 하나의 관점, 기법, 공식에 가두는 것이라고. 그는 항상 새롭고 자신에게 알려지지 않은 무언가를 창조하고 싶어 했어요. 화학자이자 유전학자인 프리드리히 크라머FRIEDRICH CRAMER가 말한 것처럼, 새로움은 종종 "혼돈의 영역을 통과할 때, 가능한 한 '아직은 아닌' 혼돈에 가까운 곳에서" 생겨나죠. 이러한 줄타기 행위야말로 단순 수공예품과 구분되는 예술의 필수적인 특징이고, 새로운 음악이 수용되기까지 오랜 시간이 필요한 이유이기도 합니다. 왜냐하면 문화 산업은 정해진 틀에 기대어 모든 것에 라벨 붙이기를 선호하지만, 끊임없이 변화하는 사람은 고정된 틀에 갇힐 수가 없기 때문입니다. 그래서 스트라빈스키 같은 사람도 왜 더 이상 초기 발레 《페트루시카PETRUSHKA》 스타일로 작곡하지 않는지 수십 년 동안 질문받아 왔던 겁니다. 《페트루시카》가 걸작인 건 분명하지만, 다행히도 스트라빈스키는 여러 번 자신을 변신시켜 왔어요. 그렇지 않았다면 우리는 《봄의 제전LE SACRE DU PRINTEMPS》, 바이올린 협주곡, 《아곤AGON》 같은 걸작들을 만나지 못했을 거예요. 이 세 작품은 스타일과 악곡 구성 방식이 완전히 다르지만, 오직 스트라빈스키였기에 나올 수 있는 곡들입니다.

여기서 더 많은 유사성을 확인할 수 있군요. 제약 연구에서는 때때로 의약품의 등급이나 특정 약품을 생산할 기술 플랫폼에 관해 이야기하기도 해요. 예를 들어 당사의 많은 항암제는 소위 '항체 기술'을 기반으로 하는데, 이러한 약품은 각각 특정 효과에 따라 고유하지만 모두 동일한 토대의 '등급'에 속합니다. 진단에 사용하는 기술 플랫폼도 마찬가지고요. 하나의 플랫폼에서 개별 건강 상태를 특징짓는 다양한 검사를 고안할 수 있고, 새로운 플랫폼이 성공하면 진단과 치료에서 획기적인 발전으로 이어집니다. 여기서 당신 작업과의 연관성이 느껴지는데요. 당신 음악을 듣다 보면 시간이 지나면서 익숙한 요소들이 각자의 맥락에서 독특하다는 점을 발견하게 됩니다. 당신 작품들 가운데 서로 더 밀접한 관련이 있는 작품 그룹이 있나요?**

유사한 편성을 근거로 특정 그룹으로 분류할 만한 작품들도 있지만, 원칙적으로 저는 제 기술이나 사용하는 재료를 확장하려고 노력해 왔고 그렇게 제 음악 세계가 계속 발전해 가길 바라요. 때로는 제 작품에 상당히 급진적인 도약이 있을 때도 있는데, 예를 들어 오페라 《이상한 나라의 앨리스》는 이전과는 완전히 다른 작품이거든요. 그 이유는 오페라라는 장르와 선택한 소재의 특수성 때문인데, 현대 음악의 전통에서 벗어나 본능적이고 매우 유연한 방식으로 일그러진 거울 같은 아이러니한 음악 작곡을 시도해 본 거예요. 이 오페라 작업에는 그 방식이 적합해도 다른 곡들과 편성에선 전혀 다른 접근 방식이 적용되었죠.

당신에게 영감을 주는 원천이 무엇인지, 이와 관련된 프로세스를 더 이해하면 흥미로울 것 같습니다. 몇몇 인터뷰에서 전자 음악과의 친밀함을 강조하셨는데요. 제가 제대로 이해했다면, 음악의 전자적 차원에 대한 탐구가 실제 이러한 방향으로 작곡을 실현하는 데 더 많은 도움이 된다는 뜻인가요? 아니면 실험실 이상의 의미가 있을까요?

저에게 작곡 과정은 매우 추상적인 작업입니다. 컴퓨터나 신시사이저 같은 도구는 여기에 방해가 될 뿐이에요. 파리의 이르캄과 다른 전자 음악 스튜디오에서 여러 전자 음악 작품을 만들었고, 그것이 전통 악기를 위한 곡 작업에도 영향을 미쳤지만, 전자 음악 위주로 작곡하는 것이 제 목표는 아니었어요. 우선 전자 음악의 사운드는 뛰어난 연주자가 연주할 때 내는 기존 악기의 사운드와 같은 고귀함을 갖지 못해요. 다른 한편으로, 그 결과물은 예전에는 테이프로 재생되었고, 현재는 CD로 재생되거나 하드 디스크에 디지털 파일로 저장되는데, 둘 다 영원히 보관할 수 있는 건 아니라서, 저는 처음부터 스튜디오에서 연구하면서 얻은 경험을 일반 악기로 옮기고 싶었어요.

그러니까 전자 음악이 새로운 차원을 여는 영감의 원천이 되었다는 말씀인가요?
네. 특히 전자 음악 스튜디오에서 작업하면서 음악의 기초를 상당히 확장할 수 있었는데, 현미경으로 들여다보듯 소리의 내부, 말하자면 분자 수준까지 탐구할 수 있었고 흥미로운 발견을 많이 했어요. 그런 발견은 때때로 전자 음악이 아닌 제 작품에 적용되기도 했고요.

여기서도 과학 작업과의 유사성을 볼 수 있네요. 새로운 치료법으로 이어질 수 있는 수년간의 연구 과정에는 많은 실험과 시행착오가 있거든요. 이는 항상 새로운 방법을 찾아야 하기 때문이기도 한데, 음악도 마찬가지일 것 같아요. 때로는 특정 요소가 작품의 콘셉트에 맞지 않아 작품에서 제거해야 하는 경우가 있을 테니까요. 안타깝게도 인체의 구조와 질병은 매우 복잡하기 때문에 이러한 작업이 항상 가능한 것은 아닙니다.
스튜디오에서의 '연구 시간'을 되돌아볼 때 특히 흥미로운 건 기술 발전에 따른 변화였던 것 같아요. 이는 과학 연구에서도 중요한 역할을 하는 요소겠지요. 제가 스튜디오에서 일을 시작했을 때는 지금 우리가 사용할 수 있는 많은 기술적 가능성이 아직 존재하지 않았어요. 그래도 초창기 작업은 이후 스튜디오 작업보다 훨씬 더 흥미로웠어요. 당시에는 음 하나를 시간적으로 확장하려면 몇 시간씩 컴퓨터로 작업해야 했는데, 이러한 노고는 작업 방식의 경제성에 대해 생각하게 했죠. 하지만 기술적인 가능성이 점점 더 빠르게 발전하는 걸 접하면서 오히려 저는 전자 음악 작업에서 느끼는 매력이 많이 줄었어요. 오늘날 기술적 가능성은 사실상 무한하고 가정용 컴퓨터로도 많은 것을 실현할 수 있지만, 이로 인해 음악의 질이 떨어지는 경우도 드물지 않거든요. 기술적 인풋에 비해 창의적인 아웃풋은 상대적으로 적기 때문이죠. 이는 놀랍고 흥미로운 현상이에요.

혁신의 조건, 협업과 상호 작용

매우 통찰력 있는 관찰입니다. 외부에 기댈 데가 적고, 프레임워크가 개방적일수록, 창조된 결과물의 실체가 잘 드러나지 않는다는 건데요. 이는 혁신의 원천이 어디에 있는가, 혁신을 촉진하는 올바른 프레임워크는 무엇인가 하는 질문과도 연결됩니다.

스트라빈스키는 자신에게 더 많은 제약을 가할수록 더 자유로워진다고 말한 적이 있어요. 제가 〈칼라〉라는 작품에서 시인 잉에르 크리스텐센INGER CHRISTENSEN의 텍스트에 곡을 붙인 적이 있는데, 크리스텐센은 숫자와 단어의 정교한 조합이 자연 유기체 같은 것이 되어 생물학적 공간처럼 수학적 원리를 따르는 사고 구조까지 반영할 수 있다고 쓴 적이 있습니다. 이렇게 스스로 부과한 제약은 저에게도 중요한데요. 작업할 때 종종 엄격하고 수학적인 지침을 만들곤 해요. 그렇다고 해서 음악을 수학적으로나 음렬적으로 미리 구조화한다는 의미는 아니고요. 역설적이게도 스스로 부과한 제한이 자유와 창의성의 새로운 공간, 자신의 자의성에서 벗어날 새로운 기회로 이어질 수 있어요. 완전히 다른 문제를 해결하기 위해, 앞서 말씀하신 팀 내 협업이 어떻게 이루어지고 있는지 궁금하네요. 어떤 자극을 제공하거나 다음 단계를 위한 전략이 함께 개발되나요?

혁신은 매우 역동적인 과정이며 끊임없는 상호 작용입니다. 혁신은 한 방향의 힘에서 나오는 것이 아니라, 상호 작용과 대화가 이루어지고 다양한 방향에서 문제를 바라보며 새로운 무언가가 나올 수 있는 지점에서 일어나요. 예를 들어 약 10년 전에 예술가 한 명을 포함한 국제 팀을 구성한 적이 있는데요. 물론 과학자로서도 교육을 받았지만, 그분은 주로 예술가로서 생각하고 행동하면서 우리에게 완전히 새로운 관점을 열어 주었고, 이를 통해 새로운 제품 콘셉트를 제시했어요. 요점은 항상 다른 각도에서 문제를 바라보는 거예요. 그것이 새로운 것을 개발하는 데 필요한 추진력을 생성하는 유일한 방법이죠. 이번 인터뷰를 준비하면서 작곡 행위에서도 새로운 경험을 통해 영감을 얻는다는 사실을 알게 되었어요. 발리의 가믈란 GAMELAN* 음악과 같은 다른 문화의 음악에서 영감을 받고, 전자 음악 작곡의 가능성을 탐구하는가 하면, 음악가들과 집중적으로 작업하며 그들을 위해 특별히 작곡하기도 하죠. 이러한 상호 작용에서 혼자 작업할 때보다 더 많은 일이 일어나더군요.

시간이 지남에 따라 연주자들과의 협업이 얼마나 중요한지 깨닫게 돼요. 작곡가로서 경력을 쌓기 시작했을 때는 모든 것을 머릿속으로만 생각하고 악보에 적고 나면 그걸로 끝이었죠. 사실 약간 오만했고 음악가들에게 '나는 작곡가니까 너희는 내가 생각해 낸 것을 실현하기만 하면 돼!'라는 태도로 접근했는데, 나이가 들고 성숙해지면서 그게 생각했던 것만큼 쉽지 않다는 걸 알게 되었어요. 우리가 작곡가로서 존재하고 예술가로서 살아남을 수 있는 것은 전적으로 악보에 생명을 불어넣어 주는 음악가들과의 상호 작용 덕분이라는 사실을 깨달은 거죠.

저도 같은 생각입니다. 과학자가 의약품에 대한 훌륭한 아이디어를 가지고 있다고 해도 회사 내 다른 동료들의 지원 없이는 그 과학자가 그 발견을 시장에 출시하여 환자에게 혜택을 줄 가능성은 거의 없거든요. 모든 것은 다른 많은 사람과의 상호 작용을 통해서만 작동하기 때문에 혼자만의 힘으로 되는 건 없어요. 당신 작업에서도 네트워크가 중요한 역할을 하나요?
작곡가로서 기본적으로는 혼자 작업하지만, 함께 작업하는 음악가들 또는 연주하는 오케스트라와 기관들과 연결되어 있다는 점에서 그것이 제게는 하나의 거대한 네트워크로서 중요하죠.

그 외에 중요한 네트워크 관련 요소가 있나요?
글쎄요, 은유적으로 말해서 음악의 역사도 하나의 거대한 네트워크 아닐까요. 언제 어떤 것이 서로 연결될지, 나중에 무엇이 살아남을지는 미리 알 수 없지만요. 예를 들어 1390년경에 어떤 작곡가가

• 인도네시아의 전통 음악. 목제, 죽제, 금속제 등의 타악기를 사용한 기악 합주로, 연극이나 춤의 반주에 쓴다.

발전시킨 특정 기법이나 발견이 2014년의 어느 작곡가에게 갑자기 중요해질 수도 있고요. 우리 시대에는 전 세계적으로 사용할 수 있는 음악 자료의 양이 엄청나게 많지만 그렇다고 해서 작곡이 더 쉬워지지는 않아요.

사실 최근 몇 년 동안 네트워크 개념으로 잘 설명할 수 있는 또 다른 활동이 제게 매우 중요한데요. 런던과 서울에서 음악회 시리즈를 기획하고 운영하는 일이에요. 좋은 프로그램을 만들고 작품들을 의미 있게 서로 연결 짓는 활동을 하면서 관객과의 소통을 강화하고 현대음악을 전달하기 위한 일을 하고 있어요. 많은 작품을 듣고 다양한 작곡가들의 생각을 알아야 하기 때문에 저도 아주 배우는 게 많습니다. 게다가 이를 통해 제 작업에 대해서도 다른 관점을 갖게 되어 큰 도움이 되고요. 음악회 기획 일을 하면서 놀라운 사실을 깨달았어요. 음악의 언어는 항상 보편적이라고 말하지만, 각각의 현대음악 신들은 종종 서로 극명하게 나뉘고 심지어 서로를 거의 인식하지 못해요. 저는 이런 종류의 고립이 위험하다고 봐요. 소위 고급문화를 많은 이에게 전달하고자 한다면, 소통의 측면, 네트워킹은 너무나 중요합니다.

이러한 소통의 측면은 우리 업무에서도 중요한 부분이에요. 환자들이 진정으로 필요로 하는 것이 무엇인지, 우리 제품을 통해 어떻게 효과적으로 환자를 도울 수 있는지 더 잘 이해하기 위해 환자들과 긴밀하게 소통하려고 노력합니다. 환자들이 어떻게 느끼고 의약품이 그들의 삶을 어떻게 변화시키는지 알아내면 차세대 의약품에 대한 영감을 얻을 수 있거든요. 이러한 느낌과 경험이 진단 측정만큼이나 사람들에게는 더 중요할 수 있기 때문입니다.

저는 이런 측면이 현대음악에서도 중요하다고 생각합니다. 모든 것이 너무 이론적이고 개념적으로 되고 그 결과물이 단편적으로만 취급되면 사람들은 현대음악을 마치 내부자들만을 위한 것처럼 느끼고 거부감을 갖게 될 위험이 커요. 하지만 음악에는 정말 다양한 층위가 있어요. 작곡할 때 특정 청중을 고려하거나 음악을 이해하기 쉽게 만들려고 노력하지는 않아도, 제 목표는 다양한 관점에서 인식할 수 있는 음악을 작곡하는 거예요. 분석적이고 지적인 수준도 있지만, 즉각적이고 감각적으로 파악할 수 있는 수준도 있도록요. 자신이 만들어 놓은 틀에 따라 쉽게 작업하면서 자신을 모방하지 않으려면 이 점이 중요하다고 생각해요. 그러면 혁신과는 정반대의 결과를 초래하게 되니까요.

저는 혁신을 위해 어떤 프레임워크의 조건이 필요한지 계속 자문하고 있습니다. 조건이 무엇인지 알면 의식적으로 개선할 수 있잖아요. 사람들이 새로운 것을 시도할 만큼 용감해지기 위한 전제 조건 중 하나는 두려움이 없어야 한다는 거예요. 주제에 대한 호기심과 두려움 없는 접근은 새로운 가능성을 열어 주죠. 실수나 실패의 가능성도 포함해서요. 특히 연구의 초기 단계에서는 작업이 어떻게 전개될지 불분명한 경우가 많아요. 항상 명확한 '예'와 '아니오'가 있는 건 아니어서 성공할 수 있다는 확신도 중요한 역할을 합니다. 새로운 것을 향해 나아가는 길에 장애물과 저항은 중요하고 우리가 길을 찾는 데 도움이 돼요. 따라서 이러한 저항과 장애물을 극복할 수 있는 환경을 조성하고 직원들이 지지받는다고 느낄 수 있도록 하는 것이 특히 중요하죠. 이는 당신에게도 해당한다고 생각하는데요. "항상 실수를 허용하고 새로운 것을 시도하며 호기심을 가져야 한다"라는 문장을 읽은 적이 있어요. 그 문장이 바로 그 점을 잘 표현하고 있지 않나요?

네. 실수로부터 배우는 것은 매우 중요하지만, 실수를 인정하는 건 너무나 어려운 일입니다. 실패한 일을 시도했다고 말할 용기를 지니려면 자신과 일정한 거리를 두고 객관적인 시각을 가져야 해요. 그런데 이건 복잡한 심리적 과정이기 때문에 생각보다 훨씬 더 어려워요.

하지만 그게 바로 우리에게 절대적으로 필요합니다. 새로운 진단 방법이나 신약을 개발할 때 처음에는 성공 여부가 명확하지 않아요. 프로젝트가 실패하면 당연히 실수였다고 말할 수 있지만 성공했다고 할 수도 있습니다. 무엇보다 이 방향에 더 많은 시간과 에너지를 투자할 가치가 없다는 것을 알게 되었고, 둘째로 어떤 다른 길이 더 성공할 수 있는지 배웠기 때문이죠. 그래서 저는 항상 직원들에게 이렇게 말해요. "실수를 많이 하세요. 일찍 실수하세요. 같은 실수를 두 번 하지 않도록 노력하세요."

바로 이해되네요. 작곡가들에게도 당연히 적용되는 말이지만 한 가지 차이점이 있어요. 작곡가가 자신의 작품에서 무엇이 실수인지 알 수 있다 하더라도, 음악에는 엄밀한 의미에서 옳고 그름이 없다는 거예요. 무엇이 성공이고 무엇이 실패일까요? 새로운 음악이 나오면 수천 년에 걸쳐 다양한 문화권에서 유래한 걸작과 비교해 기준을 설정할 수는 있어요. 새로운 작품이 각 문화권 내에서 의미가 있는지, 그것이 독창적인지 아니면 기성품에 불과한지 질문할 수 있겠죠. 하지만 시간이 지나 어떤 작품이 살아남을지는 아무도 예측할 수 없어요. 그건 중요하지 않아요. 훨씬 더 중요한 것은 즉각적인 유용성 여부와 상관없이 애초에 새로운 무언가가 만들어지는 것이고, 이는 지원과 후원 없이는 거의 불가능하다는 사실입니다. 거기에 로슈 커미션과의 연결 고리가 있습니다. 이번 프로젝트에서 제가 특히 만족스러웠던 점은 단순한 작곡 의뢰가 아니라는 사실이에요. 로슈에서는 작곡가와의 대화를 통해 작품의 창작 과정을 함께하며 예술 창작과 과학 연구 간의 연결 고리를 만들기 위해 노력했어요. 이 점이 제게는 매우 중요한 경험이었습니다.

로슈 커미션의 위촉으로 작곡되어 2014년 8월 23일 루체른 페스티벌에서 초연된
〈세이렌의 침묵〉리허설과 연주 후 커튼콜
소프라노 바버라 해니건, 지휘자 사이먼 래틀과 함께
© Priska Ketterer/Lucerne Festival

2014 루체른 페스티벌 아카데미 에피소드 3.
⟨세이렌의 침묵⟩ 리허설.
소프라노 바버라 해니건, 지휘 사이먼 래틀. 진은숙 인터뷰 포함

3.

음악과
물리학의 마주침

물리학자 김상욱과의 대화

진은숙이 천문학과 물리학 등에 관심을 둔 건 꽤 오래된 일이다. 7~8년 전부터는 물리학자 볼프강 파울리에게 흥미를 느껴 그의 생애에 기반한 오페라를 구상해 현재 대본까지 직접 쓰며 작곡에 매진하고 있다. 2025년 5월 18일 함부르크에서 초연될 이 오페라 《달의 어두운 면》은 진은숙의 작품 세계에서 중요한 분기점이 될 전망이다. 최근 몇 년간 진은숙의 머릿속을 지배하고 있는 파울리 이야기를 좀 더 심도 있게 나눠 보기 위해 물리학자 김상욱과 만남을 주선했다. 이 대담은 2023년 9월 25일 오후 2시 30분부터 5시까지 서머셋팰리스 서울에서 있었다. 일반적으로 진은숙은 인터뷰이였지만, 이 만남에서는 진은숙이 인터뷰어로 김상욱 교수에게 질문하는 방식으로 진행되었다.

독일과의 인연

진은숙(이하 생략)   제가 물리학 하시는 분과 개인적으로 만나 얘기하는
건 처음이에요. 음악가들은 자연과학에 별로 관심이 없거든요. 사실
저는 음악도 자연과학, 특히 물리학과 상당히 연관이 많다고 느끼는
데, 그쪽 분야 분을 여태까지 찾지 못했어요.

김상욱(이하 생략)   저도 작곡가와 이야기하는 건 처음입니다. 제가 최
근에 낸 책이에요. (『하늘과 바람과 별과 인간』 증정)

**감사합니다. 그동안 물리학 책은 주로 독일어로 읽어서 한국어 책은
처음이네요.**
저도 독일에 몇 년 있었습니다. 2002년부터 2004년까지 드레스덴
막스 플랑크MAX PLANCK 연구소에서 2년 반 정도. 사실 저희 때는 학
위를 받고 외국에 나가야 했거든요. 과학계에서는 국내에서 박사 학
위를 받으면 반드시 해외 경험이 있어야 한다고 생각했었죠.

우리와 똑같네요. 음악도 해외에 나가 현지에서 배워야 한다고들 하죠.
그런데 2002년 당시에는 외국으로 나간다고 하면 무조건 미국으
로 가는 거예요. 저는 처음부터 독일을 생각했어요. 베르너 하이젠
베르크WERNER HEISENBERG가 독일에 있었으니까, 괴팅겐에 꼭 가 봐
야 했죠. 독일과는 인연이 있는지 희한하게 제 아내도 독일 회사
보쉬BOSCH에서 10년 정도 일하고 있고요.

미국과 독일의 물리학계는 경향이 다른가요?
독일이 조금 더 기초 과학을 열심히 하는 것 같아요. 미국은 유럽보
다 규모가 훨씬 커서 단순히 비교하기는 힘든데, 많이 바뀌긴 했어
요. 2000년대 초만 해도 미국이 압도적으로 앞서 있었기 때문에 기

초 과학을 하려면 당연히 미국으로 가는 게 맞았지만, 9·11 이후 미국이 많이 바뀌었거든요. 외국인에 대해 차별도 있고 연구 경향도 군사 관련 쪽으로 많이 경도되면서 기초 과학에서는 조금 주도권을 잃은 느낌이 있어요. 유럽이라고 해도 물리학은 독일이죠.

그렇죠.
영국이나 프랑스가 독일과 비교해서 기초 과학에서 아주 뛰어난 것은 아니거든요. 생물학 쪽은 영국이 잘하지만, 물리학 쪽은 압도적으로 독일이 잘하니까. 제가 독일 갈 때만 해도 독일 사람들도 학위 받으면 무조건 미국을 갔다 와야 교수 자격 과정 HABILITATION도 했는데, 이제는 독일의 수준이 상당히 올라가서 미국에 가지 않고 유럽에서도 충분히 좋은 연구를 하는 쪽으로 분위기가 바뀌었어요.

스위스 세른CERN(유럽입자물리연구소)은 가 보셨어요?
그쪽은 저하고 분야가 달라요. 물리학도 굉장히 범위가 넓어서, 세른에서 하는 연구는 우리나라에서 잘해야 5퍼센트 정도 과학자들이 하고 있어요.

선생님은 어떤 방향에서 연구하세요?
저는 양자물리학을 연구하는데, 가장 작은 쿼크에서 핵, 원자, 분자, 소기관, 세포, 인간, 지구, 은하를 거쳐 가장 큰 것인 '우주'로 가는 층위로 보자면 세른에서 연구하는 가장 작은 입자물리보다 두세 개 큰 층위인 원자, 분자를 다룬다고 볼 수 있죠.

양자역학을 둘러싼 오해들

하이젠베르크나 닐스 보어NIELS BOHR, 볼프강 파울리, 막스 플랑크 같은 사람들에 대해 관심이 많아서 이것저것 읽어 보는데요. 물리학 이론을 공부하진 않았기 때문에 잘 이해할 수는 없지만, 그들의 인생이 너무 재미있어서 이것저것 읽다 보니 조금씩 재미를 붙였어요. 아인슈타인 ALBERT EINSTEIN이나 그의 이론에 대해서는 너무나 풍부하게, 하다못해 유튜브에도 아주 진지한 자료들을 찾아볼 수 있는데, 양자역학으로 넘어가면 이상한 게 많더라고요. 사이비도 많은 것 같고. 일반 사람들에게 제대로 된 정보를 줄 수 있는 소스가 별로 없던데, 왜 그럴까요?

잘 찾아보시면……

물론 그렇겠지만. 보통 다른 분야는 표면적으로 봐도 좋은 정보가 많은데, 양자역학 쪽으로 가면 신비주의ESOTERIC로 빠지기도 하고, 사람들이 이상한 얘기를 많이 하더라고요.

첫 번째 이유는, 양자역학이 만들어졌을 때 물리학자들조차 제대로 이해를 못 해서 혼란스러워하는 시기가 있었어요. 그런데 그 시기가 생각보다 길어서 언제까지로 잡아야 할지 모르겠는데, 양자역학에는 측정 얘기들이 나오잖아요. 그게 뭘 의미하는지 1990년대쯤 되어야 대강 이해하기 시작한 것 같아요. 지금은 큰 문제 없이 그것의 물리적 의미를 이해하는데, 1950~1970년대에는 마치 인간의 의지나 생각, 이런 것들이 사물에 영향을 주는 것 같은 오해가 있었고요.

그런 오해가 많죠. 잘 모르면.

측정하는 행위가 대상에 영향을 준다는 말이 여러 가지로 오해를 일으켜서, 염력이나 텔레파시처럼 나의 의지로 사물이 변하는 것으로 생각하는 사람들이 있을 정도였죠. 마치 춘추전국 시대같이 그동안 있었던 온갖 사이비 과학이 '거봐라, 물리학이 이런 염력의 존재를 입증했다'라는 식으로 나와서 많은 오해가 생겼죠. 지금도 오해되고 있고요. 이해가 쉽지 않다 보니 처음부터 그런 운명을 타고난 거죠.

그렇게 도용되는 경우가 너무 많더라고요. 독일에서 어떤 물리학 박사의 강연을 들었는데, 목소리가 좋고 아주 설득력 있게 말을 했어요. 그런데 처음에 아인슈타인, 막스 플랑크를 인용하면서 얘기하다가 어느 순간부터 일반인인 제가 들어도 갸우뚱한 얘기를 하기 시작해요. 정신의 어떤 힘이 사물을 움직이고, 당신과 내가 서로 명상하면서 우리의 정신을 결합한다는 식으로. 이상하잖아요. 그렇게 나가다 이 사람이 그런 정신적인 힘을 통해 병도 고친다고 해요. 그 기계를 자기 아들이 팔고요. 그 지점까지 가면 이건 아니지 않나 싶죠. 그런데 상당히 오랫동안 그 사람의 추종자들도 많았거든요. 물론 학계에서 일하는 사람들한테는 중요하지 않은 일이겠지만, 정말 모르는 내가 봐도 가짜라고 느껴지는 현상들이 독일에도 많더라고요. 그래서 양자역학을 이해하는 것이 전문가들에게도 이렇게까지 힘든 일인가 싶었어요.
힘든 일이죠.

선생님은 다 이해하세요? 거기에 나오는 현상들을.
그런 질문이 어려운 것이, '이해한다'는 게 뭔지부터 얘기해야 하거든요. 그걸 어떻게 정의하냐에 따라 이해했다고 할 수도 있고 이해하지 않았다고 할 수도 있어요.

그렇죠.
예를 들어 지구가 평평한가요? 지구는 둥글잖아요. 그럼 지구가 둥글다는 걸 우리가 이해했을까요? 과연 내가 '지구가 둥글다'고 이해했다는 게 어떤 뜻일까? 누가 나한테 물어봤을 때 객관적으로 자료를 보여 주면서 입증할 수 있으면 이해한 건가? 그런데 그 자료는 내가 다 이해하고 있나? 그러니까 사실 이해했다는 게 뭔지가 쉬운 문제는 아니에요.
보어와 아인슈타인이 끝없이 논쟁할 때 아인슈타인이 이해 못 하겠다고 몇 번 얘기하자 보어가 물어보거든요. 도대체 이해한다는 게 뭔지부터 정리하지 않으면 나는 당신 말을 이해 못 하겠다고 얘기해요. 아인슈타인이 답하죠. 내가 이해했다는 것은, 새로운 지식이 내가 이미 이해했다고 믿는 체계와 논리적이고 정합적으로 연결되는 것이다. 그러자 보어가 그것이 이해의 정의라면 우리 인간은 양자역학을 이해할 수 없다고 답해요. 우리의 경험, 상식과는 양자역학이 정합적으로 붙을 수가 없거든요.

그렇죠.

우리의 경험과 상관없이 양자역학이라는 하나의 독립된 체계가 있는데, 이것이 수학적으로 문제없고, 우리의 경험과는 다르지만 이론이 예측한 바가 실험적으로 잘 입증되는 것을 이해했다고 한다면, 양자역학을 이해한 거예요. 일단 양자역학은 그 자체로 문제가 없어요. 마치 수학의 공리 체계와 같이 양자역학을 다루는 룰들이 있거든요. 공리가 있고, 문제에 적용하는 방법이 있고, 해석까지 있죠. 그것대로만 하면 수많은 원자 현상을 다 설명할 수 있거든요. 그런데 문제는 이 체계가 너무 이상해서 받아들이기 어렵다는 겁니다. 이것이 여전히 무엇인지 직관적으로는 알 수 없는데, 그럼 이 상황을 이해했다고 할 것이냐 이해하지 않았다고 할 것이냐의 문제예요.

어떻게 보면 양자역학은 이해하기 어렵거나 이해가 안 되는 학문이 아니라, 우리 인간이 이해라는 것의 범주를 자신만의 방식으로 정하거나, 자신이 아는 것을 이해의 절대적 기준으로 삼아서 문제인 거예요. 양자역학을 제대로 설명할 언어도 없고 개념도 없는데 말이에요. 이건 사실 양자역학에서만 생긴 문제는 아니고요. 역사적으로 수많은 철학과 종교에서도 언어로 표현할 수 없는 것들이 있다고 해 왔잖아요. 그런 것과 비슷해요. 양자역학의 체계는 자연의 모든 결과를 물질적인 증거들을 가지고 설명할 수 있다는 차이만 있지, 인간이 이해 못 했던 체계는 많이 있거든요. 이제 어떤 인간 프로 기사보다 바둑을 잘 두는 알파고가 있지만 우리는 그 바둑을 이해 못 해요. 인간보다 훨씬 바둑을 잘 두는데 왜 그런 수를 두는지 이해 못 해요. 나는 이해 못 하지만 나의 이해와는 상관없이 그냥 바둑을 잘 두는 거잖아요.

양자역학이 이와 비슷해요. 저는 수업 시간에 학생들에게 양자역학은 아무것도 아니라고, 룰 쓰고 공리 쓰고 사용법을 1년 동안 배우면 다 쓸 수 있다고 말해요. 그런데 인간은 끝없이 질문하죠. 도대체 전자가 두 장소에 동시에 있다는 게 무슨 말일까. 그걸 자신의 상식과 경험에 따른 방식으로 이해하려고 하면 안 되거든요. 이런 방식으로는 절대로 성공하지 못해요. 하지만 이걸 받아들이고 익숙하게 쓰다 보면, 저는 벌써 양자역학을 25년 썼으니까 이제는 쉽게 양자역학의 이상한 표현들을 쓰거든요. 그런 점에서는 이해한 거죠.

존재한다는 것. 측정과 환경, '결 어긋남' 이론

이해한다는 것을 어떻게 정의하냐에 관해 말씀하셨는데, 아인슈타인이 논쟁하다가 '저 달이 내가 안 쳐다보면 없는 것이냐'라는 질문을 했잖아요. 그런 질문에 대해 저도 생각해 봤고, 학자들의 얘기도 들어봤는데, 내가 안 쳐다보지만 너무나 많은 사람이 쳐다보고 있고, 달은 지구와의 거리가 매일 측정되니까, 독일어로 'BEOBACHTEN'(관찰)하기 때문에 그 존재를 아는데, 만약 그 달을 바라보는 인간의 의식BEWUSSTSEIN, 그걸 인식하는 존재가 없다면, 그럴 때도 그것이 존재한다고 할 수 있는가. 그러면 결국 또 그 '존재'라는 걸 어떻게 정의해야 하냐는 질문을 하게 되는데, 그에 대해서는 어떻게 생각하세요?

말씀하신 것처럼 존재라는 것을 어떻게 정의하냐의 문제인데, 양자역학에서는 그 존재가 결국 측정을 통해 이루어진다고 이야기해요. 측정만 정의하면 존재가 정의되는 거죠. 측정을 하려면 측정 장치가 있어야 해요. 사람의 눈이나 카메라 등이 모두 장치인데, 장치가 있고 대상이 있으면 이 장치를 통해서 대상으로부터 물리적인 상호 작용, 빛이나 소리 같은 것이 전달됐을 때 이걸 측정이라고 얘기했어요. 문제는 여기서 인간이 어떤 역할을 하느냐인데, 사실 장치만 있으면 인간은 없어도 돼요. 인간이 보지 않아도 양자역학에서는 일단 측정을 하면 어떤 변화가 일어나요. 그 변화가 일어난다는 것만 확인할 수 있으면 되니까 측정에 반드시 의식을 가진 존재가 필요하진 않아요. 그런데 이 장치의 본질이 무엇인지에 대해 수많은 논쟁이 있었고, 그 논쟁의 결정판이 바로 슈뢰딩거ERWIN SCHRÖDINGER의 고양이 역설이에요.

현재 물리학에서 양자역학의 측정은, 측정하는 주체, 즉 장치와 측정당하는 객체, 두 개로부터 정의해요. 이 우주는 하나잖아요. 내가 측정해야겠다고 마음먹으면 첫 번째로 무엇을 측정할지부터 정해야 해요. 측정 대상을 시스템이라고 부르죠. 예를 들어 측정할 대상이 유리잔이라면, 우주 전체에서 유리잔을 뺀 모든 것이 측정 장치예요. 그런데 이 경우 측정 장치라는 말이 좀 이상하기 때문에 환경 ENVIRONMENT이라 불러요. 물리학에서는 시스템과 환경으로 우주를 나누고, 시스템으로부터 환경으로 정보가 이동하면 측정된 거예요. 이것이 오늘날의 정의예요. 이런 현상이 일어나면 그때부터 이 시스템은 측정을 당한 것과 같이 행동하기 시작해요. 그것이 때로는 사람의 눈일 수도 있고 빛일 수도 있고 전자 장치일 수도 있고 여러 가지일 수 있지만, 무엇이든 상관없이 실제로는 단지 빛이 여기 맞아 튕겨만 나가도, 즉 플래시로 빛을 켜기만 해도 측정이 된 거예요. 그러니까 달은 인간이 보는 것과 상관없이 태양광이 달에 맞아서 사방으로 산란되고 있으니 이미 측정된 거죠. 지구가 사라져도 우주에 외계인이 없어도 달이라는 시스템은 주변과 이미 상호 작용을 하니까요. 기본적으로는 상호 작용이 있어야 하고, 상호 작용 자체가 측정이라는 뜻이에요. 1980년대경에 이런 아이디어가 나왔고, 수많은 철학적 논쟁 끝에 1990년대부터는 철학이 아니라 실험에 대한 여러 가지 아이디어가 나왔어요. 그 실험들이 쭉 이루어져서 지금까지 말씀드린 내용을 뒷받침하게 되었어요. 지난 20~30년 동안 주로 했던 것이 그런 일들이에요. 지금은 이렇게 다들 이해하고 있는데…….

다들 이해할까요? 안 그런 것 같은데. (웃음)
다들이라는 게 물리학자들인데요. 물리학자들 중에도 이 문제를 저처럼 고민하는 사람은 전공하는 사람들밖에 없어요. 다수는 이런 문제에 관심 없고, 처음에 얘기한 것처럼 양자역학은 우리와 별개로 붕 떠 있는 하나의 체계고 매뉴얼을 잘 익혀서 쓰면 돼요. 우리가 스마트폰 쓰면서 작동 원리를 알 필요는 없잖아요. 사용법만 익혀서 충분히 잘 쓸 수 있으면 되는데, 뭐하러 그런 식으로 생각하냐는 사람이 물리학자의 한 95퍼센트고요.

아, 그래요?
다수는 여전히 1920년대에 만들어진 코펜하겐 해석으로도 아무 문제 없으니까. 그런데 저같이 양자를 연구하는 사람들은 도대체 본다는 게 뭐고, 진짜 슈뢰딩거의 고양이는 살았나 죽었나, 달을 보지 않으면 달이 존재하지 않나, 이런 질문들을 끝없이 하죠. 시스템과 환경으로 쪼개는 걸 저희는 '결 어긋남DECOHERENCE 이론'이라고 해요. 우리말로는 여전히 용어 통일이 안 되어서 '결 어긋남', '결 잃음', '결

깨짐' 등 여러 용어로 의견이 분분해요. 이 DECOHERENCE 해석을 통해서 측정이 다 설명되는 것 같다고 믿는 사람들이 물리학자 전체의 대략 90퍼센트 이상이라고 보시면 됩니다. 저도 거기 포함되고요. 그들은 이제 '이 정도로 된 것 같다', '철학적 문제를 더 고민해야 할까'라고 하지만, 여전히 10퍼센트는 이 이론이 마음에 안 들어서 새로운 아이디어를 내고 있고요. 그중 하나가 대중에게 널리 알려진 다중 우주, 평행 우주 같은 거예요.

정말 어려운 걸 하시네요.
벌써 20년도 더 된 얘기예요. 저는 이런 것을 좀 더 실험으로 검증하는 정교한 디테일들을 연구했기 때문에.

그러면 선생님은 이론을 연구하는데, 실험물리학자들과 협업도 하시나요?
한 적도 있고 안 하기도 해요. 실험으로 되는 이론을 만들 때도 있고, 순수하게 이론만 연구할 때도 있고요. 둘이 조금 달라요. 연구하는 방식도 다르고요. 일단 순수하게 이론만 하는 것이 훨씬 재미는 있죠.

그럴 것 같아요.

물리학에 대한 관심

선생님은 어떤 동기로 물리학을 공부하시게 되었나요? 어렸을 때부터 그쪽으로 관심이 있으셨죠?

어릴 때는 원래 왔다 갔다 하잖아요. 판사가 된다고 했다가, 전자공학자가 된다고 했다가, 로켓 만든다고 했다가. 고등학교 때 여전히 왔다 갔다 하고 있으니까 아버지께서 매주 책을 하나씩 줄 테니까 그걸 보면서 진로를 정해 보라고 하셨어요. 매주 새로운 종류의 책을 주셨는데 입시 공부하니까 당연히 하나도 안 보고 쌓아 놓고만 있다가 그중 한 권이 딱 눈에 들어왔어요. 『4차원의 세계』라고, 상대성 이론과 양자역학을 알려주는 작은 문고판이었는데 그건 재밌더라고요. 쭉 읽다가 중간에 양자역학 파트가 너무 신기해서 주말에 교보문고에 가 『양자역학의 세계』라는 책을 사 왔어요. 그때만 해도 국내에 이런 종류의 과학책이 별로 없었거든요. 일본 사람이 쓴 문고판이었는데 그 책을 읽고는 인생이 바뀌었죠. 얼마나 재밌는지 서른 번, 마흔 번 끝도 없이 봤어요. 그 책을 보고 있으면 뜻도 제대로 모르면서 행복했어요. 전자가 어떻고 슈뢰딩거가 어떻고. 그걸 보고 나는 양자역학을 해야겠구나 생각했어요. 물리학과가 아니라.

처음부터 아예 양자역학을 하다니 대단하시네요.

처음에는 원자 얘기가 나오길래 친구한테 물어봤죠. '이걸 하고 싶은데 어디 가면 될까?' 했더니 화학이라고 하더라고요. 그래서 화학 선생님께 찾아가 많이 물어봤는데, 제가 매주 찾아가서 물어보니까 나중에 선생님이 '네가 물어보는 건 화학이 아니고 물리학이야. 물리학과에 가서 물어봐'라고 하셨어요. 그래서 물리학과로 갔죠. 그 이후로 지금까지 양자역학을 하고 있어요.

혹시 독일의 하랄트 레슈HARALD LESCH라는 분을 아세요?

아니요.

일반인을 위한 물리학 같은 대중적인 강연을 많이 하시는 물리학자인데, 저는 그분 강연을 통해 본격적으로 입문했어요. '알파 센타우리ALPHA CENTAURI''라는 짧은 강연인데, '원자는 무엇인가' 같은 아주 기초적인 내용으로 15분 동안 설명해요. 그분 강연을 들으면, 물론 다 이해는 못 하지만, 내가 뭘 몰랐는지를 알게 돼요. 말을 잘하고 아주 흥미로워서, 댓글을 보면 '학교 다닐 때 저런 물리학 선생이 있었으면 내가 물리학을 공부했다'라는 이야기가 많은데, 나도 그렇게 생각할 정도로 하나를 들으면 두 번째를 듣고, 두 개를 들으면 세 번째를 듣고 싶어져요. 밤중에 자려고 누워서 그 영상을 보고 있으면, 남편이 옆에서 '또 하랄트 레슈야' 이랬어요. (웃음) 하여튼 그 강연을 많이 보다가 조금씩 흥미가 생겨서 주로 평전을 찾아봤어요. 제가 학문적으로 접근할 수는 없으니까요.

거기다 개인적으로는 또 다른 동기가 있는데, 곡을 쓸 때 정말 빈 오선지를 들여다보고 있으면 기가 막혀요. 학문하는 분들도 그런 느낌을 아시겠지만, 내가 너무 불행하고 내가 하는 일이 너무 힘들다는 생각을 하루 내내 하다가, 해소할 창구가 필요하니까 우주의 탄생 같은 이야기를 보는 거예요. 그런 내용을 보다 보면 그 큰 시간과 공간 안에서 나라는 존재는 너무 조그매지고 내가 겪는, 내가 고통받는 건 별로 중요하지 않아요. 그러면 이제 안심하고 자는 거예요. 20년 정도 그렇게 지내다가, 조금씩 조금씩 주워듣는 단어들을 모아 오고 있죠. 그리고 창작 생활을 하면서 어려움에 봉착하면 나만 이 세상에서 제일 불행한 것 같고, 이 일은 정말 불가능한 직업이라는 생각이 들어요. 그런데 예를 들어 막스 플랑크 같은 사람들은 평생 연구만 해서 모든 게 잘돼 노벨상 탄 것처럼 업적만 보이지만 그들의 인생이 어땠는지 읽어 봤더니 전혀 아니에요. 막스 플랑크의 인생은 정말, 딸 둘은 애 낳다 죽고, 아들은 처형되잖아요. 이후 세대는 그가 인류에 공헌한 업적만 알지, 그의 인간적인 고통은 그가 죽으면서 없어지는 거예요.

그런 인생을 보면서 많이 느꼈어요. 2차 세계대전 때 맨해튼 프로젝

• 뮌헨공과대 이론천체물리학 교수인 하랄트 레슈가 독일 ARD 방송에서 1998년부터 2007년까지 했던 15분짜리 TV 강연 시리즈. 226회 영상이 ARD 미디어테크에 아카이빙되어 있다.

트가 시작되면서 하이젠베르크가 독일에서 나치를 위해 그런 프로젝트를 하려고 했는지 아니면 하기 싫었는지, 그건 아직도 모르고, 정말로 그 당시 그들이 핵폭탄을 만들 위치에 있었는지, 만들 만한 충분한 시간과 자원이 있었는지는 알 수 없는데, 어쨌든 그 일에 연루되어 고초를 심하게 당했잖아요. 노벨상 수상자임에도 불구하고 전쟁 끝나고 영국군의 포로로 런던에 가 있으면서요. 오토 한^{OTTO HAHN} 등 노벨상 받은 사람들이 수두룩하게 거기 감옥에 있었고요.

아주 잘 아시는군요.

그런 얘기를 보면서, 나에 대한 내 생각들이 참 사치스럽다고 느꼈어요. 결국 그들 개인이 천재적인 능력으로 업적을 냈다기보다 그 시대에 전 인류를 대표해서 어떤 유산을 남겨 주었다고 저는 생각해요. 그러니까 그 결과들이 그들 개인의 것이 아니라, 큰 그림으로 보면 그 당시 살았던 전 인류의 업적이 되는 거죠. 그런 걸 보면서 많은 것을 느꼈고, 제가 작업하는 데 심리적 도움도 많이 받았어요. 그러면서 조금씩 책도 읽고 있는데, 내가 이런 내용을 좀 더 제대로 이해할 수 있으면 좋겠다는 욕심이 나죠. 그런데 결국 수학을 못하면 아무것도 안 되더라고요.

다시 반복되는 얘기지만, 뭘 하시려고 하느냐에 따라 다르겠죠.

학자가 될 생각은 아니지만 조금이라도 더 이해하고 싶어요. 제가 볼프강 파울리의 인생과 파울리와 카를 구스타프 융^{CARL GUSTAV JUNG}이 교류했던 데서 영감을 받은 오페라를 새로 쓰고 있거든요. 물론 그들이 주고받은 편지에는 전문적인 물리학 용어나 심리학 용어는 없어요. 두 사람의 분야가 다르니까. 그 당시 파울리가 발견한 것과 아이디어가 아주 많았는데, 그런 성과들을 자기가 발표하지 않고 남들한테 많이 줬잖아요.

맞아요.

사실 하이젠베르크도 노벨상 받기 전부터 파울리에게 영향을 많이 받았고, 평생 자기 논문을 보여 주면서 오케이 받지 않으면 발표하지 않고, 파울리에게 맨날 바보^{IDIOT}라는 핀잔을 듣기도 하고요. 파울리가 동료들에게 보낸 논문, 편지 등을 묶어 놓은 전집을 읽었는데, 물론 그들의 얘기를 한마디도 이해 못 하지만, 편지에 'OO에게, 지난번에 당신이 말한 건 이거예요'라고 하면서 공식이 나와요. 그런데 자기 의견은 이렇다면서 또 공식을 제시하고, 그래서 결론은 이렇다고 말하죠. 그러니까 이들이 공식으로 대화하는 상황이 너무 신기했어요. 수학적으로 생각하고 공식을 만들고 이 과정에서 물리학 이론을 만들어 내잖아요. 머릿속 생각으로만.

[1088] PAULI AN HEISENBERG[1]

Princeton, 28. Februar 1950

Lieber Heisenberg!
Ich bin hier wieder zu Besuch und Deine Arbeit[2] wurde mir hierher nachgeschickt. Diese scheint mir einen (eigentlich zwei) fundamentalen Irrtum zu enthalten, der dringend Berichtigung verlangt. Ich will dies erläutern am Fall des diskreten Massenspektrums

$$\rho(\kappa) = \sum c_i \delta(\kappa - \kappa_i); \quad \sum c_i = 0, \quad \sum c_i \kappa_i^2 = 0.$$

Man hat

$$S_j = \left(\gamma_\mu \frac{\partial}{\partial x^\mu} - \kappa_j \right) \Delta(x - x'; \kappa_j),$$

später ebenso

$$S_j^{(1)} = \left(\gamma_\mu \frac{\partial}{\partial x^\mu} - \kappa_j \right) \Delta^{(1)}$$

$$\left(\gamma_\mu \frac{\partial}{\partial x^\mu} + \kappa_j \right) S_j = 0; \quad \left(\gamma_\mu \frac{\partial}{\partial x^\mu} + \kappa_j \right) \psi_j = 0$$

$$\psi = \sum_j \frac{c_j}{\kappa_j} \psi_j,$$

$$\psi_j = \text{const.} \quad \prod_{i \neq j}' \quad \left(\frac{1}{\kappa_i^2} \gamma_\mu \frac{\partial}{\partial x^\mu} + 1 \right) \psi.$$

(' über alle i, ausgenommen $i = j$)

수학과 물리학

기본적으로 수학은 언어예요.

그렇죠.

독일어나 영어 같은 언어의 하나예요. 사실 수식이야말로 가장 명징한 언어죠. 일반적인 인간의 언어는 지나치게 중의적이고 뜻이 여러 가지고 맥락에 따라 달라서 소통이 쉽지는 않잖아요. 아마 철학적인 논증을 편지로만 주고받으려면 힘들 거예요. 만나서 직접 얘기를 해야지만 비로소 서로 이해할 수 있을 텐데 말이죠. 물리학이 가장 빠른 발전을 할 수 있었던 이유 중 하나가 수학을 언어로 선택함으로써 수식 한 줄을 쓰면 그 문장을 오해할 사람은 아무도 없기 때문이에요. 그것이 수학을 쓰는 가장 강력하고 중요한 이유죠. 서로의 말을 잘 알아듣지 못해도 칠판에 수식만 제대로 쓰면 대화가 돼요. 사실 편지에 쓰는 수식들을 보고 일반인들은 굉장히 신비롭다고 하는데 그렇진 않고요. 우주의 모든 상황을 언제나 수식으로 바꿀 수 있어요.

그러니까 그 점이 너무너무 신기해요.

데카르트 RENÉ DESCARTES 좌표계 때문에 가능해요. 좌표계를 이용하면 공간상의 위치를 숫자로 X, Y, Z 좌표로 쓸 수 있으니까 그 숫자들을 가지고 공간에서의 위치와 시간을 표시할 수 있잖아요. 기본적으로 모든 물리적인 상황은 이 시공간에서 벌어지기 때문에 시공간의 모든 사건은 숫자로 바꿀 수 있어요. 그다음에 그 대상의 특성은 질량, 전하 등의 물리량을 숫자로 써서 표현하죠. 숫자로 쓸 수 없으면 물리를 할 수 없어요.

그렇죠.

숫자로 되어야 측정할 수 있고, 측정하지 않으면 물리의 대상이 아니라는 것이 바로 양자역학의 핵심이거든요. 측정 가능한 양들로만 구성된 것을 '가관측량'이라고 하는데, 원리적으로 측정 가능한 양들에만 의존하여 물리학을 구축하겠다는 것이 하이젠베르크 논문의 초록이에요. 자기가 양자역학을 새로 만들 텐데, 이 양자역학은 오로지 원칙적으로 측정 가능한 양들만 가지고 하겠다는 것이죠. 측정 가능하지 않은 건 얘기하지 않겠다는 것이고, 측정한다는 건 숫자로 바꾼다는 얘기예요. 그래서 결국은 이 세상 모든 걸 숫자로 바꿀 수 있어요. 그다음에 그걸 기호화한 게 수식이고, 칠판에 수식만 써서도 이 세상을 다 설명할 수 있죠.

그게 얼마나 좋아요. 너무 멋있어. (웃음)

좋기도 하지만 이런 일이 가능하다는 것이 더 놀랍죠. 이걸 보인 사람이 사실 뉴턴ISAAC NEWTON이에요. 뉴턴의 운동법칙, F=ma가 갖는 가장 중요한 의미는 우주의 법칙을 찾은 게 아니라 그걸 수식으로 풀어낸 거죠. 우주가 수학으로 잘 기술되는 것 같은데 그 언어가 뭔지를 모르겠다고 했던 사람이 갈릴레오GALILEO GALILEI거든요.

그렇죠.

갈릴레오는 수학이 중요하다는 것까지 알았어요. 우주의 원리를 수학의 언어로 쓸 수 있다고 말했죠. 하지만 어떻게 수학으로 표현할지는 모르고 죽었는데, 뉴턴이 그걸 알아냈어요. 그래서 뉴턴 이후로는 수식으로 우주를 기록해요. 우주를 수식으로 기술하기 위해 뉴턴은 무시무시한 선언을 하죠. '시간과 공간은 숫자다.' 절대적인 숫자. 사실 인류 역사상 한 번도 시간을 숫자라고, 공간을 숫자라고 생각해 본 적이 없어요. 해가 뜨면 시간이 시작되고 해가 지면 끝납니다. 새해가 되면 시간이 갱신되죠. 왕이 즉위해도 시간이 다시 시작되고요. 시간이 숫자라고 얘기한 사람이 뉴턴이고, 지금까지 우리는 그 전통을 따르고 있어요. 그래서 우주에서 벌어지는 모든 사건, 즉 운동을 숫자로 바꿀 수 있고, 그 숫자를 수식으로 쓸 수 있고, 그럼으로써 우리는 칠판에 수식만 써서 창문이 없는 방 안에서도 이 우주를 얘기할 수 있어요. 밖을 보지 않고도.

그러니 그게 얼마나 대단해요.

이런 원리가 정말 모든 경우에 성립하는지가 중요한 질문이죠. 양자역학은 뉴턴이 다룬 거시적 세계뿐 아니라 원자를 다루는 미시적 세계도 수학적으로 잘 기술할 수 있다는 점을 보인 겁니다. 이 자체로 좋은 물리학인데 이해가 안 될 뿐이죠. 단지 이해만 안 돼. 이건 이론의 문제가 아니에요. 인간의 문제죠. 이해를 못 하는 인간의 문제.

갈릴레오가 '수학은 자연을 표현하는 언어'라는 말을 하잖아요.
갈릴레오는 비스듬한 면에서 돌을 굴리며 실험했어요. 당시는 아직 정확한 시계가 없어서 자신의 맥박으로 시간을 쟀는데, 그냥 떨어뜨리면 너무 빨리 낙하하기 때문에 비스듬한 면에서 굴렸죠. 그러면 느리게 굴러 내려가잖아요. 놀랍게도 돌은 1초, 2초, 3초, 4초, 시간이 흐름에 따라 이동 거리가 4배, 9배, 16배, 이렇게 제곱으로 늘어납니다. 이동 거리는 빗면의 기울기와 돌의 크기와 돌의 무게와 상관없이 언제나 시간의 제곱이다. 수학적으로 어떤 의미가 있는 것 같다, 누가 이걸 정리하면 좋겠다고 생각한 거죠.

제가 물리학자들은 그런 공식으로 세상을 설명하고 서로 대화도 그런 식으로 해서 너무 어메이징하다니까 누가 '당신도 곡 쓸 때 악보에다 그냥 음만 써 놓는데 그 음들이 나중에 소리로 어떻게 들리는지 다 알지 않냐' 하더라고요. 이건 쉬운데, 난 전자가 훨씬 어려울 것 같아요.
저는 모차르트나 작곡가들이 음표 쓰는 걸 보면 진짜 어메이징해요.

(크게 웃음)
저는 악보를 봐도 안 들리거든요. 음이 하나도 아니고 오케스트라에 수십 개의 악기가 있는데, 그런 음악을 만들어 간다는 게 신기하죠. 똑같다고 생각해요.

내가 할 줄 아는 건 하나도 어렵지 않아요. 하이젠베르크의 전기인지 파울리의 전기인지 확실하진 않은데 그 책을 보면 어렸을 때 수학을 공부하다가 물리학을 하려고 아르놀트 조머펠트 ARNOLD SOMMERFELD 를 찾아갔는데, 수학을 공부했다니까 '너는 물리학 하기에는 이미 망쳤다'라고 했다던데, 그건 무슨 의미인가요?
수학을 너무 좋아하면 물리를 떠나요.

수학적인 세계는 물리적인 세계에서 가능하지 않은 더 많은 가능성이 있어서인가요?
수학적 엄밀성을 추구하는 사람들 입장에서 볼 때, 물리는 너무나 더럽고 대강대강 하거든요. 물리는 수학을 오로지 도구로 사용해요.

그렇죠.

그런데 수학은 완결된 공리 체계를 구축하고 조금이라도 모순을 허용하지 않아요. 그게 수학의 가장 중요한 목표고요. 실제 있는지 없는지는 하나도 중요하지 않고, 오로지 정합적인 논리 체계만을 구축하잖아요. 그런데 물리는 반드시 이 세상에 존재해야 하고, 측정되어야 하고, 그다음에 수학이 어떻게든 연결되어야 해요. 때로 연결이 안되는 것 같은데 잘 작동하면 그냥 쓰기도 하고, 때로 연결은 되지만 명확하지 않은 것 같은데 그냥 쓰기도 해요. 증명하지 않고도 잘 작동하면, 나중에 수학자들이 증명해 주겠지 하면서 그냥 쓰기도 하고요. 수학을 좋아하는 친구가 '이거 이상한데요? 왜 증명 안 하죠?' 그러면 우린 '야, 그냥 믿고 따라와'라고 하죠. 그냥 쓰면 되니까요. '뭔가 이상한데, 이거 원리가 뭘까요?' 그러면 '그냥 써'라고 해요. 그래서 수학을 너무 잘하면 떠나요. 저도 떠나는 사람들을 여럿 봤어요. 결점을 싫어하는 사람, 논리적 허점을 못 견디는 사람들은 물리학을 못 해요. 선배한 분이 미국 유학 갈 때 수학으로 바꿨거든요. 그런데 거기서도 못 버티고 결국은 신학으로 갔다고 하더라고요.

(웃음) 결국 신을 봤구나. 하이젠베르크도 항상 밑바닥에 신이 있다고 했잖아요.

엄밀성을 추구하다 보면 물리를 하다가 수학으로 갈 수는 있는데, 수학을 하다 물리로 오는 경우는 별로 없어요. 거꾸로 공학 하다가 물리로 오는 사람도 있어요. 공학은 우리보다 훨씬 더 지저분해서. 파이π가 우리는 3.14인데 공학은 그냥 1이거든요.

어머 어떻게 그럴 수 있어요?

3 같은 건 버리고 1로 쓰는 거죠. 그러니까 조금 과장해서 말하자면 그쪽은 정말 자동차가 굴러가기만 하면 되고, 원리는 몰라도 일단 싸게 만들 수 있으면 되니까. 그러니 공학에서도 원리를 알고 싶은 사람들이 물리로 오기도 해요. 수학과 물리가 아주 달라요. 그런데 수학을 못 한다고 물리를 못 하지 않아요. 제가 학생들에게도 여러 번 얘기하죠. 마치 수학은 작가들에게 문법과 국어 같다고. 물론 문법과 국어를 알아야 글을 쓰겠지만, 내가 언어학자도 아니고 문법학자도 아니잖아요. 그냥 쓰죠. 문법을 통달한 사람이 좋은 책을 쓸 수있는 건 아니잖아요. 수학은 우리한테는 그냥 언어예요.

과학의 명료함과 공허함

분야들 간에 연결되는 점과 다른 점이 참 재밌어요. 사실 음악도 물리적인 현상이고, 소리도 파장 같은 물리적인 요소가 많죠. 제가 1980년대 말, 1990년대 초에 베를린공대 전자음악연구소에서 일했는데, 그 당시만 해도 컴퓨터가 발달하지 않아 요즘처럼 소리를 그래픽으로 보면서 만들거나 키보드로 편하게 조작하는 게 가능하지 않았어요. 공대 전체의 큰 컴퓨터 시스템을 같이 써야 해서 모니터가 딱 하나 있었고 그래픽도 없었어요. 음을 생각하면 여러 개의 파라미터로 나눠 숫자를 넣어야 해요. 시작하는 시간, 다이내믹, 음높이, 음길이 기타 등등을 모두 숫자로 작업해서 곡을 썼어요. 그렇게 한 음씩 거의 80만 개의 음을 만들어서 곡을 완성했는데, 그때는 아주 기초적인 테크닉으로 음악을 쓸 때였으니까 어려운 점이 많았죠. 예를 들면 소리 하나가 글리산도로 내려올 때도 숫자로 설정해야 하는데, 그냥 포물선으로 내려오면 될 것 같은데 그렇지 않더라고요. 논리적으로 왜 그런지 모르겠는데, 소리를 이해하는 데도 물리적인 지식이 필요하다는 생각을 했어요. 요즘은 전자 음악을 안하지만, 그때 경험이 굉장히 좋았어요.

예술 분야는 맞고 틀린 게 없으니까, 허접한 결과물을 내놓고도 예술이라고 우기면 돼요. 그걸 모르는 사람들이 바보인 것처럼 얼마든지 할 수 있으니까요. 이런 직업을 가지고 살다 보니, 물론 물리학 하시는 분들도 자기 한계가 있겠지만, 우리는 그런 한계를 더 많이 느끼는 것 같아요. 내가 하는 작업이 맞는지 틀린지 불확실하고, 이 방향이 좋은지 안 좋은지 잘 모르겠고요. 그렇다 보니 물리학자들이 서로 소통하는 방식을 보면 너무너무 명확하고, 우리 음악가들 사이에서는 볼 수 없는 새로운 됨됨이QUALITY가 있어요. 음악가들은 서로 너무 시기해서.

아름다운 것만 보셔서 그래요. 전기에는 아무래도 남기고 싶은 좋은 이야기만 쓰여 있으니까요. 여기도 사람이 사는 곳이라 많은 질시와 시기가 있고 미워하고 뒤통수치고 서로 편 가르는 모습은 똑같아요. 그런데 아까도 말씀하신 것처럼, 막스 플랑크의 인생에서도 가장 아름다운 것들만 남아 있잖아요. 그런 경우가 꽤 있을 거예요.

물론 그렇겠죠. 그런데 누가 발표한 어떤 이론이 입증되었으면 그 이론을 어느 누구도 흔들 수 없잖아요.
그것이 과학의 장점이죠. 재현이 가능하기 때문에.

그런데 음악은 안 그래요. 음악은 베토벤도 별거 없다고 하는 일이 가능하기 때문에, 그런 면에서 저는 과학책을 읽거나 강의를 들을 때 바흐의 푸가를 치는 것 같은 느낌이 있어요. 바흐 푸가는 다른 음악과 달리 인간의 감정, 슬픔이나 고뇌 같은 인간적인 차원이 없는, 그러니까 'NO PLACE FOR(특정 장소나 상황에 속하지 않는 것)' 같은 느낌이어서 참 좋아요. 인간적인 삶에서 나의 존재를, 독일말로 'ABSTRAHIEREN(추상화)' 한다는 의미에서요. 제가 다 이해하지는 않지만 인생을 사는 데 도움이 되는 것 같습니다. 이상하죠?
아니요. 충분히 이해할 수 있어요. 하지만 한편으로 과학이 공허하다고 하시는 분도 있어요. 아주 좋긴 한데, 인간적인 감정의 과도함이 없잖아요. 과학이나 수학에는 때로는 인간이 아예 없죠. 그래서 인생사에 많이 치인 사람들이 과학에서 큰 위로를 얻기도 해요. 인간사는 언제나 괴롭고 서로 싸우고 고달픈 일이 많지만, 과학은 그런 게 없이 깨끗하니까. 하지만 공허하다는 문제점이 있죠.

음……
아무것도 없는, 인간의 의미나 가치나 목적이 없는, 그냥 '1 더하기 1은 2' 이런 것밖에 없죠. 아름답지도 않고.

그래서 아름답지 않나요?
세상일에 치이다 보면 '1 더하기 1은 2'가 명징하고 아름답다고 하겠지만, 끝없이 '1 더하기 1은 2', '1 더하기 2는 3', '1 더하기 3은 4' 이렇잖아요. 그걸 가만히 보다 보면 공허하죠. 그런 게 우주라는 것이 한편으로는 공허하기도 하고, 또 그렇게 공허한 것이 우주의 본질이라고 생각하고요. 과학자들은 우주에는 인간이 말하는 의미는 없고 그냥 끝없이 움직이는 것밖에 없다고 하지만, 인간은 또 그렇게 살지 않으니까요. 그 안에서 어떻게든 의미를 부여하고 희로애락을 느끼는 게 인간이라서, 과학을 깊게 들여다보면 그런 문제가 있어요.

인간 세상을 생각해 보면, 우리 인간들이 원하는 어떤 이데아가 있잖아요. 선이 이겨야 하고, 원인이 있으면 결과가 있고, 그걸 위해서 노력하고. 그런데 사실 인간 사회가 돌아가는 것과 인간들의 관계는 훨씬 더 혼란스럽다는 CHAOTIC 사실이 상당히 재밌더라고요. 여러 오케스트라와 일하면서 몇 가지 재밌는 경험을 했는데, 예를 들어 어떤 연주자가 리허설할 때 항상 돌아다니기 때문에 그의 포지션이 어디인지 정의할 수가 없어요. 그 사람의 포지션은 하나의 가능성으로 오피스와 리허설 홀 중간 어딘가에 있죠. 그리고 저는 사무실 쪽에 속해 있었으니까 연주자들과 계약에 대해 얘기하잖아요. 그런데 그들이 일하는 시간을 정할 때는 노동자, 봉급을 정할 때는 예술가가 되는 이원성 DUALISM 이 있어요. 리허설할 때는 노동자가 되려 하는 걸 보면서 참 재미있는 현상이라고 느꼈어요. 이런 것도 사실은 물리학적 현상이 아닌가 하는 생각을 했어요.

제가 잘 모르는 세상 이야기입니다만, 물리일 것 같지는 않은데요. 각자 상황이 다르니까 자기 위치에서 이익을 최대화하려는 거 아닐까요?

빅 히스토리의 필요성

선생님은 우주론, 우주의 탄생에 대해서도 당연히 관심이 있으시겠죠?
사실 모든 사람이 관심 있지 않나요? 제 연구 주제는 아니라서 상식
으로 아는 정도죠.

**저도 일하면서 힘들 때, 우주가 어떻게 탄생했는지에 대한 얘기를 들
으면서 아주 위로를 많이 받았는데, 일반인으로서 대강 얘기를 들어도
우리가 이 지구 안에 존재한다는 사실이 확률적으로 상당히 대단한 것
같아요. 그렇게 생각 안 하세요?**
모든 일어난 일은 돌이켜보면 확률이 말도 안 되게 낮은 경우가 많
죠. 작은 생명체가 처음 생긴 것부터가 사실 확률이 아주 낮은 사건
이에요. 일단 제약 조건이 많아서, 예를 들자면 생명체가 될 수 있는
분자들의 조건이라든가 거기에 사용될 수 있는 원자의 종류가 다양
하지는 않거든요. 온도가 크게 변하지 않아야 하는데, 보통의 행성
에서는 쉽지 않은 조건이죠. 더구나 진화를 통해 인간과 같은 존재
가 나타나는 것은 일어날 법하지 않아 신비한 일로 보일 수 있습니
다. 그런데 또 한편으로는 어쨌든 지구에서 일어난 일이기도 하니,
우주의 다른 곳에서 일어나지 말라는 법도 없겠죠. 즉 어떻게 보느
냐에 따라 달라질 수 있어요.

**그래서 '그때 이렇게 됐으면 우리는 없었을 거야'라는 가설은 의미가
없는 거죠.**
사실 인간의 역사에서도 수없이 그런 일이 일어나니까요.

**우리가 한 사람의 약력이나 생애를 쓸 때 '몇 년에 태어나서……'로 시
작하잖아요. 그런데 사실은 빅뱅부터 시작해야 하지 않을까 하는 생각**

을 했어요. 모든 인간이 태어나서 글을 배우기 전에, 학교를 들어가기 전에, 정말로 여기에 우리가 태어나서 이렇게 존재한다는 게 얼마나 의미 있는지를 배우면, 사람들이 많이 달라지지 않을까 생각하는데요.

새로운 건 아닐 수 있지만 '빅 히스토리BIG HISTORY'라는 분야가 있어요. 과학자가 아니라 미국의 인문학자가 시작했는데요. 우리가 역사를 언제나 구석기 시대, 신석기 시대, 그다음에 문자가 만들어진 이후부터는 역사 시대라고 부르는데, 그렇게 인간 중심으로만 역사를 기술하다 보니 마치 모든 것을 인간이 하는 것처럼 여기는 오류가 생긴다는 거예요. 우리는 오로지 외교가 어떻게 이루어졌고, 누가 왕이 됐고, 어떻게 전쟁을 벌이는지 이야기하면서 마치 인간만이 이 세상을 굴리는 가장 중요한 요소인 것처럼 여기고, 더군다나 국가와 민족이 점점 중심이 되는데, 21세기를 사는 우리가 과연 이런 종류의 역사만 배워서 우리 앞에 닥친 문제를 해결할 수 있을까? 사실 역사는 과거를 알기 위해서이기도 하지만 과거의 경험을 통해 미래를 대비하고 행동하기 위해서 필요하잖아요. 지금 우리가 해결해야할 문제는 인공 지능이나 기후 위기, 환경 오염, 국가 간의 전쟁, 국가를 초월한 다국적 기업 같은 것들인데, 이런 문제들을 민족 국가를 중심으로 한 인간만의 이야기로 해결하기는 어렵다는 것이죠.

그렇죠.

그래서 그들이 제시한 것이 정확히 아까 말씀하신 내용이에요. 역사책의 시작점이 빅뱅이 돼야 한다. 빅뱅으로 시작해서 어떻게 이 지구가 만들어지고 생명체가 탄생했고, 그 생명체가 어떻게 진화해서 포유류가 나오고 그 포유류에서 어떻게 호모 사피엔스가 나왔는지를 보면 상당히 다른 관점으로 인간의 역사를 보게 돼요. 그러면 인간의 역사에서 어떤 정권이 탄생하고 사라지는지는 생각보다 중요하지 않고, 오히려 농경과 금속 문명이 어떻게 시작되어 전파되었고, 가축과 곡물은 어떻게 탄생했으며, 대륙 간 인적/물적 교류, 종교의 탄생, 근대 과학의 시작과 전파, 산업 혁명 같은 것이 훨씬 중요한 주제가 됩니다. 호모 사피엔스 전체가 중요하니까 민족은 지금보다 덜 중요해지죠. 사실 우리는 거의 배우지도 않은 마야나 아즈텍 문명이 중요할 수 있어요. 사실 그들이 있었기 때문에 우리가 지금 감자나 고구마 같은 작물을 먹을 수 있잖아요. 다 신대륙에서 왔으니까요. 동양이나 고대륙에도 문명이 있었고 똑같이 호모 사피엔스의 문명이기 때문에, 그들이 어떤 일을 했는지 아는 것도 중요해집니다. 그런 거시적 시각으로 생각한다면, 인류가 얼마나 많은 팬데믹으로 죽어 갔고 그것이 민족과 국가를 초월해 얼마나 많은 변화를 일으켰는지, 민족 대이동과 기후 변화가 어떻게 우리를 변화시켰는지 좀 더 명확하게 볼 수 있어요. '빅 히스토리', 말하자면 인간을 하나의 종으로 다루면서 역사를 쓰기 시작하면 지금과는 전혀 다른 관점으로 인간을 보게 돼요.

저는 과학자들이 아니라 인문학자들이 '빅 히스토리'를 시작했다는 점이 큰 충격이었어요. 어떻게 보면 인문학에서 과학에 손을 내민 거죠. 과학도 수없이 손을 내밀었는데 약간 위험한 방식으로 내밀었어요. 예를 들어 과학 지상주의로, 인문학을 과학에 흡수하려는 불순한 의도로 내민 적이 많은데, 이번에는 인문학 쪽에서 시작했어요. 물론 저 같은 물리학자가 볼 때, 그런 시도는 아주 좋은데 역사학자들의 한계같이 느껴지는 지점이, 역사학은 어떤 사관이 필요한 것 같더라고요. 어떤 역사가든 객관적 사실만 기술할 수는 없고 나름의 틀로 역사를 기술해야 하니, 자신의 입장을 정하지 않으면 쓸수가 없다는 뜻이에요. 빅뱅부터의 역사도 어떤 사관을 가지고 기술하려고 한다는 뜻입니다. '빅 히스토리'를 처음 시작하신 분이 데이비드 크리스천DAVID CHRISTIAN인데, '복잡성'이라는 틀로 빅뱅으로부터의 역사를 설명해요. 우주는 복잡해지려는 경향으로 간다는 설명이죠. 그런데 제가 볼 때 이런 해석은 위험해요. 복잡성이 물리학에서 한 번도 제대로 정의된 적 없는 모호한 단어인 데다가, 복잡해지려고 한다는 건 얼핏 들으면 그럴듯한데 그런 식의 목적론을 부각하는 것은 상당히 불안하죠. 그런 약점이 있음에도 불구하고 저는 이시도가 대단히 좋다고 생각해요.

말씀하신 것처럼 시작점을 빅뱅에 놓는 순간 정말 우리가 어떤 존재인지를 깨닫게 될 뿐만 아니라 미래를 대비할 수 있어요. 이런 시각에서는 호모 사피엔스 전체가 하나고, 이들이 그 안에서 어떻게 상호 작용을 했고, 어느 순간에 교역이 시작되었고, 문명이 어떤 식으로 전파되었는지를 보게 돼요. 그럴 때 우리는 드디어 민족과 국가에 얽매이지 않고 21세기를 얘기할 수 있어요. 우리 종이 처한 위협이 기후 위기라는 식으로 얘기할 수 있어요. 기존의 역사 방식은 민족을 떠나서 설명하기 힘든데, 국가와 민족과 그들 사이의 외교와 권력관계 등은 크게 보면 의외로 중요하지 않아요. 지금도 철기 시대거든요.

그렇죠. (웃음)
저도 지금이 철기 시대라는 말을 듣고 놀랐어요. 물론 플라스틱 같은 신물질도 있지만 여전히 건물의 프레임이나 교량, 자동차와 비행기 같은 교통수단과 무기가 대부분 철로 되어 있으니 근본적으로 철기 시대죠. 어떻게 보냐에 따라 관점이 바뀌는데, 빅뱅부터 보자는 얘기는 좋은 지적이고 이미 그런 시도를 하고 있어요. 많은 변화가 일어나고 있죠.

특히 폭탄 테러리스트들에게 그런 교육을 하면 좋겠어요. 자신들이 벌이는 일이 얼마나 어리석은지 알도록요. 하여튼 저는 그런 생각을 오랫동안 하면서 제 인생을 다른 시각으로 바라보게 되고, 소소하고 쓸데없는 인간적인 것에 조금 초연해질 수 있었어요. 내 인생을 큰 덩어리 안에서 지나가는 작은 것으로 보게 되니 도움이 되더라고요. 그런 식의 안목을 학교에서도 가르치면 모든 사람이 한 발짝 물러나서 자기를 바라볼 수 있는 계기가 되지 않을까 하는 생각이 들더라고요.
이번에 제가 쓴 책도 그런 이야기예요.

제가 책을 열심히 공부해서 다음에 만났을 때 질문해야겠어요. (웃음)

볼프강 파울리에게 흥미를 느낀 이유

파울리와 융의 관계에 관심이 있다고 하셔서 책을 찾아봤더니 두 사람이 쓴 『자연의 해석과 정신』이 번역되어 있더라고요.

저도 독일어 책을 갖고 있어요.
파울리 파트를 보고 정말 이해가 안 되더라고요. 융의 이론을 잘 모르기도 하지만, 파울리가 이런 글을 썼다는 사실이 충격이었어요.

그 당시엔 파울리가 완전히 비밀리에 융에게 찾아가 자기 꿈 해몽을 시켰잖아요.
여전히 물리학자들은 융의 이론을 정통 과학이라고 생각하지는 않으니까요. 케플러JOHANNES KEPLER에 대한 얘기는 아주 흥미로웠는데, 우리의 파울리가 이런 적이 있었구나 싶었어요.

네. 그런 면모를 아무도 몰랐죠. 파울리가 죽고 나서 부인이 상당히 많은 편지를 없애 버렸다고 하더라고요. 알려지면 수치스럽다는 생각에 그랬는지도 모르겠어요. 제가 파울리에게 흥미를 느낀 이유는, 훌륭하고 똑똑한 사람은 너무 많지만 파울리는 사람 자체가 아주 크레이지CRAZY해서예요. 미친 사람처럼 아주 예술가적인 면이 있었고, 자신이 꾼 꿈을 설명하면서 바닥을 뒹굴뒹굴 구르기도 했어요. 복잡한 성격이죠. 파울리가 스물일곱 살 때 엄마가 자살했는데, 아버지가 바람을 피워서 갈등이 있었다고 해요. 그런데 생각해 보면, 그 당시 20세기 초반에 오스트리아에서 한 여자가 아들을 낳았는데, 지금은 안 그렇지만, 이 아들이 얼마나 중요하겠어요. 유일한 아들인데, 똑똑하기까지 했어요. 그래서 이 아들은 엄청난 사랑을 받고 자란 것 같은데, 그러면 남자들이 어떻게 되냐, 크지를 못해요. 학문에서는 너무나 천재적인

데, 인간적으로 정서적인 부분에서는 성숙하지 못한 사람이었던 것 같아요. 그래서 재밌다고 생각했어요.

파울리가 자기가 꾼 꿈이 어떤 의미인지 알고 싶어서 융에게 찾아가 꿈 해석을 했는데, 사실 저는 융의 꿈 해석은 그 사람의 생각이니까 별로 관심 없어요. 그런데 파울리가 꿈에서 어떤 해답을 얻으려고 했다는 점이 인상적이었어요. 누구한테도 얘기하지 않았지만 비밀스럽게, 물리학자로서 더 앞으로 나아갈 수 있는 열쇠를 자기 꿈에서 발견할 수 있지 않을까 하고 혹시라도 희망했을 수 있죠. 그런 식의 동기가 저는 흥미로웠어요. 그리고 이 사람이 동료들을 대하는 태도도요. 저희 선생님과도 비슷한 면이 있는데, 그런 식의 비판이 사실은 상대방만이 아니라 자기한테도 해당하잖아요.

그렇게 이 사람에 관해 흥미로워하는 와중에 아서 밀러라는 미국 물리학자가 쓴 『137』이라는 책을 우연히 알게 됐어요. 137은 원자의 미세 구조 상수 FINE-STRUCTURE CONSTANT 를 설명하는 숫자인데, 그 책에 두 사람의 생애가 나와요. 길지 않은 책인데 너무 좋았고, 그 책을 보고 최소한 오페라로 쓸 수 있는 소재라고 생각했어요. 오페라는 이성적인 내용으로만 만들 수가 없거든요. 예를 들어 훌륭한 사람이 훌륭한 행동을 하고 행복하게 잘 살고 죽었다, 이런 내용의 오페라는 할 필요가 없어요. 도둑이나 매춘부 같은 사람들 내지 부조리한 면이 예술에서는 항상 재밌는 거라서요. 파울리도 술집 가서 쌈박질하고 별짓 다 해요.

그런 행동으로 유명했죠.

함부르크에 살 때 자기 이름이 파울리인데 장크트파울리°에 가서 그런 짓을 하기도 했고, 지킬과 하이드 같은 면도 있어서 제가 그 내용을 토대로 픽션을 더 다크하게 얹었어요. 그 얘기를 독일어 대본으로 써서 지금 오페라로 만들고 있는데요. 사실 이 오페라는 물리학에 대한 것도, 심리학에 대한 것도 아니고, 한 천재가 정신적으로 망해 가는 과정을 다룬 거예요. 파울리가 이 세상을 이해하려면 물리학만으로 안 돼서 심리학에서 도움을 받으려 했는데, 그 지점에서 벌써 해답은 논리적이지 않은 어디에 있을 수도 있다고 생각했던 것 같아요.

그 시대에 파울리만 그랬던 건 아니고요. 실제로 1960년대까지도 양자역학의 관측에 대해 아직 정확히 이해되지 않았기 때문에, 유진 위그너 EUGENE WIGNER 라는, 훨씬 더 수학에 경도된 물리학자는 노벨

• 장크트파울리 St. Pauli 는 함부르크 선
  창의 홍등가로 유명했던 곳이다.

상을 받았지만 이런 말까지 남겼어요. '양자역학은 그 체계 내에 지능을 가진 생명체의 존재를 가정하는 것 같다.' 관측하는 주체가 누구냐라는 지점에서 헷갈려서, 이런 천재 같은 사람도 양자역학이 성립하려면 생명체가 있어야 하나라는 얘기까지 하는 거죠. 1960년대의 일이니까 파울리가 죽은 다음에도 그랬어요. 파울리뿐만 아니라 당시 서양의 많은 과학자가 이 문제에 대해 아주 힘들어해요. 닐스 보어조차 나중에 사이비 과학에 빠지거든요.

보어의 사이비 과학은 동양 철학이에요. 보어가 1937년 중국을 방문했을 때 '상보성', '중첩 효과'에 대해 중국 학자들에게 많은 얘기를 듣거든요. 동시에 양립할 수 없는 두 상태가 동시에 존재하는 것을 서양에서는 이해할 수 없다고 하지만, 중국 학자들은 '이상하긴 한데 그럴 수도 있다'고, 자기들은 알고 있는 내용이라면서 '음양의 조화', '색즉시공'을 들어 봤냐는 식으로 얘기하죠. 그 말을 듣고 보어가 충격을 받죠. 양자역학을 이해할 수 있는 기본적인 철학이 서양에는 없는데, 서양의 논리학은 참과 거짓을 완벽하게 분리하니까요. 동양의 논리학에는 참과 거짓을 동시에 인정하는 체계가 있다고 생각한 것 같아요. 그래서 말년에 그 공부를 해요. 죽기 전까지 몇 년 동안 했는데, 그때 한 것 중에 의미 있는 결과는 없었어요.

사실 그렇죠.
물론 의미 있다는 게 또 뭔지 생각해 봐야 하는데, 과학적으로 의미 있는 이론이나 가설, 아니 단순한 설명까지 도달하지 못한 거예요. 다른 물리학자들이 듣고 납득할 만한 해석을 추가해 주지는 못했지만, 본인은 거기에 빠져서 나머지 시간을 보냈고요. 파울리가 남들보다 일찍 그런 경향으로 빠지긴 하는데, 정신적인 문제도 있었겠지만, 당시에 양자역학을 했던 수많은 사람이 이런 고민에 시달리긴 했어요. 그래서 아인슈타인도 끝까지 양자역학의 핵심 아이디어를 받아들이지 않고, 슈뢰딩거도 고양이의 역설을 내고서는 양자역학의 주류 해석에서 벗어났어요. 모든 물리학자가 자신이 만든 방정식으로 양자역학을 하고 있는데, 그 해석을 정작 본인은 받아들이지 않아요.

슈뢰딩거의 고양이 실험에서 슈뢰딩거가 얘기하려고 했던 것은, 양자역학의 현상들은 미시적인 마이크로MICRO 코스모스에 있는데, 거기서 일어나는 현상을 매크로MACRO 코스모스로 끌고 나오는 것이 부조리하다는 건가요?

맞습니다. 양자역학에서 말하는 이 괴상망측한 얘기는 원자 세계에서 일어나고, 문제는 매크로 코스모스에서는 안 일어난다는 거예요.

(중략)

꿈속 형상들의 동시성, 초현실주의와 양자역학

저는 어렸을 때부터 질문이 하나 있었어요. 아주 어려서부터 꿈을 굉장히 많이 꿨는데, 꿈에서 항상 내가 보는 건 사물이라기보다는 어떤 상태STATE였어요. 어떤 물체가 너무 멀리 있는데 동시에 너무 가까이 있고, 너무너무 날카로운데 동시에 부드럽게 느껴지는, 상반된 여러 상태가 하나로 모여 있는 경험을 꿈속에서 많이 했어요. 그런 상태가 뭔지 지금까지도 대답을 못 찾았는데, 물론 꿈에서는 별걸 다 보고 모든 것이 가능하죠. 예를 들어 사자 머리를 한 말도 볼 수 있고요. 그런데 저의 질문은 왜 내가 이걸 보느냐는 거예요. 하나로 조합된 물체를 본다든가 내가 그런 상황에 있는 것이 꿈속에서는 전혀 이상하지 않은데 깨어나면 아니죠. 아직도 그 해답을 못 찾았지만, 우리가 일상에서 현실이라고 보는 것은 아주 일부가 아닐까라는 생각도 해 봤는데, 잘 모르겠어요.

그런 것들이 르네 마그리트RENÉ MAGRITTE의 그림에 나오잖아요. 상반신은 물고기인데 하반신은 인간이고, 안과 밖을 동시에 보고, 낮과 밤이 동시에 있는 것. 초현실주의가 원래 프로이트 SIGMUND FREUD의 심리학에서 왔고 초현실주의 화가인 마그리트도 그림들에 꿈과 무의식을 담았죠. 흥미로운 점은 앙드레 브르통ANDRÉ BRETON이 1924년에 초현실주의 선언문을 발표하고 그 무렵에 초현실주의 운동이 시작되었는데, 그 시점이 양자역학이 탄생할 때예요.

그러니까요! 둘 간에 연관성이 있지 않나요?
연관성이 있다고 하는 책들이 있는데 정확하게는 모르고요. 마그리트가 파울리를 만났는지는 몰라요. 실제로 마그리트는 자신의 그림이 어떤 의미인지 물어보는 걸 극도로 싫어했고, 물어보면 모두 아니라고 했기 때문에 정확하게 알기 힘들죠. 달리SALVADOR DALÍ도 흘러내리는 시계 그림에 대해 사람들이 상대성 이론 아니냐고 물어봤을 때, 카망베르 치즈가 녹는 모습을 보고 그렸다고 했고요. 사실 화가들이 과학에서 모티브를 얻어서 그림을 그렸다고 하는 게, 당시에는 그렇게 멋있어 보이는 일이 아니었던 모양이에요. 일단 모두 부인해서 확실하게는 알 수 없지만, 당시 화가들이 많이 보던 잡지, 우리로 치면 『월간 미술』 같은 잡지에 양자역학을 만드는 데 크게 공헌했던 드브로이LOUIS DE BROGLIE 등이 글을 쓴 것은 사실이에요. 당시 물리학에서 벌어지는 최신 이슈를 소개하는 글들이 실렸는데 그걸 봤을 수 있죠. 화가들이 그런 글들의 영향으로 그림을 그렸는지는 알 수 없고요. 더군다나 양자역학이 정립될 때 가장 중요했던 회의인 5차 솔베이 컨퍼런스가 1927년 10월에 벨기에 수도 브뤼셀의 레오폴드 공원에서 열려요. 이 회의에 양자역학의 대가들이 모두 모였죠.

사람들이 그 사진을 보면서 거기다 폭탄 던지면 끝장이라고 했죠. (웃음)
그 학회가 열리고 있을 때, 그 장소에서 약 5킬로미터 거리에서 마그리트의 첫 번째 전시회가 열렸어요.

재밌는 얘기네요.
특히 파울리는 예술에 관심이 많았거든요. 전시회도 많이 가고 음악도 들으러 다니고 밤새 술 마시며 도시 생활을 즐겼던 전형적인 부르주아 스타일의 노는 친구인데, 자기 학회에서 5킬로미터 떨어진 곳에서 열리는 마그리트 전시회를 안 가 봤을까요?

가능하죠. 물론 봤을 수 있지만 본 것만으로는 충분하지 않고, 자기 안의 판타지가 있는 상태에서 그런 인풋이 영향을 주지 않았을까요?
그때 일부 미술가들은 자신의 작품이 양자역학에서 영감을 받았다고 밝힌 경우도 있어요. 이보다 시기적으로는 조금 뒤인데, 우리가 잘 아는 작가들은 아니지만 초현실주의 작가 중 몇은 대놓고 양자역학을 그린다고도 했고요. 초창기에 유명했던 작가들이 다 영향을 받았는지는 모르겠어요. 간접 증거만 있지 직접 증거는 없으니까요. 그 당시에 물리학에 혁명이 일어나고 있었고, 그런 영향을 예술계에 전해 주는 사람이 있었다면 가능한 일이죠. 지금도 수많은 미술가가 인공 지능이나 기후 위기를 주제로 그림을 그리기도 하니까, 누가 누구와 직접 무엇을 주고받았다고는 얘기하지 않았어도 그 시기에 좁은 유럽의 지식인 사회에서 서로 영향을 주고받았다고 생각해요.

1927년 10월, 5차 솔베이 컨퍼런스 참석자들
앞줄 좌측에서 두 번째 막스 플랑크, 세 번째 마리 퀴리, 중앙에 알베르트 아인슈타인, 둘째 줄 우측부터
닐스 보어, 막스 보른, 루이 드브로이, 뒷줄 중앙에 에르빈 슈뢰딩거, 우측에서 세 번째 베르너 하이젠베르크,
네 번째 볼프강 파울리의 모습이 보인다.

전혀 놀라운 일은 아니죠.

진짜 그렇네요. 그리고 괴팅겐의 막스 보른 밑에서 그들이 보어 페스티벌°을 했잖아요. 닐스 보어부터 시작해 온 학계의 사람들이 와서 조그만 강의실에 빽빽하게 앉아 있는 사진을 보면, 저기다가 폭탄 하나 던지면 큰일이겠다는 생각을 매번 해요. 중요한 사람들이 다 있으니까. 그렇게 만나서 서로 토론하는 상황을 생각하면 제가 흥분되는 거죠. 그 수재들이 만나서 얼마나 창의적이고 좋았을까.
그래서 제가 다른 책 『뉴턴의 아틀리에』에 마그리트와 양자역학 관련 내용을 썼어요. 저도 궁금해서 1920년대로 가서 보고 싶어요.

제가 꿈속에서 보는 형상들은 그림으로도 표현되지 않고, 말로도 표현하기 어려워요. 표현할 언어가 없어요. 내가 봤기 때문에 알지, 말로 표현하게 되면 너무 평범해져 BANAL 버려요. 제 인생에서는 꿈을 꾸는 일이 상당히 중요했어요. 이런 말 하면 웃기지만 제가 약간 무당 끼 같은 게 있어서 어렸을 때부터 상황이 힘들 때 꿈이 제게 살아갈 힘을 주는 중요한 역할을 했죠. 꿈속에서 앞으로의 일을 경험하기도 하고, 예지몽을 꾼다고 하잖아요. 과거-현재-미래가 같은 선상에 놓인 것 같은 상황도 있고, 그런 경험이 정말 중요했는데 누구에게도 그런 얘기를 안 했어요.
그러다가 2007년 오페라 《이상한 나라의 앨리스》를 썼는데, 사실 앨리스 얘기도 꿈속의 형상과 연결되는 부분이 많아요. 부조리한 상황들이 연속되는 얘기를 읽으면서 내 이야기 같다는 생각이 들어 오페라를 쓴 거예요. 그런데 오페라가 발표되고 인터뷰를 하면서 '이런 작품을 쓰게 된 동기가 뭐냐'는 질문에 뭔든 얘기를 해야 하니까 '내 음악은 내 꿈을 표현한 거다'라고 했는데, 사실 그 말을 지금까지도 후회해요. 그걸 이해시키려면 너무나 많은 설명이 필요하거든요. 사람들은 단순하게 꿈은 너도 꾸고 나도 꾸는데 뭐 그렇게 대단하냐고 생각하죠. 그건 나의 매우 사적인 비밀이었는데, 내 입으로 그 말을 하며 내 꿈속 세계를 배반한 것 같은 느낌이 들어서 지금까지도 사람들이 '당신이 그런 말 했는데'라고 하면 짜증이 나요. 어차피 내가 복잡하게 설명해도 사람들은 들을 여유가 없잖아요. 내가 얘기하는 것도 너무 힘들고요. 내 속에서 내가 언어로 표현하지 못하는 부분, 내 속에 사는 유일한 존

• 1922년 6월 괴팅겐대학교에서 열린 닐스 보어의 양자 이론 강의

재들이 많은데, 이 세계를 내가 바깥에 얘기해 버렸다는 생각이 들었어요. 이런 이야기는 물리학과는 상관없지만, 꿈을 꾸면서 평생 도대체 이게 뭔지 누가 나한테 설명해 줄 수 없을까 하는 생각을 했어요. 양자역학에 대해 읽으면서 잘은 모르지만 내가 꿈에서 보는 현상들이 그 미시 세계에서 가능한 것 같다는 생각도 들고요.

그렇네요. 말씀 들어 보니까.

동시성. 이것이기도 하고 저것이기도 하죠. 빅뱅으로 네 가지 힘이 분리됐잖아요. 맞는지 모르지만, 빅뱅이 있기 전 블랙홀에서는 그 모든 것이 합쳐져 있었는데, 꿈을 꾸면서 인간이 성인이 되기 전 원초적인 존재였을 때는 그 모든 것이 합쳐져 있지 않았을까 하는 생각을 해요. 가끔 농담으로, 엄마 뱃속에서부터 이 의식이 있다면, 그러니까 내가 세포로 태어나서 크는 과정을 내가 바라보면 어떨까, 내가 내 의식으로 모든 과정을 알고 내 의식이 커 가면서 평범해지고 점점 단순해지는 과정을 겪으면 참 재밌지 않을까 하는 말 같지도 않은 생각을 가끔 해요.

현대음악의 어려움, 청각 정보의 특성

제가 음악을 많이 듣지 않아서 조예가 깊지는 않아요. 음악을 들으면 모두 전달되는 않겠지만 작가가 하고 싶은 이야기들이 있기 마련이잖아요. 모든 예술이 마찬가지겠지만 작곡가도 무언가를 전달하고자 할 텐데, 음악으로는 쉽지 않겠다는 생각이 들어요. 제가 오늘 만나기 전에 작곡가님 음악을 몇 개 들어 봤어요. 오페라 《이상한 나라의 앨리스》가 일단 영상도 있고 무대가 아주 멋있어서 확 끌렸고, 두 시간을 다 들을 수는 없어서 쭉쭉 어떤 느낌인지 보았는데, 이건 참 쉽지 않겠다는 생각이 들었어요. 저는 미술을 좋아해서 현대미술도 많이 감상하는데, 구상이 아닌 추상도 작가에 대한 이야기나 작가의 말을 들어 보면 전혀 모를 때와는 다르게 그림이 다가올 때가 있어요. 그런데 음악은 전혀 모르겠거든요. 작곡하시는 현대음악은 어떻게 접근해야 할까요?

우리가 현대에 살고 있으니까 현재 작곡되는 음악을 현대음악이라고 불러요. 음악과 현대음악이 별개는 아니고 시대적으로 지금까지 이어져 왔어요. 옛날 음악에는 '조성'이라는 특정한 화음 체계가 있었지만, 20세기로 넘어와 조성이 해체되면서 아주 다양한 음악이 나왔고, 특히 2차 세계대전이 끝나고 서양에서는 아주 급진적인 아방가르드의 시기가 있었어요. 저는 1960년대생이고 유럽에서 공부했으니까 아방가르드의 영향을 당연히 받았죠. 그래도 제 음악은 아방가르드 쪽보다는 훨씬 화음도 많고 듣기 쉬운 편인데, 사실 음악이 예술 중에서 가장 이해하기 힘들어요. 굉장히 추상적이라서요. 수학과 같죠. 사람이 시각적으로는 훨씬 더 빨리 이해할 수 있어서 그림에 투자하는 시간은 1초면 돼요. 물론 길게 바라볼 수 있지만 짧게 보고 인상을 받은 다음 다른 작품을 봐도 되는데, 음악은 시간 안에서 생기는 음의 구조이기

때문에 시간을 투자해야 하거든요. 그만큼 인내심이 필요하고, 음악이 나아가는 방향을 이해하기 위해 사전 정보도 많아야 해요.

사실 음악의 정보량은 많지 않아요. 그림만 해도 최소 2차원에 픽셀마다 많은 세세한 정보가 있는데, 음은 물리적으로는 1차원의 진동이 시간에 따라 높낮이를 달리하는 것이에요. 파형의 변화, 고막의 1차원 진동밖에 없어서 음악 파일은 데이터가 작은데, 그림 파일은 엄청나게 크잖아요. 그런 적은 정보량으로 작가의 의도를 전달하려면 너무 힘들겠다는 생각이 들어요.

정보 전달이 힘들다기보다 그 정보를 듣는 사람들이 이해하기가 힘들 것 같아요. 듣는 사람이 음악에 대한 경험을 많이 쌓아 놓아야 해요. 옛날 음악부터 누구의 음악은 어떤지 많이 쌓아 놓으면 새로운 것을 들었을 때도 여러 서랍 중에 이 음악은 어떤 서랍에 넣으면 될지 판단해 카탈로그를 만들고 머릿속에서 자신의 음악적인 경험에 비추어 이해하죠. 그런 경험이 없으면 사실 현대음악을 듣고 이해하기는 어려워요. 하지만 자꾸 들으면 감이 오고, 연주되는 음악들이 귀에 와서 꽂히면서 재미가 생기기도 해요. 클래식 팬들 중에는 평생 미치광이같이 음악을 듣는 사람들도 있는데, 현대음악도 자꾸 들으면 어느 시점에는 연주되는 음들이 무의미하지 않고 나한테 의미 있게 들리는 순간들이 있어요. 예전에 서울시향과 투어할 때 제 〈생활 협주곡〉을 여러 번 연주했는데, 무대 감독님이 음악을 전혀 모르지만 그 곡을 여러 번 들으니까 조금 알 것 같다고 하더라고요. 음악을 자꾸 듣는 것 외에는 방법이 없을 것 같아요.

일단 클래식에 대한 충분한 경험이 있으면 새로운 종류의 음악을 듣고 어떤 이유로 이렇게 전개되는지를 이해할 수 있다는 뜻이죠?

그렇죠. 음악이 변해 오는 과정을 미리 알면, 예를 들어 1950년대에는 마구 두들겨 부수는 경향이었는데 한참 시간이 지나 지금은 너무나 다양한 가능성이 있어서 각자 다른 음악을 하는 시대니까, 이쯤에서는 이 정도의 음악이 나올 수 있겠다고 생각할 수 있죠. 이런 음악적인 현상을 역사 안에서 이해하면 조금 쉬워요. 그러지 않고 그냥 들으면 뭐 하는 건가 싶죠. 그런데 음악의 정보가 아주 단순하다고 하셨는데, 예를 들어 아인슈타인의 E=mc² 이라는 수식도 숫자와 알파벳뿐이지만 그것이 의미하는 바는 굉장하잖아요.

비슷한 이야기일 수 있는데, 음악보다 미술이 더 많은 정보를 전달할 수 있다고 생각합니다. 그림은 형태와 색을 이용하여 작가의 생각을 전달할 수 있지만, 음악은 시간에 따른 소리의 변화, 음과 세기의 정보밖에 전달할 수 없어요. 영상 파일이 음원 파일보다 훨씬 용량이 크죠. 즉 음악가는 훨씬 적은 정보로 자신의 생각을 전달해야 하니 음악을 이해하려면 사전 정보를 미리 알고 있어야 하겠죠. 그래서 음악이 훨씬 어렵다는 생각이 들어요.

저는 시각과 청각이 상당히 다른 종류의 감각 기관이라고 생각하는데요. 물리적으로야 각각 빛과 소리에 대한 감각에 불과하지만, 인간의 뇌에서 시각은 청각보다 훨씬 분석적인 측면이 있죠. 우선 시각은 좁은 영역밖에 보지 못해요. 옆에서 일어나는 일을 보려면 고개를 돌려야 하죠. 청각은 그냥 가만히 있어도 돼요. 소리가 사방에서 나를 향해 오니까요. 아무튼 눈으로 들어온 시각 정보는 신경을 타고 머리 뒷부분으로 갔다가 뇌 앞으로 이동하죠. 이 데이터를 가지고 뇌에서는 아주 철저하게 분석을 해요. 시각 인지는 뇌에서 합리적이고 이성적인 부분을 관장하는 데서 이루어지거든요. 그래서 시각만 가지고는 감정의 변화를 일으키기 어려워요. 그런데 청각 신호는 바로 뇌의 중심으로 들어가는데 여기는 진화적으로 아주 오래된, 파충류도 갖고 있는 본능적 감정과 관련된 곳이에요. 소리나 음악을 듣고는 10초나 20초 안에 눈물을 흘릴 수 있지만, 시각 정보만 가지고 울기는 굉장히 힘들어요. 어머니 얼굴처럼 자기가 잘 알고 있는 모습을 떠올리는 것이 아니고서는 슬픈 그림을 본다고 사람의 감정이 바로 움직이지는 않아요.

그렇네요.

청각 정보는 인간의 감정과 직결돼 있어요. 정보의 양은 작은데 인간의 감정을 요동치게 하는 건 음악이라는 점이 참 재밌어요. 그래서 영화에서도 감정을 조절할 때는 음악을 이용해요. 관객을 슬프게 하려면 음악을 깔아야 해요. 그 이유가 원래 진화의 단계에서 시각보다 청각이 먼저이기 때문이에요. 가장 오래된 감각은 화학 CHEMICAL 감각이죠. 인간으로 치면 후각이요. 먹이를 먹기 직전에 위험한지 확인해야 하니까 먼 옛날에 아주 단순한 생명체조차 화학 감지 기관들이 있었어요. 그다음이 소리예요. 움직임과 진동을 감지하는 것이 그다음으로 중요했고, 마지막에 아주 정교한 시각이 나오는데, 청각은 기본적으로 위험 감지예요. 시각은 위험을 감지하는 게 아니라 앞에 있는 대상이나 사건에 대한 데이터를 습득하기 위해 필요한 감각이죠. 나에게 위험이 되는 것은 눈을 감고 있어도 알아야 하잖아요. 즉 360도를 다 커버해야 해요. 앞만 보고 있다가는 뒤통수 맞으면 죽잖아요. 시각으로는 쉴 새 없이 여기저기 두리번거려야 하는데 청각으로는 내가 가만히 있어도 다 들려요. 부스럭하는 소리가 들리면 갑자기 공포감이 쫙 밀려오는 것처럼, 기본적으로 청각은 냉철한 분석력이 아니라 감정과 직결돼요. 그렇다 보니 음악은 처음에 뇌의 분석적 영역으로 가지 않고 바로 감정적 영역으로 들어가기 때문에 작은 데이터만 가지고도 감정을 건드릴 수 있는 정말 재미있는 예술이죠.

그래서 어려워요. 저는 두세 살 때부터 음악을 했는데, 10년 전에 내가 음악에 대해 가졌던 생각이 지금과 다르고, 특정 곡에 대해 가졌던 생각도 시간이 지나면 바뀌어요. 지금까지도 내가 음악에 대해 확실하게 얘기하기가 굉장히 무섭고, 깊이에 한계가 없는 듯한 느낌이에요. 그런 세계를 안다는 건 사실 굉장한 특권이라고 생각하는데요. 사람이 각자 성향이 다르잖아요. 어떤 사람은 스포츠에 몰두하고 어떤 사람은 그림이나 음악을 좋아하듯이요. 음악을 좋아하는 사람들은 뇌에 음악에 대한 안테나가 있어서 훨씬 쉽게 접근하는 것 같아요. 음악을 하게 된 건, 물론 물리학도 제가 능력이 됐다면 너무나 하고 싶었던 분야지만, 참 특권이라는 생각이 들어요. 학교 다닐 때 좋은 물리 선생님이 계셨다면, 인생을 바꾸는 계기가 될 수 있었을 텐데.

저도 좋은 음악 선생님이 있었다면⋯⋯. (웃음) 음악 시간이 정말 재미없었거든요. 가사, 음정, 박자, 작곡가 이름과 곡 이름을 달달 외워서 시험 봤던 기억이 나네요. 그때는 음악을 예술로 즐기는 법을 배우는 건 뒷전이었어요. 교육 과정에 들어 있으니 할 수 없이 하는 느낌이랄까. 그나마도 2~3학년이 되면 입시 공부 때문에 음악 수업을 하지 못하고 1학년 때 한꺼번에 수업했죠. 때로 음악 시간에 괜히 악기 하나 연주하라고 해서 일주일 연습한 다음에 시험 본 적도 있어요.

한국 전통 악기요?
아니요. 리코더를 연주한 적도 있고, 중학교 때는 단소를 불었는데 처음에는 아예 소리가 나지도 않더라고요. 입을 잘 안 맞추면 훅훅 바람 소리만 나고 잘 맞춰야 '삐익' 소리가 나는데 수업 시간에 한두 번 연습한 다음에 시험 보니 악기가 싫어지죠. 이따금 좋은 선생님을 만나서 그 과목이 좋아질 때도 있었는데, 수학도 선생님을 잘 만나서 좋아하게 됐거든요. 선생님도 입시 환경에서 그 많은 학생을 가르치느라 쉽지 않겠지만, 안타깝긴 해요. 저희 아이들이 독일에 있을 때 받았던 교육이 기억나서 그런지 우리나라 교육에 아쉬운 생각이 많이 듭니다.

작곡가와 물리학자의 길

대학에서 학생들을 가르치시는데 물리학을 전공하겠다고 오면 어떻게 하시나요? 작곡가가 되고 싶어서 작곡과에 들어오는 학생들 가운데 작곡가가 될 확률은 제가 보기에는 0.0001퍼센트도 안 돼요. 그래서 될 수 있으면 다른 길을 가라고 권하는데, 물리학은 어떤가요?
비슷하죠. 우리도 실험실에 들어오겠다거나 물리학자가 되겠다고 하면 무조건 하지 말라고 해요. 얼마나 어려운지 얘기해 주고 돌려보내요. 그런데 돌려보냈는데도 다시 와서 하겠다고 하면…….

저와 똑같은 방법을 쓰시네요. 일단 야단쳐서 보내. 그런데 또 오면 그때.
실제로 아무리 생각해 봐도 이 분야에서 제대로 성공할 확률이 너무 낮고, 주변에 잘하던 애들도 지금 힘들게 살아가는 모습을 보니까요. 물리를 전공해서 다른 쪽으로 간 친구들은 차라리 잘됐어요. 그런데 물리 하겠다고 끝까지 있는 애들은 몇 개 없는 자리를 놓고 계약직으로 평생 떠돌이 생활을 하며 살아가요.

작곡가와 똑같네요. 저는 그렇게 바보 같은 짓 하지 말라고, 인생은 너무 짧고 한 번 사는 인생인데 그렇게 살 필요 있냐고 말해요.
실험물리를 하면 잘 안 풀리더라도 학계에서 대기업으로 가면 돼요. 반도체나 전자 장비를 다루는 실험들을 해서 대개는 업종 전환이 어렵지 않아요. 그런데 순수 학문으로 이론물리를 하다가 다른 곳에 가서는 기껏해야 컴퓨터 사용하는 능력으로 먹고살아서, 그럴 바에 일찌감치 다른 방향을 택하는 게 낫죠. 그래서 학생을 안 받으려고 해요.

똑같군요.

모든 기초 학문이 비슷하지 않을까요? 기초 학문이 중요하다고는 하지만 또 많은 사람이 할 수 없고요. 대학은 학생들이 직업을 준비하는 곳이기도 한데, 전공을 단지 재미있다고 해서 선택할 수는 없죠. 그런데 저는 학부 과정에서는 물리학이 좋은 학문이니 무조건 하라고 해요. 4년 동안 공부해서 물리학적 마인드를 가지고 세상에 나가면 나중에 뭘 해도 괜찮다고 얘기하죠. 철학을 해도 괜찮고 회사에 가도 괜찮고요. 하지만 대학원을 나오고 학자의 길을 가는 건 전혀 다른 이야기고, 이 길에서 직업인으로 성공할 수 있을지를 따져 봐야 하는데 쉽지 않죠.

저처럼 작곡을 한다면야 집에서 혼자 오선지를 가지고 할 수도 있지만, 물리학을 하려면 연구소에 가야지, 혼자서 할 수는 없지 않나요?
혼자 할 수 없어요. 대학이나 연구소에 반드시 가야 해요. 물론 집에 틀어 박혀서 혼자 상대성 이론이 틀렸다고 증명하는 재야 물리학자도 있어요. 저한테도 이런 분들이 연구 결과를 보내요. 그런 방식은 아주 위험하죠. 왜냐면 학문은 혼자 하는 것이 아니니까요. 마치 천재들이 혼자 독방에서 공부하다가 업적을 이뤘다는 식의 오해가 있는데 전혀 그렇지 않아요. 자신의 생각을 가다듬기 위해서는 끝없이 토론해야 해요.

전문적으로 교육받은 사람들과 함께 연구해야 하는 이유는 자신의 이론을 아무리 잘 만들어도 남이 이해하지 못하면 혼자만 알다가 죽으면 사라질 테니까요. 주류 학계가 사용하는 언어와 방식으로 표현해야 다른 사람들이 이해할 수 있잖아요. 정말 기가 막힌 아이디어가 있어도 어떻게든 그걸 다른 사람들이 알 수 있는 언어로 바꾸는 능력 정도는 있어야 해요. 그런데 재야에 계신 분들의 문제점이 우리가 사용하지 않는 자신만의 언어를 쓴다는 거죠. 더구나 자신의 이론으로 우선 기존의 모든 이론과 실험 결과를 전부 설명하고 나서 확장된 새로운 생각을 제시해야 하는데, 그런 일을 하는 경우가 드물죠. 저는 그들이 모두 틀렸다고 생각하지는 않아요. 그들 중에 누군가는 진짜 이 세상을 뒤엎을 이론을 만들었을 수도 있거든요. 그런데 그런들 우리가 읽고 이해할 수 없다면 소용이 없어요.

그렇기 때문에 절대로 혼자 하면 안 되고 동료들과 같이 연구하고 어떤 주제를 할지도 같이 논의해야 해요. 물론 나중에 그중 한 사람만 스포트라이트를 받을 때도 있고 역사에서는 한 사람만 종종 스타가 되지만, 누구도 혼자 한 적은 없어요. 양자역학이야말로 공동 협업의 산물이에요.

그렇죠.
세세한 역사로 들어갈수록 그들이 서로에게 얼마나 많은 영향을 받았는지 알 수 있어요.

그것들이 다 쌓여서.
자신이 헤맬 때 누군가가 도와주고 실험해 주고 계산해 주면서 연구는 진행돼요. 내가 어떤 계산을 직접 할 때보다 누가 이미 해 놨으면 3년을 버는 식이에요. 이렇게 시간을 단축하며 앞으로 나아가는데, 자기가 모든 것을 하려고 하면 평생 한 발짝도 못 나가요. 같이 하니까 채우면서 갈 수 있죠.

재야 물리학자라 하니 생각나는데, 제가 독일에서 우연히 본 비디오에서 우주가 팽창하는 것이 아니고 적색 편이는 빛이 피곤해져서 생긴다는 식의 말도 안 되는 얘기를 들은 적이 있는데, 똑같은 얘기를 한국분도 어느 비디오에서 하더라고요.
현재 우리가 믿고 있는 이론이 얼마나 튼튼한 기반 위에 있고 얼마나 수많은 검증과 싸움을 거쳐서 만들어졌는지를 먼저 알아야 해요. 현대음악을 이해하려면 앞선 음악을 알아야 하는 것처럼 이론의 기반을 알지 못하고 당장 눈에 보이는 몇 가지 허점을 짚어서 해결했다고 주장하면 아무 의미가 없어요. 그러기에는 너무나 방대한 체계예요. 한 줄짜리 수식이나 하나의 데이터도 사실은 수많은 과학자가 평생을 바쳐 연구한 결과이고, 이론과 이론, 실험과 실험, 이론과 실험 사이에 모순이 없는지 모두 체크하여 차곡차곡 쌓아 만든 것이거든요. 그런 결과를 쉽게 뒤집을 수 없다는 사실을 알아야 하는데 참 어렵죠.

막스 플랑크가 학생 때 물리학을 공부하려고 어떤 교수를 찾아간 일화가 있잖아요. 그 당시는 은하수가 유일한 갤럭시라고 생각했고 정말 아무것도 모를 땐데, 그 교수가 물리학에서는 모든 것이 밝혀졌으니 너는 음악이나 다른 길로 가라고 했대요. 물리학을 공부해 봤자 소용없다고요. 플랑크가 피아노를 잘 쳤다더라고요.
아주 유명한 얘기예요. 그 교수는 막스 플랑크에게 물리학은 다 끝났다고 하면서 광전 효과와 흑체 복사 같은 사소한 문제만 남아 있는데 별로 중요하지는 않다고 했대요. 그런데 그 두 문제를 해결하는 과정에서 양자역학이 탄생하거든요. 항상 그런 식이죠. 하지만 혁명은 자주 일어나지는 않아요.

물론 그렇죠.

그 이야기 때문에 많은 재야 물리학자들이 희망을 갖는데, 그건 좋아요. 언제나 그런 사람은 필요하고 지금도 누군가 의심해야 하고요. 그런데 그 의심이 결국 혁명을 일으키기 위해서는 얼마나 많은 일이 필요한지를 알아야 하는데, 얼마 전 있었던 초전도체 해프닝도 비슷해요. 논란이 된 논문의 제1 저자가 그 분야에서 아주 알려진 사람은 아니었거든요. 만약 초전도체 연구로 수십 년간 차근차근 결과를 쌓아 온 상황에서 그런 놀라운 발견했다고 하면 다른 동료 학자들이 바로 인정했을 겁니다. 하지만 어느 날 갑자기 놀라운 결과를 제출하면 한 번에 받아들이기 힘들죠. 물론 아무리 알려진 사람이라도 결국은 혹독한 검증을 통과해야 합니다. 양자역학이 그랬듯이요. 오랜 시간 외부와 활발한 의견 교환 없이 연구를 진행하면 보통 좋지 않아요. 계속 논문으로 중간 과정을 검증받으면서 진행했어야 하는데, 갑자기 세계를 뒤흔들 발견을 했다고 하면 다른 사람들이 선뜻 받아들이기 힘들죠. 학계는 권위를 얻기 위해 필요한 게 아니라 그런 잘못을 저지르기가 너무 쉬워서 필요해요. 수없이 갈고닦고 논의해도 잘못을 저지르는데, 혼자 동떨어져서 하면 제대로 하기 어려워요.

물리학적 발견과 시대적 조건

(김상욱 교수가 가져온 융과 파울리의 공저 『자연의 해석과 정신』을 보며)
파울리 공부를 많이 해 오셨네요.
이번 기회에 찾아서 읽어 봤어요. 파울리를 워낙 좋아하니까 융과
공동 작업을 했다는 사실은 당연히 알고 있었는데, 정신 치료를 받
았고 오랫동안 같이 연구했다는 것만 알고 있다가 이번에 읽고*느
낀 점이 많아요. 물론 융과의 융합점을 찾는 이야기들은 이해가 잘
안 되지만요.

저도 이해가 안 돼요. 나한테 별로 중요하지도 않고요.
케플러가 새로운 과학 이론을 만들 당시, 지금 우리가 보기에는 미
신 같은 것에 기반해서 만들었다는 얘기만 들었는데 이번에 정확히
어떤 건지 알게 됐어요. 당연히 그렇겠다는 생각도 들고요. 케플러
가 타원 궤도라든가 행성의 운동을 밝혔을 때 지금 우리가 이해하는
방식의 동기가 있었을 것 같지는 않거든요.

그 당시에는 학자들이 점성술도 했다더라고요.
당연히 그랬겠다고 생각해요. 그 점이 우리에게 주는 함의도 꽤 큰
듯하고요. 지금은 근대 과학의 틀로 우리가 하는 일들의 동기를 찾
아가는데, 또 모르죠, 그것이 틀릴 수도 있으니까요.

뉴턴도 연금술에 관심이 더 많았다고. (웃음)

- 『자연의 해석과 정신』 2부에 실린 볼
  프강 파울리의 「케플러의 과학이론
  에 미친 원형적 관념의 영향」을 말
  한다.

사실 뉴턴이 중력 이론보다 연금술에 더 관심이 많아서 연금술 연구를 많이 했다고 해요. 뉴턴의 연금술 연구를 지금 우리의 시각으로, 근대 과학의 시각으로 보고 '뉴턴이 사이비였어'라고 쉽게 폄하할 수는 없어요. 뉴턴이 아무리 시대를 뛰어넘은 천재라고 해도 그 시대의 틀 내에서 살고 연구했다고 봐야 해요. 동기가 그렇다는 게 문제가 되지는 않죠. 그런 동기로 시작해서 어쨌든 올바른 결과를 얻었다는 사실이 더 중요해요. 케플러도 자신의 데이터를 면밀하게 수학적으로 검토하여 올바른 결과를 얻었다는 사실이 중요하죠. 우리가 보기에는 이해할 수 없는 동기에서 시작했지만, 치밀하게 일했기 때문에 올바른 답을 찾았어요. 사실 자기의 동기에 매몰돼서 '현자의 돌'을 찾았다든가 하면서 엉뚱한 답을 내릴 수도 있었거든요.

뉴턴이 정말 위대한 이유를 알 수 있는 일화가 있어요. 뉴턴이 연금술을 미치도록 연구하다가 마지막 1년 동안 정신이 이상해져요. 지금 생각으로는 수은 중독 같다고 하는데, 데이터를 모두 꼼꼼히 쓴 다음 마지막에 '그러나 예상대로 되지 않았다'라고 하고 딱 접고서 영국 정부의 부름을 받아 조폐국장으로 가요. 저는 이 점이 정말 위대하다고 생각해요. 이 사람이 이미 유명해진 과학자이기 때문에 연금술로도 마지막 1년 동안 성과를 이루었다고 대충 얼버무릴 수 있거든요. 현자의 돌을 찾는 게 당시 최고의 문제였는데 자신이 거의 찾은 것 같다는 기록이 있어요. 그래서 1년 동안 미쳐서 연구했고, 잘된 부분만 써 놓고 대충 끝낼 수도 있는데, 마지막에 결국은 안 된다고 썼어요. 이게 진정한 과학자죠. 잘못된 동기로 시작해도 올바른 답이 나오는 이유가, 자신이 잘못한 건 빼놓고 제대로 한 것만 쓰지 않고 제대로 다 썼기 때문이에요. 전 과정을 꼼꼼하게 했고, 자신의 방법이 틀려서 답이 안 나왔다고 기록에 남길 만큼 자신 있었던 사람이에요. 뉴턴도 그랬듯이, 동기는 모두 그 시대에 묶일 수밖에 없어요.

그렇죠.

이번 기회에 케플러의 동기를 제대로 이해하게 됐어요. 삼위일체에서 시작해, 중간에 신이 있고, 인간과 성령이 있다는, 지금 보기에는 말도 안 되는 얘기지만 거기서 출발해서 우주의 태양계 행성들이 어떤 구조를 가져야 한다고 입증하기 위해 데이터를 아주 정밀하게 계산했어요. 사실 도형 수비학 같은 건데, 그래서 결국은 놀랍게도 그 전까지 알지 못했던 타원 궤도를 찾았죠. 케플러 자신도 그 결과가 헛소리라고 했대요. '아니 원이 아니라 타원이야? 이런 젠장!' 자신이 원했던 답이 아닌데도, 일단 인정하고 기록에 남기죠. 그러니까 결국 성실한 자세, 자신도 속이지 않는 행동들이, 막스 플랑크처럼 자신이 죽어도 남는 훌륭한 업적이 돼요. 인생을 잘 살 수도 있고 못 살 수도 있지만 중요한 건 나를 속이지 않고 진실되게 열심히 해서 무언가를 남기면, 그것이 결국 시대를 초월하는 것 같아요.

그렇죠. 그게 제일 중요하죠.
남들과 내가 기대하던 바가 있지만 그런 것들을 다 무시하고 정말 진실되게 무언가를 했을 때, 원하던 결과가 나오지 않더라도 내가 나조차 속이지 않고 그 결과를 그대로 딱 쓰는 순간, 그것이 사실 자기의 생각과는 상관없이 불멸의 업적이 될 수도 있어요. 내가 정말 꿈꾸던 초전도체를 만드는 것이 자기 인생의 성공인 줄 알지만, 그게 아니라 이렇게 했는데 안 됐다고 쓴 그 한 줄이 죽은 다음에 자기를 불멸의 존재로 만들 수 있어요. 진실된 건 참이고 끝까지 맞으니까요. 오히려 자기의 만족감보다 중요한 건 진실된 것이라는 사실을 이번 기회에 다시 알게 됐어요. 그래서 재밌었어요.

『137』과 오펜하이머

『137』도 번역되면 좋겠어요. 나는 독일어 번역본으로 봤지만, 짜임새도 좋고 두 사람의 배경이나 생애도 잘 나오고, 포인트를 잘 잡은 훌륭한 책이에요.

한때는 우주의 나이가 137억 년이라고 알려져서 어떤 뜻이 있지 않을까 했는데, 허블 망원경으로 더 정밀하게 측정한 결과 138억 년이 됐어요. 이건 미학적으로 너무 멋이 없어요.

137분의 1, 미세구조 상수인데.
사실 중요하지 않은데 파울리가 집착한 거죠. 정확히 137도 아니거든요.

그러니까요!
137.131인데, 소수점 이하는 잘라 냈죠. 더구나 137은 10진법이잖아요. 10진법은 인간의 손가락이 열 개라서 쓰는 거예요. 사실 다른 진법으로는 137이 아니에요. 저희가 보기에 우주에서 가장 근본적인 진법은 2진법이에요. 0과 1로 되어 있는 것이 가장 미니멀해서 가장 아름다워요. 137이 아니라 2진법으로 썼다면 우주적인 입장에서는 더 적절할 수 있죠.

그런데 파울리가 췌장암으로 죽을 때 병실 호수가 우연히 137이었다고 하더라고요. 일설에는 다른 방에 갔다가 자기가 거기로 옮겨 달라고 했다는데, 그게 아니라 진짜로 137호에 들어갔다고 해요.
그냥 우연히 갔다고 저는 알고 있어요.

우연히 갔는데, 그것도 참.

그런 전설만 남죠. 사람들이 좋아하니까.

1920~1930년대 학자들의 모습을 보면, 얼마나 대단한 시대였나 싶어요.
저도 궁금해서 타임머신이 있다면 1920년대로 가 보고 싶어요. 하이젠베르크의 전기에 나오지만, 사실 물리학에서는 1차 세계대전의 여파가 커요. 전쟁의 대량 살상에 책임이 있는 기성 정치인에 대한 거부감과 서양 문명에 대한 환멸 등으로 인해 독일에서 양자역학이 나온 것은 아닐까 하고 저는 생각해요. 독일이 정말 중요한 나라죠. 세계 역사에서 나쁜 짓도 많이 했지만요.

하이젠베르크와 파울리가 한 살 차인데, 이미 고등학생 나이에 그 어린애들이 엄청나게 명석한 두뇌로 그런 일들을 했다는 게 참⋯⋯.
오히려 급진적인 이론들은 젊은이여서 내놓을 수 있었을 거예요. 나이 든 사람들은 무서워서 못 하죠.

젊었을 때 그렇게 하고 나이 들면서 조금씩 포물선을 그리면서 밑으로 내려오는 느낌이에요.
모두가 그러니까요.

나중에 파울리와 하이젠베르크가 우주에 대해 결정적인 이론을 발표하겠다고 했는데 망신당했잖아요.
제가 1970년생이라 올해 쉰셋인데 생일 때 한번 알아봤어요. 위대한 학자들이 내 나이 때 뭘 했나 궁금하잖아요. 하이젠베르크는 제 나이 때 훔볼트재단의 이사장이었더라고요. 이미 학계를 떠나서 정치적인 일을 하고 있었어요.

하이젠베르크가 그쪽 방향으로 관심이 많았죠.
슈뢰딩거는 그때 망명해서 아일랜드에 있었고, 『생명이란 무엇인가』라는 책을 쓰기 직전에 강연을 준비하고 있었어요. 물리학자지만 생명에 대해서요. 이 사람도 주류 물리학에서 약간 벗어나 있었다고 볼 수 있는데 아인슈타인은 그때도 연구하고 있었어요.

그래도 아인슈타인의 결정적인 연구는 1905년부터 1915년 사이에 발표한 것들이잖아요.
제 나이 때 아인슈타인은 독일에서 쫓겨나죠. 나치 때문에 막 옮기던 때인데, 다들 제 나이 때 파란만장하게 살았더라고요.

전쟁 때문에 운명이……. 하이젠베르크는 아이가 일곱이나 되는 대가족이었는데, 전쟁으로 다들 미국으로 망명하니까 막스 플랑크를 찾아가 어떻게 할지 물어봤고, 플랑크가 남아서 이 사회를 버텨 주는 중심이 필요하다고 했다네요. 나치 같은 정치적인 상황은 지나간다면서요. 그래서 남겠다는 결정을 했다고 하더라고요.
하이젠베르크는 정통 독일인이라 당연히 남을 수밖에 없어요. 떠난 사람들은 대부분 유대인이거나 가까운 가족이 유대인인 사람들이고, 그 외에 간 경우는 많지 않아요. 파울리도 유대인이었고, 막스 보른도, 아인슈타인도 유대인이었죠. 원래부터 게르만계였던 사람들은 대부분 남았어요.

아무래도 그렇겠죠.
끈이 있어야 떠나지, 지금이야 많이 나가서 살지만 그 당시는 쉽지 않았을 거예요. 또 당시에는 미국이 이류 국가라 유럽 사람들이 가기 쉽지 않았을 거예요. 사실 미국으로 간다는 건 정말 목숨의 위협을 느끼지 않는 한 좋은 선택지는 아니었던 것 같아요.

애를 일곱이나 데리고.
초기에는 대부분 파리나 스위스 아니면 북유럽을 많이 갔다가 상태가 더 안 좋아지니까 미국으로 갔지, 바로 간 사람들은 많지 않았어요. 아인슈타인은 강의 없이 완전 자유를 주면서 돈 많이 준다니까 바로 갔고요.

얼마 전 영화 〈오펜하이머〉가 나왔는데 오펜하이머 ROBERT OPPENHEIMER는 학자로 어떻게 생각하세요?
학자로서 그렇게 유명한 사람은 아니죠. 오펜하이머가 학자로서 중요한 역할을 했다면, 괴팅겐에서 양자역학이 탄생하던 때 거기 와 있던 유일한 미국 사람이어서 1년 후 미국으로 돌아갔을 때 유일하게 양자역학을 공부하고 온 사람이었어요. 처음에는 이 사람이 구심점이 돼서 미국의 입자물리학이나 이론물리학이 꽃피는 시초를 만들었죠. 그런 의미에서 큰 역할을 했지만, 이 사람이 쓴 중요한 논문은 두 개 정도밖에 없어요. 둘 다 물리학을 뒤흔든 건 아니고요. 하나는 블랙홀에 관한 내용인데 수백 편의 중요한 블랙홀 논문 중 하나라 볼 수 있고, 또 하나는 괴팅겐에 있을 때 막스 보른과 같이 쓴 논문이에요. 그 내용은 저희가 수업 시간에 배워요. 지금 대학 교과서 3학년 2학기쯤에 나오는 '보른-오펜하이머 근사APPROXIMATION'가 물리학자들이 오펜하이머를 아는 유일한 이유예요. 중요한 이론이긴 한데 양자역학의 수많은 가지의 세부적 계산 중 하나죠. 교과서 한 챕터의 한 섹션에 나오는 정도의 내용이 오펜하이머가 학자로서 한 일의 전부예요.

어디서 읽었는데 오펜하이머가 그 당시에 물리학자 사이에서는 '서니 보이SUNNY BOY'로 알려져 있었다더라고요. (웃음) 놀기 좋아하고 댄디처럼 자기 꾸미기를 좋아해서요.
금수저 집안이라 돈이 아주 많아서 독일에 갔을 때가 한창 독일이 인플레이션으로 고생하던 시절인데 그때 개인 자가용을 몰고 다녔다고 해요. 대학교수도 밥을 못 먹어서 굶고 있는 극악한 인플레이션 상황에서 미국 달러를 펑펑 쓰면서 좋아하는 여자한테 밍크코트를 줬다던가. 집에 클림트 그림이 있을 정도로 어마어마한 부자였다더라고요.

요즘 영화가 완전히 대박 나서 독일에서도 오펜하이머 얘기가 신문에 많이 나오는데, 이 사람이 오래 살았으면 노벨상을 탔을 거라고요.
전혀 아닌데.

내가 보기에는 그렇지 않아서 확인해 보려고 물어봤어요. 프로젝트 리더죠.
그건 진짜 어려운 일이죠.

그 프로젝트에 엄청나게 많은 사람이 관여했죠. 닐스 보어도 몰래 가서 도와줬고요.
닐스 보어는 꼭 필요한 사람은 아니었는데 오펜하이머가 너무 사랑한 나머지, 사실 양자역학의 아버지잖아요, 그래서 탈출시키죠. 미국 군부에 꼭 필요하다고 약간 거짓말해서 영국 공군이 폭격기를 보내서 당시 스웨덴에 피신해 있던 보어를 탈출시켜요.

보어가 미국에 가기 전, 하이젠베르크가 코펜하겐에 가서 보어를 만나잖아요. 둘이 무슨 얘기를 했는지는 아무도 모르지만, 얘기를 끝내고 나서 보어가 경악을 금치 못하고 공포감을 느꼈다는 얘기가 있더라고요. 마치 하이젠베르크가 자신들이 나치를 위해 핵폭탄을 만들고 있고 가

능성이 아주 큰 것처럼 얘기했을 수도 있지 않을까 싶어요. 그래서 맨해튼 프로젝트에서 자기 이름도 없이 가명으로 몰래 도와준 거 아닌가.
그때 얘기를 다룬 연극도 있어요.

〈코펜하겐〉이요?
보셨나요? 국내에서도 했어요.

보지는 못했고 대본만 읽었는데, 거기서도 두 사람이 무슨 얘기를 했는지는…… 요즘같이 스마트폰이 있으면 녹음을 했을 텐데 아무도 모르죠. 종전되고 나서는 독일의 하이젠베르크 팀에 대해 비판하는 사람들도 있는데 그들이 원하는 입장은, 우리는 핵폭탄을 만들 능력이 있었지만 윤리적인 이유로 일부러 늦췄다면서 자기네를 미화하는 거예요.
그게 아닐 거라고 생각해요.

핵폭탄을 만들려면 몇 사람으로는 안 되고, 설사 만들었다고 해도 어디 가서 테스트를 해야 하잖아요. 미국하고는 상황이 다르니까 테스트하려면 어디 한 나라를 일단 점령해야 하는데 그것도 전혀 현실적이지 않고요. 그리고 나치 쪽에서는 1~2년 내 만들기를 원했는데 6년이 걸린다니까 관심을 껐다고 하더라고요. 왜냐하면 자기들이 그때까지 버틸 수 있을지도 모르니까요. 미국 쪽에서는 독일 쪽에서 상당히 진전이 있다고 오해를 한 건데, 사실 핵폭탄이 만들어지는 건 시간문제였죠. 오토 한이 우라늄 핵분열을 발견한 때가 1938년인데, 미국에서 핵폭탄을 만들었다면 일본에 안 터트렸다 하더라도 쿠바나 베트남 가서 언젠가 한 번은 터트렸겠죠. 사람의 힘으로 막을 수 있는 일은 아니었던 것 같아요.
그 바람에 전쟁 끝나고 물리학은 아주 부흥기를 맞아요.

군수 사업.
원자 폭탄 만드는 걸 보고서 물리학의 힘을 느낀 거죠.

그다음에 수소 폭탄까지.
안타까운 일이지만, 그전까지 이론물리학은 아주 소수만 하는 학문이었어요. 괴팅겐대학의 막스 보른, 베를린대학의 막스 플랑크, 이런 식으로 대학에 한두 명밖에 없었죠. 작곡가, 현대음악도 그렇지 않나요?

(웃음 터짐) 하하하. 그런데 큰 사건이 일어나서 현대음악이 갑자기 유명해져. BTS같이.

그러다가 2차 세계대전 끝나고서는 미국 주요 대학의 물리학과 교수가 100명에 달하게 되죠. 이론물리학 교수도 포함해서요. 물리학만이 아니라 기초 과학 전체가 엄청 팽창해요. 막대한 연구비를 대학으로 투입해서 대학원생들을 국가 연구비로 키우고 엄청난 장비로 실험했어요. 좀 아이러니이기는 한데 전후에 물리학이 전쟁에 도움이 될 것이라는 기대로 호황을 이뤘죠. 원래 가장 큰돈이 가는 곳은 사람을 살리거나 죽이거나 둘 중 하나거든요.

음악은 그렇지 않으니까.

의학하고 무기죠. 그러다 냉전이 끝나면서 물리학이 시들시들해져요. 나라마다 물리학이 무기를 만드는 것에서 기초 과학으로 바뀌어요. 우리나라도 한때 물리학이 잘나가다가 지금은 된서리 맞아서 학생들도 안 오는 상황이에요.

기초 과학의 저변 확대

우리나라에 노벨상을 탄 사람이 없잖아요. 정부에서 노벨상을 타라고 하는데 노벨상이 그냥 나오나, 수십 년 동안 지원을 해서 수많은 사람이 연구하는 중에 언젠가 결과가 나오잖아요. 그런데 한국에서는 돈 조금 대 주고 당장 효과가 나오길 바라니까, 과학계도 쉽지 않을 것 같아요.

이미 누가 얘기했지만, 우리나라 사람이 노벨상을 받는 가장 빠른 방법은 노벨상 받은 사람을 우리나라로 귀화시키는 거라고 해요.

(웃음) 맞아. 귀화시키는 방법.

만약 누가 올해 상을 받으면 그 사람한테 '국적 바꾸면 100억 줄게' 해서 바로 데리고 오면 된다는 거예요. 이게 무슨 의미가 있어요?

의미가 없죠.

노벨상을 받는다는 것은 우리 과학의 저변이 그 정도로 탄탄하다는 의미에서 중요한 거죠. 앞으로도 우리 저변으로는 못 해요. 잘해 봐야 외국에서 한국 국적을 갖고 있거나 한국에서 태어난 사람이 주로 외국에서 일하며 받는 경우는 생길 수 있겠지만, 진짜 우리가 원하는 종류의 노벨상을 수상한다는 건 아직 너무나 먼 얘기예요. 노벨상은 아주 허름한 데서 많이 나오거든요. 중요한 건 처음 하는 사람이 받는다는 거예요. 정말 말도 안 되는 걸 아무도 취급 안 할 때 누군가 연구해서 논문을 썼고, 그땐 아무도 모르고 있다가 나중에 그 분야가 점점 중요해지고 거대해지고 나면, '이거 처음에 누가 했어?' '이 사람이 했네' 하면서 그 사람에게 노벨상을 주거든요. 그러려면, 좀 안 좋은 표현이지만, 또라이가 많아야 해요. 시키는 대로 하지 않고 자기 아이디어를 가지고 집요하게 몇십 년씩 투자해서, 재야 물리학자처럼 말고 학계에서 제대로 열심히 하는 사람들이 있어야 그런 성과가 나오는데, 우리는 빠르게 바뀌는 풍토 때문에 그런 문화를 이룰 수가 없어요.

빨리 효과를 보려고 하잖아요.
인공 지능 뜨면 다 인공 지능 하고, 연구비 신청할 때 어떻게든 그런 분야에 엮지 않으면 돈을 안 줘요. 하던 걸 계속 한다고 하면 돈을 안 줘요. 그걸 또 하나 그러죠.

옛날에 카이스트인지 어느 대학에서 노벨상 탄 저명한 외국 교수를 불렀는데 우리 보통 사람의 생각으로 그런 사람이 강의하면 강의실이 미어터질 것 같지만 학생들은 관심이 없었다고 하더라고요. 왜냐하면 학생들이 원하는 건, 음대와 비슷한 부분도 있는데, 내가 공부를 제대로 하는 게 아니라 교수가 끈을 만들어 줘서 어디 소개해 주고 내 뒤를 봐주는 거예요. 그런데 이 사람 밑에서는 엄청나게 공부를 많이 해야 하네, 그러면 관심 없는 거죠. 어떻게 그런 사람이 왔는데 학생들이 신청을 안 해서 폐강되기도 하고 그냥 돌아가기도 하는지.
학부생들은 사실 교수와의 끈이 중요하지 않고요. 수업을 잘하는지, 학점을 잘 주는지, 필수 과목인지, 이런 게 훨씬 더 중요해요. 그런데 우리나라에 모셔 온 노벨상 수상자들이 잘 안 됐던 경우의 공통점은, 계약할 때 한국에 완전히 이주해서 붙박이로 있는 조건이 아니었다는 거예요. 아무도 그런 식으로는 오지 않고 대개는 한국에 3개월 아니면 1개월 체류 같은 조건으로만 오거든요. 그 사람들은 여기에 연구하러 오는 게 아니라 그냥 돈 많이 주니까 10억씩, 20억씩 받고 와서 대신 이름값을 하는 거죠. 모두가 그렇진 않지만, 대개 이런 식으로 했기 때문에 잘 안 됐죠. 아예 완전히 이주하는 조건으로 온 사람들이 몇 명 있었는데 그런 곳은 그나마 좀 굴러가요. 예를 들어 기초과학연구원 INSTITUTE FOR BASIC SCIENCE(IBS)은 1년에 연구비가 100억이에요. 여기는 단장으로 노벨상급이 오고 그 사람들에게 연봉도 많이 줘요. 그러려면 어마어마한 돈을 써야 해요. 연구단이 거의 학과 하나에 맞먹고, 조직이 마음대로 할 수 있게 만들어 줬어요. 그런데 그것도 말이 많았죠.

그러면 보통 다른 교수들이 또 시샘하고.
시샘도 하지만 문제는 지금 한창 열심히 연구하는 30~40대 정도의 연구자가 오길 바라는데, 노벨상은 받았지만 나이가 많은 사람을 모시는 거예요. 그것 자체는 나쁘지 않은데, 대신 밑에 있는 중견급 과학자들이 열심히 해서 굴러가는 데도 있었고요. 아무튼 예산이 전체 파이에서 나뉘다 보니 한쪽이 가져가면 다른 쪽은 없잖아요. 그래서 또 불만들이 많았죠. 쉽지 않아요.

시간이 많이 지났네요. 얘기가 재밌어서 시간 가는 줄 몰랐어요. 오늘 너무 유익한 대화였습니다. 감사합니다.

4.

작곡의 이유,
궁극의 목적

'원일의 여시아문-이도공간'에서의 대화

2017년 1월 초 12년간 열과 성을 다했던 서울시립교향악단 상임 작곡가직을 사임한 진은숙은 몇 년간 한국 음악계와 거리를 두고 독일에서 창작 활동에 매진했다. 그러던 중 2020년 9월 통영국제음악제의 예술 감독으로 선임되었다는 소식이 전해졌다. 20주년을 맞이하는 통영국제음악제로서는 새로운 도약의 발판이 될 선택이었다. 2022년 공식 임기를 시작하기 전 진은숙은 젊은 작곡가들을 위한 팀프TIMF 작곡 아카데미에 참가하기 위해 몇 년 만에 한국을 방문했고, 이때 국악방송 라디오 프로그램 '원일의 여시아문-이도공간'에 출연했다. 오랜만의 한국 방문인 데다 진행자 원일과의 밀도 높은 대화 속에 60대를 맞은 진은숙의 모습을 엿볼 수 있는 흥미로운 이야기가 많이 담겨 있어 그 내용을 정리해 싣는다. 이 대담은 2021년 10월 10일과 17일에 2주 차에 걸쳐 방송되었고, 영상은 국악방송 GUGAKFM 유튜브 채널에서도 찾아볼 수 있다. 당시 녹음 원본을 확인할 수 있도록 도움을 준 김연주 피디, 흔쾌히 방송 녹취본 수록을 허락해 준 원일 선생과 국악방송 측에 감사드린다.

독하게 공부하며 곡을 쓰는 이유

원일(이하 생략) 오늘 정말로 믿을 수 없는 게스트가 나오셨습니다. 세계 최고 작곡가 중 한 분으로 활동하고 계시는 작곡가 진은숙 선생님입니다.

진은숙(이하 생략) 안녕하세요.

영광입니다. 그동안 많지는 않았지만 작곡가들이 나오셨었는데 진은숙 선생님께서 나와 주신다고 하셔서 감동받았어요.

아이 뭘, 별말씀을요. (웃음)

통영국제음악제 예술 감독 선임을 축하드려요.

네. 저도 기대에 많이 부풀어 있고요. 앞으로 일단 5년 동안 한국 음악계에 특별한 레퍼토리나 프로그램들을 선사할 수 있어서 기쁩니다.

내년 2022년부터 5년 동안 진은숙 예술 감독님이 펼쳐 내실 통영국제음악제, 정말 기대되고요. 오늘 선생님을 모시고 여쭙고 싶은 게 너무 많은데요. 그동안 한국에서 여러 번 인터뷰하시면서 어렸을 때 이야기나 음악을 시작하고 독일에 가신 이야기는 좀 알려졌는데, 제가 제일 궁금했던 것들은 사실 선생님이 독하게 공부하던 시절의 이야기였어요.

사실 독하게 공부하는 건 어렸을 때나 지금이나 마찬가지예요. 지금도 공부가 필요하니 독하게 공부하고 있어요. 10대 학창 시절부터 독하게 공부했죠. 저는 정규적인 음악 레슨을 못 받았기 때문에 악보를 빌려서 베끼거나, 그 당시엔 레코드판이 흔하지 않았으니 레코드를 빌려서 너무 귀중하게 들었던 기억이 아직도 아주 생생합니다.

독일 가서도 초창기에 굉장히 힘들었고, 슬럼프를 겪고 다시 살아나서 그때부터 지금까지 독하게 공부하고 있습니다.

그럼 그 슬럼프 이야기를 해 주세요.
제가 슬럼프 얘기는 한국에서 여러 번 했어요. 죄르지 리게티 선생님과 공부할 때 슬럼프에 빠져서 한 2~3년간 곡을 완전히 안 쓰고 포기한 적이 있어요.

나는 안 된다?
안 된다는 게 아니라, 일단 그런 환경에서 쓸 수가 없었어요. 독일에 간 지 얼마 안 됐을 때 문화적인 충격도 있었고, 함부르크에서 생활하는 것이 너무 생소하고 친구들도 없어서 외로웠어요. 그런데 리게티 선생님이 하시는 말씀은 너무 수준이 높았고, 당시 어린 학생들이 이해하기는 너무 힘들었어요. 우왕좌왕하며 방향을 정할 수도 없고 뭘 해야 할지 모르는 혼란스러운 시기를 보냈기 때문에 곡을 쓸 수가 없었죠.

엄격한 스승이셨나요?
아주 엄격했죠. 그분 자체가 대단한 작곡가였기 때문에 그 정도의 음악 세계에 도달한 분은 엄격할 수밖에 없어요. 엄격하지 않았다면 그렇게까지 작품을 써낼 수 없었겠죠.

원래부터 독하게 공부하셨고 지금도 독하게 공부하면서 곡을 쓰고 계신다고 하셨는데, 왜 독해지는 거죠?
왜냐하면 음악을 쓰는 것 자체가 너무 힘들기 때문이에요. 제가 보기에 어떤 장르든지 예술이라는 건 굉장히 힘든데 음악이라는 예술, 특히 창작이 더 힘든 이유는 모든 것이 너무 추상적이기 때문이에요. 한 사람이 정말로 작곡가가 되어 가는 과정은 이루 말로 다 할 수 없는, 도를 닦듯이 평생 작곡에 모든 걸 바쳐서 노력해도 될까 말까 한 어려운 경지라서 힘든 것 같아요.

저는 선생님께서 쓰셨던 작품을 폐기하신다고 해서 충격받았어요.
네, 많이 폐기했죠. 그래서 곡은 계속 쓰는데 작품 리스트 길이가 항상 똑같아요. 우스갯소리로 한 곡을 새로 쓰면 있던 곡 하나를 폐기하는 식으로, 곡을 계속 쓰는데도 작품 리스트가 현저하게 늘어나지 않는 현상이 생기죠. 저는 제가 최선을 다한 것 같지 않거나 작품으로서의 가치가 떨어진다고 여기는 작품은 당연히 폐기해야 한다고 생각해요. 왜냐하면 그런 작품은 존재할 이유가 없기 때문이에요. 그래서 대학생 때나 젊었을 때 썼던 대부분의 작품이 폐기됐고, 그 후에 쓴 작품 중에서도 여러 곡이, 특히 콩쿠르에 나가서 상 탄 작품들이 대부분 폐기됐어요.

그런데 보통 작곡가들 중에서 자기 작품을 폐기하는 사람이 많지 않잖아요?
모르죠. 그런 부분은 이야기를 안 하니까. 폐기해도 폐기한다고 이야기를 안 하지 않을까요?

폐기한다는 것은, 공식적으로 폐기 선언이나 통보를 하시는 거예요?
제 경우 젊었을 때 썼던 작품들이 있는데, 보통 작곡가와 계약한 출판사들은 있는 작품을 모두 출판하기를 원해요. 그럴 때 제가 어떤 작품들은 출판을 못 하게 해요. 출판을 못 하게 함으로써 연주가 안 되도록 하는 거죠. 물론 제가 죽고 나면 누군가가 그 악보를 발굴해 연주할 수도 있겠지만, 저는 그러지 않기를 바라죠. 일단 제가 살아 있는 이상 제 의지는 그 작품이 연주되지 않는 것이기 때문에, 그런 경우가 일종의 폐기죠. 물론 악보를 진짜 찢어서 쓰레기통에 버리는 식의 행동은 안 하고, 악보들이 다 집에 있긴 해요. 보관은 하지만, 연주는 안 되게 하는 거죠.
출판사와 계약하고 쓰는 작품들은 출판사에서 모두 등록해요. 그래도 후일 제가 '저 작품은 내 리스트에 남겨 놓고 싶지 않다'라고 하면 그 작품을 폐기할 권리는 있어요. 그런 경우에는 작품 리스트에서 빼고, 누가 연주를 하겠다고 해도 못 하게 하죠. 그런 경우가 종종 있어요. 예를 들면 제가 1993년에 도쿄도 150주년 기념 국제작곡콩쿠르에서 상을 탔는데, 상당히 중요한 콩쿠르였고 그때 작품이 태어나서 처음으로 쓴 오케스트라 곡이에요. 그런데 그 당시 제가 오케스트라를 다루는 기술이 연마되지 않은 상태였거든요. 하여튼 저는 상을 타는 일은 항상 운이라고 생각해요. 운이 좋아서 그 곡으로 상을 탔는데 그다음 해에 전속 출판사가 생겨서 제가 그 곡을 출판 안 하겠다고 하니 출판사 사장이 저를 설득하기 위해 전화를 서너 번 했어요. 그 곡 외에 전에 썼던 작은 실내악 작품들도 출판하고 싶다고요. 출판사 입장에서는 저와 계약했으니 작품을 내놓아야 하는데 그럴 작품 수가 많지 않으니까요. 그런데 그 작품을 폴란드의 어떤 페스티벌에서 연주한다면서 그 악보를 어디서 구한 거예요. 일본에서 받아 갔는지는 모르겠어요. 그래서 저한테 페스티벌에 오라는 거예요. '만약 너희가 그 곡을 연주하지 않으면 내가 갈 텐데 연주하면 안 간다'라고 했는데 진짜 연주를 했어요. 그래서 안 갔어요. 하여튼 그때 그 작품이 마지막으로 연주되고 그다음에는 연주된 일이 없죠.•

• 1993년에 썼으나 폐기된 이 오케스트라 곡은 〈상티카 에카탈라〉다. 국내에서도 1996년 8월 29일 KBS교향악단 정기연주회에서 오트마 마가 Othmar Mága의 지휘로 소개된 바 있다. 오케스트라가 포함된 성악 작품들과 협주곡들 외에 공식 작품 목록에 오른 진은숙의 첫 순수 오케스트라 곡은 2007~2008년에 쓴 〈로카나〉다.

일상이 음악 자체

시작부터 아주 센 이야기들을 하고 있는지 모르겠는데요. 선생님은 일과 중 아무것도 안 하는 날이나 음악과 전혀 관련 없이 사는 날이 있으세요?

없어요. 하루도 없어요. 음악을 듣고 생각하고, 피아노를 치거나 음악회를 간다든가, 음악하는 사람들을 만나서 음악 이야기를 한다든가, 항상 음악에 관계된 일을 하죠. 음악이라는 것 자체가 일상생활이고 인생이기 때문에 단 하루도 음악을 안 하고 지낸 적은 아마 없을걸요?

있을 수가 없겠네요. 그러면 작곡을 안 하는 날은 있잖아요?

물론 있죠. '작곡한다'에 여러 과정이 있는데, 사람들이 보통 생각하는 작곡 과정, 책상에 앉아서 오선지에 음표를 그리는 행위는 사실 가장 마지막 단계예요. 그전에 구상을 하고, 구상이 더 정확해지고 생각이 무르익는 과정이 아주 오래 지속되다가 마지막에 오선지에 쓰기 시작해요.

기록도 하고요?

네. 노트에 생각을 스케치하기도 하고요. 그런데 그 스케치가 악보가 되는 건 아니에요. 오케스트라 곡을 쓴다고 오케스트라 스코어를 스케치하는 건 아니고, 떠오른 생각을 적거나 리듬, 화성 등을 계획하죠. 스코어를 쓸 때는 써서 다른 데 옮기지 않고, 쓴 걸로 원본을 완성해요.

선생님은 손으로 악보를 직접 그리시는 걸로 유명하잖아요.

네. 사실은 그렇게 해야 해요. 요즘 젊은 사람들은 컴퓨터를 사용하

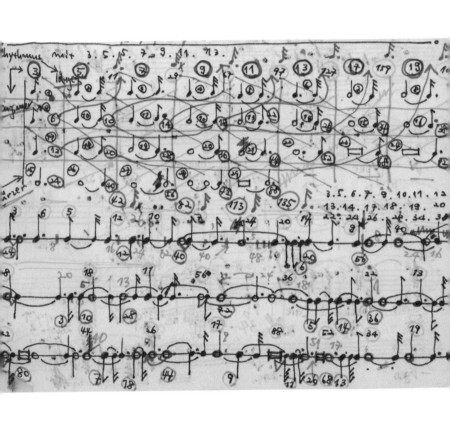

진은숙의 〈말의 유희〉 스케치 중 리듬 계획의 일부

는데 컴퓨터로 음악을 작곡할 때의 멘탈리티는 손으로 악보를 쓸 때와 많이 달라요. 사고의 방식부터 다르고, 사고의 깊이도 다르고요. 컴퓨터로 쓰면 음을 너무 쉽게 쓸 수 있어요. 그런데 손으로 쓰면 그렇지 않거든요. 음을 생각하고 그걸 연필로 옮겨 쓰는 그 순간에 느끼는 나의 에너지, 그 에너지를 내가 느껴야 작곡을 할 수 있어요. 마우스를 클릭하면서 곡을 쓰면, 어떤 경우에는 복사하고 붙여 넣기를 많이 하더라고요. 그러면서 조금씩 바꾸는 식으로 접근하는 방법 자체를 저희 세대는 대부분 사용하지 않았고, 그렇게 음악이 나올 수 있을지 저는 잘 모르겠어요. 그래서 컴퓨터로 작곡하는 방식을 추천하진 않아요.

그럼 지금 살고 계시는 독일이나 유럽 사회에서 작곡 활동을 하는 선생님 또래분들은 대부분 손으로 쓰나요?
제 세대만 해도 손으로 많이 쓰는데 그렇지 않은 분들도 있어요. 연주가 엄청 많고 작품 위촉을 들어 오는 대로 다 받는 작곡가들은 다작을 하니 손으로 쓸 수 없죠. 어떤 경우에는 컴퓨터로 한 작품을 써놓고 나중에 위촉이 들어오면 그걸 가져다 작업하기도 한다던데, 그러면 작업 과정 자체는 훨씬 쉬워지죠. 그렇게 하는 사람들도 있고 아닌 사람들도 있어요. 그런데 지금 40대 아래로는 컴퓨터를 많이 사용한다고 알고 있어요.

선생님은 한 곡을 악보에 정식으로 쓰기 시작하면 작곡이 된다고 하셨는데요. 그전 단계에 수많은 습작과 메모와 스케치, 디자인을 모두 해놓고 딱 악보에다 곡을 쓰기 시작하면, 날마다 일정한 시간에 규칙적으로 작업하세요?
할 일이 너무 많아서 규칙적으로 할 수는 없어요. 우리 아이가 어렸을 때는 아이 리듬에 맞춰야 했고, 집안일도 도와주는 사람 없이 모두 제가 직접 하거든요. 지금도 청소나 음식을 모두 직접 해요.

선생님 정도면 누군가를 두실 수도 있잖아요? 집안일 해 주시는 분이나.
정도가 뭔지 모르겠는데 살다 보니까 그렇게 됐어요. 유럽에서는 사람을 두는 일과 관련해서는 사회 분위기 자체가 한국보다 훨씬 더 수수해서MODEST 모든 걸 제가 직접 하고 집안일 외에도 할 일이 많아요. 그러니까 시간을 정해 놓고 '이 시간은 내가 작곡을 하는 신성한 시간이니 아무도 들어오면 안 돼'라고 하는 건 정말 사치스러운 거예요. 그렇게 못 해요.

2014년경 〈클라리넷 협주곡〉을 쓸 당시의 작업 모습

정말요?

네. 시간이 날 때 작업하고 곡을 쓰죠.

그러면 작곡하는 시간이 30분이 될 수도 있고 한 시간이 될 수도 있고요?

그런데 그렇게 시간이 짧으면 사실 힘들어요. 집중하는 데도 시간이 많이 필요하니까요. 지금은 아들도 성인이 돼서 분가했고, 남편도 노르웨이 스타방에르 심포니오케스트라에서 프로그램 디렉터 일을 하느라 왔다 갔다 해서 혼자 있는 시간이 많아졌어요.* 그래서 시간 여유는 옛날보다 많아졌죠. 그런데 아이가 태어나고 사춘기를 지나면서 십몇 년 동안 상당히 힘들었어요. 물리적으로 일단 시간이 많이 모자랐고 그때는 서울에 자주 들어와서 서울시향과 '아르스 노바' 작업을 할 때니까 또 시간을 많이 뺏겼어요. 지금 돌이켜보면 어떻게 살았는지 모르겠는 시간이었어요.

와~ 정말로 시간 날 때마다 곡을 쓰셨네요. 어떻게든 시간을 확보해서요.

네.

갑자기 가슴이 뜨거워집니다, 저희가 정신없이 인터뷰하고 있는데, 한 곡 들어 보고 이어 갈게요.

---

* 남편 마리스 고토니MARIS GOTHÓNI는 그 후 벨기에 국립오케스트라의 예술 감독으로 활동했고, 2024년 8월부터는 핀란드 방송교향악단FRSO의 총감독으로 일하게 되었다.

〈말의 유희〉

비교적 초반에 쓰셨던 곡, 제가 일찍 선생님 음반을 구해 들어 봤던 〈말의 유희〉인데요. 이 곡이 재밌었어요. 말을 가지고 '음악적으로 논다'라는 발상 자체가 많은 작곡가에게 충격을 줬는데요. 이 곡의 발상은 어떻게 이루어졌나요?

그 당시만 해도 제가 언어를 음악적인 도구로 사용하는 데 관심이 많았어요.

악기처럼?

네. 예를 들어 시를 사용한다면 시에 담긴 의미나 내용보다는 거기에 쓰인 단어를 분해하고 조합해서, 노래를 부르는 발성의 수단으로 사용하는 실험적인 방법에 심취해 있던 시절이었어요. 이 곡이 사실 저한테는 중요한 곡인 이유가 슬럼프로 몇 년간 곡을 안 쓰다가 슬럼프에서 빠져나와서 쓴 첫 앙상블 곡이라서예요. 쓸 때 많이 힘들었는데, 언어를 도구로 사용하는 것, 성악가의 목소리와 앙상블 음향의 조화 내지는 대비 등에 중점을 두고 쓴 곡이죠. 지금까지도 많이 연주되고 있어요. 일곱 곡으로 구성되는데, 곡마다 스타일도 다르고 분위기도 굉장히 달라서 연주하기는 많이 어렵고요.

선생님 곡 중에 어렵지 않은 곡이 있나요? (웃음) 선생님 곡은 듣기만 해도, 연주하는 모습을 보기만 해도 '와 저건 진짜 어렵겠다' 싶어요.

그래도 이 곡은 처음에 네 곡을 미완성으로 발표했고(1991), 2년 후에 세 곡을 더 써서 완성했는데, 2년 뒤에 쓴 세 악장이 앞의 곡들보다 훨씬 덜 아방가르드하고 듣기 쉬워요. 예를 들면 5악장과 6악장은 화음도 많이 나오고 일반분들한테는 아마 그 악장들이 듣기에 더 좋지 않을까 싶습니다.

저희 청취자분들을 위해 작곡가님이 선곡을 해 주셨네요. 〈말의 유희〉(1991~1993)는 '문자 퍼즐'이라는 부제가 붙어 있는 일곱 곡의 모음곡인데, 이 중 비교적 짧고 듣기 쉬운 5악장과 6악장을 듣겠습니다. 5악장 제목이 '도미파레 S DOMIFARE S'인데, 솔이 아니라 이니셜 'S'로 표기되어 있네요.

'솔'이라고 표기하려다가 그보다는 수수께끼처럼 'S'로 썼어요. 사람들이 '이게 뭘까?'라고 질문하게 만드는 의도로 붙었어요.

6악장은 '우연의 게임 THE GAME OF CHANCE'이고요.

그 곡은 'A, B, C, D'를 가사로 쓰고 있습니다.

(음악 감상)

진은숙 작곡가가 1991년에서 1993년 사이에 일곱 곡을 쓰신 〈말의 유희〉를 앙상블 앵테르콩탱포랭과 소프라노 피아 콤시의 연주로 들어 봤는데요. 이 곡은 앞으로도 계속 인기가 많을 것 같아요. 일단 듣는 게 재밌거든요.

연주는 많이 되는데 사실 이 곡을 잘 소화할 소프라노를 찾기가 쉽지 않아요. 이 곡을 쓸 때만 해도 제가 경험이 많지 않아서 음표를 써 놓으면 노래하는 사람들이 다 부를 수 있다고 생각했어요. 소프라노 곡인데 성악가가 소화해야 할 음역이 메조소프라노부터 하이 소프라노까지, 아주 저음부터 엄청난 고음까지라서, 이 곡을 전체적으로 소화하는 성악가를 찾기가 참 힘들어요. 한국 출신으로는 소프라노 서예리 씨가 앙상블 모데른과 훌륭하게 연주했죠.

〈말의 유희〉 6악장 '우연의 게임'.
소프라노 피아 콤시, 앙상블 앵테르콩탱포랭

〈말의 유희〉 전곡.
소프라노 서예리, 뉴 앙상블, 지휘 에드 스판야르드.
2015년 10월 22일 암스테르담 무지크헤바우

작곡의 이유, 궁극의 목적

저도 곡을 쓰고 있는데, 작곡을 한다는 게 제일 어려운 일 같아요.
어렵죠.

저는 인생에서 이렇게 어려운 일이 있을까 싶을 만큼 쓸 때마다 통렬하게
한계를 느끼는데, 작곡가는 왜 쓰는 걸까요? 선생님이 쓰시는 작품은 늘
새롭잖아요. 위촉받고 초연하고, 그런 걸 들려주고 사람들이 듣죠. 대체
뭘 쓰시는 거예요? 뭘 위해서 그렇게 애쓰고 어려운 과정을 겪어 낼까요?
무엇을 위해서 창작을 하나, 누구를 위해서 하냐라는 질문에는 아
무도 대답할 수 없을 것 같아요. 예술 작품을 만든다는 건 아주 철학
적인 문제라 간단하게 대답하기 힘들고요. 인간의 생존 이유가 먹고
자는 등의 행위로 충족되느냐 하면 그렇지 않다고 생각하거든요. 그
래서 철학자도 있고, 소설가나 화가도 필요하죠. 인간에게는 원초적
인 욕구, 먹고사는 것 이상의 것을 추구하고 도달하고 싶어 하는 욕
구가 본능적으로 있다고 생각해요. 원시인들도 동굴에 벽화를 그렸
는데, 그 벽화를 그린 사람이 그 당시 그런 욕구를 표출하는 예술가
였던 거죠. 세상의 모든 사람이 예술가가 되진 않지만, 그중에서 예
술을 하거나 철학을 하는 사람들이 전체 인류를 대표해서 예술과 철
학을 만들어 내고 사람들에게 선사한다고 봐요. 과학자들은 연구를
해서 새로운 것을 발견하고요. 사실 인류의 이익을 위해서, 그들의
생존에 가치를 부여하기 위해서 하는 행동이라고 저는 생각합니다.

지금 말씀하신 것처럼, 왜 예술을 해야 하는지, 예술가가 왜 필요한지
성숙하게 인정하는 사회 분위기가 마련되어야 할 것 같아요. 제가 음
악학자 이희경 선생님이 편역하신 『진은숙, 미래의 악보를 그리다』에
실린 선생님의 글 중에서 뮌헨 바이에른 국립오페라 극장장과 주고받

은 편지를 본 적이 있어요. 그때 혼잣말로 '진은숙 선생님은 세계 최고 수준의 사회에서 살고 있구나'라고 했어요. 어떻게 이런 수준 높은 대화를 나눌 수 있는지. 선생님께서 『이상한 나라의 앨리스』를 소재로 오페라를 쓴 이유를 본인의 꿈과 관련하여 아주 길게 설명하고, 그 점을 존중해 주는 극장장의 배려와 태도, 그리고 대화를 나누는 용어들의 수준이 부러웠거든요.

그 편지를 쓰게 된 동기가 있어요. 오페라 《이상한 나라의 앨리스》는 미국 로스앤젤레스에서 커미션을 받았는데 진행 과정에서 예산 문제 등으로 연주가 어려워졌어요. 그래서 당시 그곳 음악 감독이던 켄트 나가노가 뮌헨으로 옮기면서 그 프로젝트를 가져왔고, 뮌헨에 있는 사람들에게 이 작품을 진행하도록 설득해야 했어요. 그런 차원에서 켄트 나가노가 설명도 많이 했고, 저도 극장장을 만나서 회의를 한 번 했는데, 유럽에서는 아직 동양인이나 외국인에 대해, 편견이라고 하면 너무 강한 표현이지만, '그들은 이런 사람들이다'라고 이해하는 잘못된 그림들이 있어요. 그런 인식을 느낀 이유가, 그 극장장께서 당신은 한국 사람인데 한국의 소재를 가지고 작품을 한다고 하면 본인은 아무 말도 안 하겠다, 그런데 왜 한국 사람이 앨리스 이야기를 다루냐고 하더라고요. 그 말을 하니까 바로 옆에 있던 극장장의 비서가 앨리스는 미국 이야기라고 해서, 이건 영국 이야기라고, 영국 작가가 쓴 작품이지 미국에서 쓰인 이야기가 아니라고 했어요. 이런 대화를 나누면서 '아, 내 생각을 설명할 필요가 있겠구나' 싶어 장문의 편지를 쓰게 됐어요. 내가 왜 앨리스 이야기로 오페라를 하려고 하는지를 제 어렸을 때의 꿈 이야기부터 하면서 설명했고, 내게 앨리스 이야기는 영국에서 쓰인 동화가 아니라 나의 이야기라고 했죠. 그 이야기는 태어난 나라가 어디인지를 넘어선 차원의 이야기거든요. 그런 장문의 편지를 보냈더니, 너무 이해를 잘했다고 하면서 본인이 바보 같은 이야기를 한 것에 대해 미안하게 생각한다는 사과 편지가 왔어요.

아까 말씀하셨듯이 기본적인 인간의 생활 욕구를 넘어서 더 이상적인, 어떻게 보면 지고의 가치랄까, 그런 것에 도달하고 싶은 욕구가 있기 때문에 예술이 필요한데요. 그것을 뒷받침해 주거나 인정해 주는 사회 분위기가 한국도 많이 형성되긴 했지만, 다른 사회와 어떤 차이가 있을까요? 선생님께서는 특히 혹독한 정치적 대립이 있던 시기에 한국에 사셨고 1985년에 떠나 유럽에서 공부하셨는데, 지금도 그런 차이는 여전히 있는 것 같군요. 순수 예술의 경우에는 더.

한국과 유럽의 음악 환경 차이

그렇죠. 어떤 면에서는 순수 예술이 더 보편화된 면이 있는 반면에, 순수 예술을 이해하는 순수한 마음은 오히려 독재 시대보다 더 없어지기도 했어요. 요즘은 많은 것이 피상적으로 변하고, 모든 것이 인터넷으로 해결되고 시각적인 것이 중요하다 보니, 시각적이지 않은 음악 같은 장르는 상당히 입지의 어려움이 있죠. 그런데 사실 음악계만 놓고 보면, 한국이 다른 나라에 비해 음악적인 활동이나 배출되는 음악인들의 수준이 대단해요. 그들이 잘 활동하도록 뒷받침해주는 '국력'이 있어야 하는데, 그건 돈이 아니라 일반 사람들의 인식, 예술을 중요하게 생각하고 존중하는 태도예요. 그런 부분에서 한국이 많이 좋아지기는 했지만 아직도 가야 할 길이 멀다고 생각해요.

특히 선생님 작품은 압도적으로 해외에서 주로 초연되잖아요. 몇 개의 예술 단체가 연합해서 펀딩을 마련하고 위촉을 하는데, 새로운 곡을 기대하고 그 중요성을 인정한다는 얘기죠.
그렇죠.

그런데 우리나라는 현대음악, 특히 클래식 음악계에서 현대음악은 아직도 힘들어요. 연주자들도 기피하는 경향이 있고요.
그래도 지금은 많이 좋아졌어요. 제가 10년간 서울시향과 '아르스 노바' 일을 했는데, 제 자만일진 몰라도 '아르스 노바'가 어느 정도는 이 사회와 음악계에 끼친 영향이 있었다고 자부하고 싶어요.

아마 모두가 알 거예요.
그전까지만 해도 오케스트라에서 상주 작곡가를 데려온다든가 작품을 위촉하는 일이 통상적이지 않았거든요. 저희가 하니까 다른 곳에서도 하면서 지금은 여러 곳에서 기회가 많아졌어요. 그런 현상은 상당히 고무적이죠. 오케스트라마다 현대음악을 많이 하려고도 하고 작품 위촉도 하고 정부 차원에서 젊은 작곡가들을 지원하는 프로젝트도 상당히 많이 있고요. 그런데 더 나아가서 일반 청중들에게 다가가고, 무엇보다도 작곡가들이 더욱 집중해서 좋은 퀄리티의 곡을 쓸 수 있는 분위기가 필요하다는 점에서는 아직 조금 미흡한 면이 있다고 봐요.

제가 가끔 유럽에 갈 때 웬만하면 극장에 가서 공연을 보려고 하거든요. 그런데 클래식 공연장에 가면 상당히 나이 드신 관객들이 많아요. 젊은이들이 거의 없더라고요. 그런 현상을 보면서 유럽 클래식 음악계에서도 젊은 사람들이 점점 떠나고 있다는 생각도 들었어요.

나라마다 조금씩 차이가 있는데요. 독일은 아직 젊은 사람들이 많이 오는데, 스칸디나비아 나라들, 노르웨이나 스웨덴 같은 곳은 객석에 앉아 머리를 보면 전부 하얗죠. 2주 전에 파리 필하모니에서 연주가 있었는데 그곳의 청중들은 완전히 세대가 합쳐진 느낌이었어요. 한 번도 클래식 공연장에 가 본 적 없을 것 같은 젊은이들도 있고 나이 드신 분들도 있었어요. 그런데 일반적으로 청중의 나이대가 높아지는 것은 사실이고요. 유럽의 오케스트라도 어떻게 하면 젊은 사람들을 음악회에 오게 하고 어린아이들에게 음악을 접할 기회를 제공할지 고민을 많이 하고 교육 프로그램도 만들면서 노력을 많이 하고 있습니다.

이 질문을 드린 이유 중 하나는, 요즘은 예를 들면 '트렌디하다'라고 말할 수 있겠는데, 조류의 변화가 빠르고 특히나 대중적인 문화에 대한 쏠림 현상이 심하잖아요. 한 번도 그런 요소들의 유혹을 받아 본 적 없으세요?

대중적인 음악?

예술과 대중성에 대한 생각

대중음악이 아니라 많은 사람에게 내 음악이 좀 더 편하고 쉽게 다가 갈 수 있으면 좋겠다, 많은 사람이 내 음악을 좋아했으면 좋겠다?

제가 그런 생각을 하는 건 큰 실수예요. 어떤 예술이든지 작품을 만들 때는 이 작품이 누구를 위한 건지는 중요하지 않아요. 이 작품에 들어가는 재료를 가지고 내가 작곡가로서 전문적으로 곡을 만들어 내는 거지, 그 곡이 얼마만큼 연주되고 몇 명이 그 곡을 좋아하고 싫어하고는 중요치 않은 거죠. 왜냐하면 우리가 당장 누구에게 어필하고 없어지는 예술을 만들기 위해서 노력하는 것이 아니기 때문이에요. 몇백 년이 지나도, 물론 꿈이지만, 사회가 변하더라도 어떤 상황에 갖다 놓아도 가치를 가지는 게 예술이거든요. 그런 예술을 만들어 내는 것이 목표고, 퀄리티 있는 작품은 시간이 지나도 계속 연주돼요. 시간이 지나면서 계속 작품이 걸러지니 시간이 가장 무서운 재판관 같아요. 살아 있을 당시에 엄청 유명한 예술가라도 죽고 나면 작품이 전혀 연주되지 않는 경우도 있고, 그 반대인 경우도 있어요. 예술 작품의 가치를 알려면 그 작품을 만들어 놓은 사람이 죽어야 하는 것 같아요. 그래야 작품에 대한 객관적인 평가가 가능하고, 그럼에도 불구하고 그 작품이 남아 있으면 좋은 예술이죠.

저도 이런 질문들을 많이 했었는데, 좋은 작품은 당시 아무리 혹평을 받아도 끝까지 살아남아서 연주되고 점점 더 그것의 가치를 알아 보는 사람들이 늘어난단 말이죠. 시간이 필터링, 재판관 역할을 하는데, 그 속에서 누가 어떻게 하는지는 아무도 몰라요. 그런데 그런 일이 이루어져요. 말하자면 생물학적인 의미의 진화 과정에서 긴 시간 동안 어떤 생물이 생기고 인간이 생겨나는 것처럼, 물론 시간이 오래 걸리지만 예술도 마찬가지 과정을 거쳐요. 예술가의 의무는 퀄리티 있는 좋은 작품을 만드는 데서 끝나야지, '내 작품이 인기 있을까?'를 생각하면 이미 망했다고 보면 될 것 같아요. (웃음) 사실 인기 같은 것은 내가 컨트롤할 수 있는 것도 아니고 내 역할도 아니에요.

중요한 말씀인 것 같습니다. 그러면 작품을 쓸 때 항상 이 작품을 위해 끝까지 나를 밀어붙여서 최선을 다하는 것이 제일 중요한가요?
그렇죠. 끝까지, 내가 가지고 있는 모든 것, 모든 아이디어, 모든 에너지, 모든 정열을 작품에 넣어야 해요. 내가 이번에는 이만큼만 쓰고 나머지는 다음 작품을 쓸 때 쓰겠다고 생각해서도 안 되고, 지금 내가 가지고 있는 모든 것을 쏟아부어 나를 비우는 거죠.

매번이요.
네. 그러고 나서 다시 나를 채워야 해요. 재충전하는 시간이 많이 필요하고, 그렇기 때문에 작품을 많이 쓸 수 없어요.

녹초가 되는군요. 머리와 몸이 모두 너덜너덜해지고.
네.

정말 그러세요? 매번?
그렇죠.

그러면 아까 제가 질문드렸던 폐기 처분했던 작품들은 그렇게 비추어 봤을 때 부족하다고 생각되는 지점이 있었던 거고요?
그렇죠. 그 작품들도 사실 쓸 때는 목숨 걸고 썼어요. 어떤 작품이 잘 되느냐 안 되느냐는 저 자신도 컨트롤하지 못하는, 할 수 없는 영역인 것 같아요. 작곡하는 사람들끼리 우스갯소리로 '아, 그분이 오셨다'라고 하는데, 말하자면 그 작품을 쓸 때는 그분이 오시지 않은 거예요. 나는 힘들었는데 그분이 오시지 않아서 별로인 거죠. 저도 음악회를 많이 다니고 다른 분들 작품도 많이 듣는데요. 저는 남의 작품에 대해서 내 작품과 똑같이 비판적인데 현대음악, 새로 작곡한 작품의 연주를 듣고 정말로 좋았던 경험이 많지 않아요. 많아도 안 되고, 많을 수도 없고요. 지금 필터링되지 않은 상태에서 모든 곡이 연주되고 있으니까요. 폐기 처분한 제 작품들도 그렇고, 다른 사람 작품을 들어 봐도 '그분이 오시지 않았네'라고 생각하죠. (웃음)

그걸 느끼는군요.
느끼죠. 느낄 수밖에 없어요. 젊을 때는 아무래도 경험이 부족하고,

나를 작곡가라 지칭하면서도 안갯속을 헤매는 것 같은 느낌이 있었어요. 어느 방향으로 갈지도 모르고, 게다가 또 나는 한국 사람이고 내가 해야 할 음악이 뭔지도 모르겠고요. 하여튼 그렇게 안갯속을 헤매면서 수십 년을 살다가 지금은 나이가 좀 들었잖아요. 나이 들어서 장점은 조금씩 보인다는 거예요. 이제는 음악이 뭔지 내가 좀 알 것 같은 느낌이 들어요.

오오!
내 작품뿐만 아니라 남의 작품을 봐도 '기다, 아니다'가 보여요. 그분이 오셨는지 안 오셨는지가 보인다고요. (웃음)

선생님 말씀을 듣다 보니까 그분이 선생님께 임하신 것 같아요.
그런데 문제는 그분이 임해서 계속 머무르지 않는다는 점이에요.

언제 떠날지 모르는군요.
항상 잘 붙들어야 해요. (웃음)

네, 중요하고도 유쾌한 말씀이었습니다.

오페라《이상한 나라의 앨리스》

아까 말씀하신 뮌헨 바이에른 국립오페라극장에서 초연됐던 오페라 《이상한 나라의 앨리스》는 그 세계관이 정말 선생님과 닮았다고 생각했어요.

그렇죠. 아무래도 예술 작품은 만드는 사람의 자화상 같은 면이 있잖아요. 특히 극적 요소를 가진 오페라는 얘깃거리가 있고, 어느 작곡가가 어떤 주제를 왜 선택했는지를 보면 항상 자기와 연결될 수밖에 없어요. 앨리스 이야기도 저와 상당히 밀접한 관계가 있고, 제가 꿨던 꿈이라든지 꿈이 나의 인생에서 차지하는 중요성을 볼 때, 거의 제 이야기라고 할 수 있죠.

오랫동안 구상하셨나 봐요?

그렇죠. 오페라는 구상하고 무대에 올리기까지 7~8년은 걸려요. 이 작품도 그 정도 걸렸어요.

그럼 《이상한 나라의 앨리스》 가운데 장면 5 〈미친 티 파티 서곡〉과 이어지는 〈NO ROOM!〉을 들어 보겠습니다. 연주는 뮌헨 바이에른 국립오페라단과 오케스트라, 지휘는 켄트 나가노입니다.

(음악 감상)

저는 유튜브에 올라온 이 오페라의 영상을 봤는데요. 아트 디자인이 독특하고 공간도 아주 입체적이더라고요.

아주 독특한 무대였죠. 45도 경사 무대에 연출도 참 재밌었어요. 연출자가 드라마에 신경 쓰기보다는 순간순간의 그림, 무대 전체가 하나의 화폭처럼 느껴지는 데 집중하는 분이었어요. 그래서 반발과 비

2007년 6월 30일 뮌헨 바이에른 국립오페라극장에서 초연된 진은숙의 첫 오페라 《이상한 나라의 앨리스》
의 장면. 아힘 프라이어가 연출한 45도 경사의 독특한 무대(위)와 마지막 커튼콜 모습(아래). 왼쪽부터
하트 여왕 역의 귀네스 존스, 앨리스 역의 샐리 매튜스, 진은숙, 지휘자 켄트 나가노, 대본가 데이비드 헨리 황

판도 많았죠.

연출자 성함이?

아힘 프라이어.* 화가 출신이고요. 저는 오페라 작업은 처음이라 리허설할 때 제가 생각했던 것과 너무 달라서 황당했어요. 저뿐만 아니라 모든 사람이 황당해했어요. 리허설을 6주 동안 했는데, 그 한 작품을 초연하기 위해 리허설하는 작업이 여간 복잡한 게 아니에요. 무대에 올라가기 전에 다 각자 연습을 하거든요. 솔리스트, 어린이 합창단, 혼성 합창단, 오케스트라 등 모두 따로 연습하는 곳을 작곡가가 다 다니면서 점검해야 해요. 힘들었지만 재밌는 시간이었어요. 그 과정에서 솔리스트들 간의 알력이나 지휘자와 다른 성원 사이에 문제도 생기고, 연출하는 아힘 프라이어 씨가 신문사와 인터뷰를 했는데 《앨리스》에 대해 안 좋게 이야기한 내용이 대문짝만하게 헤드라인으로 나와서 극장이 발칵 뒤집히기도 했죠. 리허설하는 기간이 오페라보다 더 재밌었어요. 거기서 벌어지는 이야기가. (웃음) 그때 좋은 경험을 했죠.

선생님 음악을 바탕으로 미술, 무대, 움직임 등 여러 가지가 만들어지잖아요. 소품, 분장을 비롯해 여러 가지를 좀 더 직접 통제하고 싶다는 생각도 혹시 하셨나요?

그런 생각을 했는데 결국 아니더라고요. 저는 곡을 쓰는 사람이지, 제가 전문적으로 연출을 할 수는 없잖아요. 연출하는 사람이 만약에 나한테 곡의 어떤 부분을 자르라고 이야기하면 제가 그렇게 하겠어요? 안 하죠. 똑같아요. 여러 명의 자아EGO가 만나서 같이 일을 하니 얼마나 복잡하겠어요. 한 치의 양보도 없으면서 서로 알력도 있고요. 그런데 그런 상황 자체가 사실 상당히 재미있고 배울 점도 많았어요. 결국 오페라를 하면서는 어느 시점에 내가 내 작품을 놓아야 해요. 예를 들어 오케스트라 곡은 리허설을 통해서 컨트롤이 가능해요. 전자 음악, 테이프 음악을 한다면 1000퍼센트 컨트롤이 가능하고요. 그런데 오페라는 곡을 쓰는 과정에서는 컨트롤하지만 악

• Achim Freyer(1934~). 독일 연출가로, 국내에서도 2011년 국립창극단의 《수궁가》 무대, 2018년 국내 제작 오페라인 바그너 《니벨룽의 반지》 프로젝트의 《라인의 황금》을 연출한 바 있다.

2007년 오페라 《이상한 나라의 앨리스》의 초연 연출가 아힘 프라이어와 © Wilfried Hösl

보를 넘기는 순간부터는 그 작품을 놓아야 해요. 놓지 않으면 정신 건강에 안 좋아요. 내가 원하지 않는 일들이 너무나 많이 벌어지기 때문에요. 그때는 내가 그걸 몰라서 속상해하고 아힘 프라이어와 많이 싸우기도 했어요. 낮에는 싸우고 저녁에 만나서 맥주 마시고, 다음 날 아침에 또 싸우고, 그 과정을 6주 동안 했어요. 참 재밌는 경험이었어요.

상처도 많이 받으셨겠네요.

상처는 아니고, 그러면서 배우는 거죠. 오페라 초연하고 나서 켄트 나가노 씨가 《이상한 나라의 앨리스》를 DVD로 내겠다고 했어요. 얼마나 엄청난 일이에요.

DVD로 나와 있네요.*

내가 처음에는 연출이 마음에 안 들어서 안 낸다고 했거든요. 그랬더니 '은숙, 다시 한번 생각해 봐' 해서 3일 정도 시간을 달라고 했고, 생각해 보니 내야겠더라고요. 그래서 아주 선심 쓰는 것처럼 DVD 만드시라고 했어요.

오페라는 여러 사람이 함께하는 작업이니까요.

《이상한 나라의 앨리스》 안내 영상.
2장 "눈물의 웅덩이" 장면 일부(메디치 TV)

* 이 DVD는 음반 사이트에서 구매 가능하며, 메디치 TV medici tv 스트리밍 플랫폼에서도 감상할 수 있다.

2007년 뮌헨 바이에른 국립오페라극장에서 《이상한 나라의 앨리스》 리허설 중에 메모하는 진은숙

새롭게 구상 중인 오페라

선생님이 또 오페라를 구상하고 있다고 들었는데, 놀랍게도 이야기 자체를 직접 쓰신다고요.

네. 작곡가가 이야기를 직접 쓴다고 하면 보통 굉장히 의심하는 눈초리로 쳐다봐요. 작곡가는 글 쓰는 사람이 아니니까요. 그런데 이번 경우는 좀 독특해요. 간단하게 이야기하자면 제가 천문학이나 물리학에 관심이 많거든요. 깊이 들어가서 얘기하면 앨리스 얘기와 제 꿈이 연결되는데, 어렸을 때부터 항상 반복되는 꿈이 있었어요. 예를 들어 부드러운 것과 날카로운 것이 합쳐져 있는, 상반된 성질이 동시에 합쳐져 있는 어떤 이원론의 상태를 꿈속에서 항상 경험하면서 '저게 뭘까?'라고 스스로에게 질문을 많이 던졌어요. 그러다 양자역학 같은 이론을 접하게 됐어요. 저는 전문가가 아니니까 이론을 잘 이해하지 못하고 취미로 관심 있는 사람들이 읽는 책을 보고 어느 정도 이해하는 수준인데, 그런 책들에서 비슷한 현상들을 설명해놓은 걸 보고 흥미로워서 관심을 갖게 됐어요. 물리학자들의 전기도 보는데 하루는 독일의 물리학자 베르너 하이젠베르크의 자서전을 읽게 됐어요.

양자역학을 만드신 분이요?

불확정성의 원리를 만든 분이죠. 그분 자서전에 나오는 볼프강이라는 친구가 아주 흥미로웠어요. 그래서 이 볼프강이 누군지 찾아봤죠. 그런데 이 사람이 너무너무 재밌는 거예요. 하이젠베르크와 한 살 차이 친구였고 둘 다 나중에 노벨상을 받았는데, 물리학자로서 아주 천재적인 인물이에요. 열여덟 살 때 아인슈타인의 일반 상대성이론에 대해서, 그 당시는 그 이론이 발표된 지 얼마 안 됐을 때라 이해하는 사람이 세상에 세 명도 안 될 때인데, 그걸 이해하고 그에 대한 자신의 의견을 발표했고, 그 내용을 아인슈타인에게 보내 나중에 인정을 받았어요. 그 일이 스물, 스물한 살 때니까 엄청난 천재죠. 그런데 이 사람이 인간적으로는 예술가 기질이 있는 사람이었어요. 엄청난 꿈들을 꾸는 거예요.

볼프강이요?
볼프강 파울리라는 오스트리아 사람인데, 낮에는 교수로서 존경받는 물리학자지만, 밤에는 유흥업소 가서 술 마시고 쌈박질하면서 지킬과 하이드 같은 인생을 살았어요. 너무 재밌잖아요? 자기 인생이 그런 걸 견디지 못해서 또 꿈을 엄청나게 꿔요. 그 꿈이 너무나 생생한데, 수학적인 상징과 물리학적인 현상도 나오고요. 그러다가 견디다 못해 카를 구스타프 융을 찾아가서 자기 꿈을 해석하게 해요. 둘이서 편지로 그 내용을 주고받는 이야기가 너무너무 흥미로워요. 사실은 두 번째 오페라로 코벤트가든에서 《거울 나라의 앨리스》를 하려고 거의 계약까지 간 상황이었는데 어그러졌어요.

선생님은 오페라가 꼭 한 번씩 어그러지면 더 좋아지는 것 같아요.
브렉시트 이후 영국의 분위기도 많이 달라졌고, 하여튼 큰 스캔들이 있었는데 그렇게 됐어요. 켄트 나가노가 그 오페라를 함부르크에서 하자고 했는데, 한번 어그러지니까 흥미를 잃어버렸어요. 《이상한 나라의 앨리스》를 쓰고 나서 10년이 지났으니 그때의 나와 지금의 나는 다르고, 관심사도 많이 달라졌죠. 그러는 와중에 볼프강 파울리라는 사람을 발견한 거예요. 그래서 그 사람에 대해 더 알아보고 책도 읽어 보면서 아주 빨려 들어갔고, 마치 파우스트와 메피스토펠레스 같은 파울리와 융의 그림이 나왔어요. 비슷한 부분이 많아서 이 주제로 새로운 파우스트 이야기를 만들면 얼마나 재밌을까 하는 생각에 오페라를 만들기로 했죠. 2017년부터 책 읽고 머릿속에서 준비하는 과정을 거쳐서 얼마 전 8월에 시놉시스, 전체적인 간략한 줄거리를 완성했고, 지금은 자세한 스토리를 쓰고 있어요.

대사도 쓰세요?
그렇죠. 세부적인 대사를 넣어서 독일어로 반 정도 썼고, 나머지 반을 쓰기 위해 판타지가 더 필요해서 잠깐 쉬고 있는 상황이에요.

우와! 선생님의 음악에서 판타지, 꿈, 무의식이 다뤄지네요.

꿈과 음악

카를 융의 이야기부터 시작해서 판타지 소설에 나오는 어떤 내면의 존재, 우리 안에 있는 자아 같은 것이 버무려진 이야기 같은데, 판타지나 꿈 같은 요소가 선생님의 음악과 얼마나 관련이 있나요?

내 음악은 내가 쓰고 꿈도 나의 한 부분이니까 당연히 관련이 있죠. 그런데 어느 부분이 어떤 꿈과 연관 있다고 이야기할 수는 없어요. 꿈의 세계가 저의 인생에서 아주 중요한 부분을 차지하니까 당연히 음악과 연결돼요. 그걸 통해서 저의, 예를 들어 물리학에 대한 관심이라든지, 음악적인 아이디어가 나오기도 하고요. 이 모든 것이 말하자면 종합 선물 세트 같죠. 종합적이에요.

유학 시절이나 혹은 요즘에도 가끔 꿈에서 꾸었던, 말로 할 수 없는 느낌을 일어나서 바로 음악으로 스케치해 보신 적이 있나요?

그렇지는 않고요. 꿈과 음악은 다른 세계라서 꿈을 직접적으로 음악에 쓰진 않고, 다른 형태로 음악에 녹아 들어가죠. 그런데 요즘 나이 들면서 꿈이 많이 없어지고 젊었을 때 꿨던 것처럼 생생한 경험은 줄어들어요. 그 원인이 나이가 들어서기도 하지만 생활이 안정되어서가 아닌가 싶어요. 사람이 자기 자신에게 만족하거나 안정되는 과정에 있으면 그런 판타지는 점차 없어지는 것 같아요. 내면에 요동치는 것이 많을 때 그런 상황에 시달리는 괴로움의 보상으로 생생한 꿈을 꾸는 것 같고요. 요즘엔 제가 너무 편안하게 사는 게 아닌가 하는 생각을 하는데, 편안해지고 나이 들면서 사람도 느긋해지고 여유도 생기고 남에게도 관대해지고요. 관대해지기까지 해요! 그러면서 판타지는 조금 줄어드는 것 같아요.

그 대신 아까 말씀하셨던 쪽은, '그분'은 오시고요?

그런 촉은 생기죠. 좋아지는 게 있고 안 좋아지는 게 있고요.

좋습니다. 벌써 인터뷰를 마무리할 때가 왔네요. 마지막 곡으로 〈이중 협주곡〉(2002)을 듣겠는데요. 선생님의 여러 협주곡이 있는데 이중 협주곡 DOUBLE CONCERTO은 이 곡이 유일한가요?
네. 이 곡은 포맷도 달라서 앙상블과 솔리스트 두 명, 타악기와 프리 페어드 피아노 PREPARED PIANO가 같이 해요. 제가 발리의 전통 가믈 란 음악에 심취해서 영향을 받아 쓴 첫 곡이 〈피아노 협주곡〉이고 그다음에 쓴 곡이 〈이중 협주곡〉이에요.

그러면 피아노 스트링 사이에서 나는 소리를 선생님이 만드셨나요?
그렇죠. 스트링 사이에 쇠로 된 부품을 끼웠어요. 이케아 선반 올려 놓을 때 꽂는 조그만 부품을 사다가 금은방에서 구멍을 아주 미세 하게 팠어요. 그걸 피아노 스트링 사이에 끼웠죠. 그럼 소리가 쳄발 로 소리처럼 변해요. 그렇게 만들어서 연주했어요.

그럼 작곡가들이 프리페어드 피아노를 사용한다고 했을 때 그 음색과 음향은 작곡가가 선택한 소리네요.
네. 무엇을 끼워 넣느냐, 어디에 어떤 작업을 하느냐에 따라 소리가 달라지니까요.

거의 발명 같네요.
그렇죠.

타악기 사뮈엘 파브르, 피아노 디미트리 바실라키스, 앙상블 앵테르 콩탱포랭의 연주로 피아노와 타악기, 앙상블을 위한 〈이중 협주곡〉을 감상하시겠습니다. 오늘 이 곡으로 선생님과 인사 나누고 다음 주에 다시 모셔서 더 재밌는 이야기, 특히 통영국제음악제의 미래에 대한 이야기를 여쭤보겠습니다.

(음악 감상)

타악기와 프리페어드 피아노를 위한 〈이중 협주곡〉.
타악기 사뮈엘 파브르, 피아노 디미트리 바실라키스,
앙상블 앵테르콩탱포랭, 지휘 스테판 애즈버리

〈이중 협주곡〉의 음고 구조와 화음 구성 등에 관한 스케치

e von Tönen als Punkte (im Klavier) verbunden mit den Linien
iedenen Instrumenten Textur wird immer _dichter._
re nicht nur aus einem Ton sondern auch aus Akkorde,
zusammen gespielt wird.

igende Intervalle übereinander. Die Linien überkreuzen sich
definieren. linke und rechte Hand abwechselnd mit
Harmonische Zentrum bleibt trotz des Aufsteigens
im Register.

Intervall
nicht konstant
instrumental

코로나 시기

지난주에 이어 오늘도 진은숙 선생님과 이야기를 나누겠습니다. 선생님께서는 예술가로서 이 코로나 상황을 어떻게 받아들이셨는지요? 다들 처음에는 굉장히 놀라고 큰일 났다 싶어서 조심하는 분위기였는데, 1년 6개월 이상 진행되면서 공연이 모두 취소되고 보니 어느 날 아침에 지금 무슨 상황인가, 현실이 맞나 하는 생각이 들었어요. 이 시기가 사람들의 감각 지평, 문화적인 인식 자체를 급속도로 변화시킬 수도 있겠다는 생각도 드는데요. 선생님에게는 이 코로나가 어떻게 다가왔나요?

다른 사람들과 마찬가지로 당연히 저도 활동에 제약이 많았어요. 모든 연주가 취소됐으니까요. 특히 작년(2020)에 연주가 많이 잡혀 있었거든요. 미국을 비롯해 여러 오케스트라가 많은 연주를 계획하고 있었는데 다 취소됐고, 일단 움직이기 힘들어지니까 미래에 대한 걱정도 있었죠. 그럼에도 불구하고 긍정적인 생각을 하자 싶어서 코로나로 봉쇄된 시간을 자아 성찰, 나를 돌아보는 시간으로 삼았어요. 그동안 못 했던 일들도 하고 해야 할 생각들도 하면서 보냈죠. 몇 년 전부터 계획했지만 바빠서 못 하고 있던 작품 교정 일도 다 처리할 수 있었고요.

그 외에도 저는 작년 9월부터 올해 6월까지 로마에 있는 독일 아카데미에 초청받아 가 있었거든요. 매해 독일 정부에서 작곡가, 작가, 미술가 등 아홉 명에서 열 명 정도 예술가들을 뽑아 10개월 동안 로마의 독일 아카데미에서 지낼 수 있게 하는 프로그램인데, '빌라 마시모'라는 건물의 큰 아틀리에를 받아서 살았어요. 생활비도 받고요. 팬데믹 상황에서 저는 계속 로마에 있다 보니 바깥세상이 어떻게 돌아가는지 별로 관심도 없었고 알지도 못했죠. 그 안에 있으면 파라다이스에 있는 것 같은 느낌이거든요. 연주가 취소됐으니 어디

가야 할 필요도 없고, 그 안에서 계속 작품 쓰면서 아주 조용히 행복한 시간을 보낼 수 있었어요. 이런 얘기 하면 코로나 시기를 힘들게 보낸 분들께 정말 미안한데, 저한테는 이 시기가 부정적인 면보다는 긍정적인 면이 더 많았던 것 같아요. 〈바이올린 협주곡 2번 '정적의 파편'〉도 로마에서 완성했고, 그 뒤에는 오페라를 쓰기 위해 몇 달 동안 책을 많이 읽었어요. 오페라 스토리를 제가 직접 써야 하는데 글 쓰는 사람이 아니라서 일단 인풋이 많이 필요했거든요. 볼프강 파울리와 카를 구스타프 융이 주고받은 서간 모음집이나 자서전, 학자들이 이 편지를 분석해 놓은 자료 등을 읽었고 괴테의 『파우스트』도 봤어요.

진짜 부럽네요.
거기 갇혀서 정신적으로 편안하게 있었어요. 그리고 7월에는 포시타노라는 이탈리아 아말피 해안의 유명한 관광지 마을에 있는 독일 피아니스트 빌헬름 켐프 WILHELM KEMPFF 재단에서 4주 동안 체류하는 레지던스를 받아서, 주변 조그마한 동네들도 여행하며 여유 있게 잘 지냈어요. 하여튼 팬데믹 기간 동안 이탈리아에서 보냈는데 행복했어요. 이렇게 쉬면서 여유 있게 지낼 시간이 전에도 없었고 앞으로도 없을 테니 평생 한 번 경험한다고 생각하고 잘 지냈습니다.

선생님 말씀에서 작곡할 때 얼마나 전투적이신지, 전쟁같이 사력을 다해 곡을 쓰신다는 게 느껴지네요. 오히려 평온한 시간을 보내셨다니 다행입니다.
그런데 이젠 코로나가 빨리 지나가야죠. 무엇보다 연주가 이루어져야 하니까요. 연주자든 지휘자든 작곡가든 연주회가 열리지 않으면 죽을 수밖에 없으니까 이제부터는 연주회가 열려야 해요. 방역 수칙을 지키거나 마스크를 쓰는 일이 불편하지만, 이렇게라도 연주회가 열리는 편이 연주를 안 하는 것보다 훨씬 나으니 불편을 감수하고라도 조심해서 해야죠.

작곡가의 조건

지난주에 예술가는 작품을 위해 어떤 것도 생각하지 말고, 예술 작품을 남긴다는 것 자체에 본인의 모든 것, 사력을 다해야 한다는, 선생님의 중요한 철학, 정신, 자세에 대해 말씀해 주셨는데요. 방송을 듣는 많은 작곡가, 후배, 젊은이들이 있을 텐데, 작곡가가 되기 위해 갖춰야 할 기술이나 철저함이 있을까요? 어느 정도여야 세계적인 수준의 작곡가라고 할 수 있을까요?

글쎄요. 기술은 누구나 배울 수 있어요. 중요한 건 자기가 하고 싶은 말이 있어야 한다는 거죠. 그것이 얼마만큼 강하냐에 따라 작곡가로 성공할지 못 할지 결정되는 것 같아요. 일단 자기가 할 말이 있으면, 내 속에서 나올 음악이 있으면 표현하는 방법이나 기술은 배우면 돼요. 그런데 본인이 말하고자 하는 바가 없으면 기술을 아무리 배워도 소용없죠. 기술적으로 뭔가를 쓸 수는 있지만, 그것이 사람들에게 다가가거나 퀄리티가 있는 작품이 될 수는 없거든요.

한 작곡가가 쓴 작품이 관객들에게 다가가는 순간, 저는 이 순간이 작곡가에게 최고의 순간이라고 생각하는데요.

그렇죠.

사람들을 조용하게 만들고 새롭게 만든 소리를 들려주는 건 누구도 못 누리는 일일 텐데, 그 자체가 갖는 의미가 있지 않을까요? 선생님은 악보에 수많은 소리를 새겨 넣으시잖아요. 들려주고 싶은 게 있고, 조금 전에 말씀하셨던 하고 싶은 말이 있는데, 그것들이 정확하게 모두 전달될 리는 없잖아요.

그렇죠. 일단은 한 작품이 이해되려면 시간이 필요해요. 한 세대가 지나고 그다음 세대에 이해되기 때문에, 새로운 작품을 써서 연주했는데 모든 사람이 이해하고 감동받는다는 건, 바라서도 안 되고 있을 수도 없는 일이에요. 그런데 그중에 음악을 듣고 추상적인 음들의 구조를 발견하고 음악적인 의미를 해석해 내는 훈련이 되어 있는 사람들이 일부 있잖아요, 전문가나 음악을 많이 들었던 소수의 사람에게 어느 정도 그 음악이 다가갈 수 있죠. 이들이 음악을 더 많이 들어서 훗날 어느 순간에 그 작품을 이해할 수도 있고 아닐 수도 있고요. 새로운 작품이 연주되는 순간에 많은 걸 바랄 수는 없어요. 그런데 저한테 개인적으로 가장 중요한 건, 내가 봤을 때 내 작품이 어떤가인 것 같아요. 내 작품에 대해서는 나 자신이 가장 신랄한 비평가이기 때문에 내가 느끼는 바가 가장 중요하죠. 그리고 나라에 따라, 연주회 성격에 따라 호응도가 어느 정도인지는 피부로 느껴져요. 통상적이고 형식적으로 박수가 나오는지, 아니면 진짜로 정열적인 반응이 있는지, 연주가 시작되어 진행되는 동안에 느껴져요. 굉장히 묘하죠. '아, 이거 오늘은 꽝이다' 아니면 '오늘은 그래도 괜찮네. 사람들이 집중하는 것 같은데?'라고 느끼죠. 그들이 집중하는 기운을 느낄 수 있어요. 미국에서는, 물론 도시마다 다르지만, 어떤 경우 음악이 연주되면 허공에 너무나 큰 물음표가 둥둥 떠다니는 것처럼 느껴져요.

관객들 머리 위에요? (웃음)
커다란 물음표가 떠다니는 느낌이 들어요.

하하, 이건 뭐지?
'이게 도대체 뭐냐', 이런 느낌. 그럼에도 불구하고 작곡가로서 어떤 나라와 도시를 선호하지는 않아요. 그런 곳에서도 연주를 통해 무언가를 얻어 가는 사람들이 있다면 연주할 가치가 있죠. 그리고 작곡가들이 지나치게 현학적이어서 전문가들이나 음악을 많이 듣는 사람들에게만 통하는 음악을 쓰는 사람들도 있어요. 그런 태도에 대해서는 저도 상당히 비판적이고요. 물론 제 음악이 어렵지만, 그럼에도 불구하고 대단한 훈련을 받지 않은 사람들도 어떤 차원에서 무언가를 얻을 수 있는, 듣는 사람의 상태에 따라서 제공할 수 있는 여러 층이 있는 음악이 저는 좋은 음악이라고 생각해요. 그런 음악을 쓰는 게 저의 꿈이죠.

그런 것 같네요. 선생님의 악보를 보거나 음악을 들을 때 매번 새로 발견되는 빛과 색깔과 소리들이 있어요.

감사합니다.

그런데 아까 현학적인 경향에 대해 말씀하셨는데요. 그전 시대 유럽의 작곡 경향은, 예를 들면 12음 기법, 전음렬주의 등이 있었잖아요. 또 이희경 선생님께서 쓰신 책 『리게티, 횡단의 음악』에도 나왔듯이, 리게티는 어디에도 속하지 않으면서 그런 것들을 모두 부정했어요. 선생님은 이런 것들을 다 한 번씩은 공부하셨죠?

그렇죠. 12음 기법으로 대학교 때 곡을 써 봤고, 그다음에 강석희 선생님과 공부하면서 당시 유럽에서 인기 있는 스타일이었던 전음렬주의도 모방해 보고, 그런 식으로 곡을 써서 상을 타기도 했어요. 그런데 마음 한구석에는 항상 '이건 좀 아니다', '이 음악은 내가 하고 싶은 게 아닌데'라는 생각이 있었어요. 리게티 음악을 비판하는 사람들은 그 음악이 통상적이고 전통적이라고 하는데, 리게티 음악에는 항상 흐름이 있잖아요. 그 당시 다른 현대음악들은 우리가 통상적으로 생각하는 흐름이 없는 음악들이 대부분이었거든요. 그런데 리게티 음악은 굉장히 달라서 접근하기도 쉬웠고, 저는 어렸을 때부터 피아노를 치고 음악을 한 사람이어서 음악으로 그걸 받아들일 수 있었어요. 그래서 그분에게 공부하길 원했고요. 제 음악적인 스타일을 보면 다른 사람들보다는 리게티 쪽에 가깝다고 할 수 있어요.

그럼에도 불구하고 12음 기법이라든가, 피에르 불레즈 PIERRE BOULEZ나 카를하인츠 슈토크하우젠 KARLHEINZ STOCKHAUSEN이 그 당시에 했던 음악에는 진정성이 있었어요. 그건 진짜였어요. 그런데 문제는 그다음에 아류들이 나온 거죠. 너무나 많은 사람이 그런 음악을 흉내 내면서 현대음악은 그래야 한다는 도그마가 생겼어요. 그 점이 문제인데, 이제는 그런 도그마가 많이 없어졌고, 요즘 유럽에서는 작곡가들이 스타일 면에서 훨씬 다양해졌죠. 그런데 그 당시만 해도 그런 강한 신조가 있었고, 특히 독일은 심했어요. 지금도 어떤 훌륭한 작곡가가 있으면 그 사람의 음악을 비슷하게 가져다 써요. 그런데 그 훌륭한 작품에서 음악을 딱 빼면 껍데기만 남잖아요. 저는 그런 식의 음악이 다른 사람들에 의해 쓰이는 것에 대해서는 아주 비판적으로 생각해요.

역시 자기 목소리를 찾기 위해서라도 그런 경향들을 공부해야 하는군요.

할 수도 있고, 안 하고 자기 걸 해도 되고요. 방법은 여러 가지입니다.

2003년 앙상블 앵테르콩탱포랭의 〈이중 협주곡〉 초연 당시 파리에서 피에르 불레즈와

선생님은 '아르스 노바' 때부터 계속 워크숍, 작곡가들을 위한 마스터 클래스를 하셨잖아요. 한국 작곡가들의 자기 목소리, 자기 말을 하는 능력은 어떤가요?

저는 주로 학생들에게 레슨을 했으니까 자기 소리를 갖고 있길 바라는 건 너무 무리한 요구죠. 2006년에 시작했을 때는 기술적으로나 음악적인 아이디어 면에서 재능 있는 학생도 많았고 개성도 있었는데, 10년을 하면서 학생들의 개성이 점점 없어지는 느낌을 받았어요. 일률화되면서 비슷하게 변해 가는 현상들이 있더라고요. 그래서 실망하기도 했지만, 그럼에도 불구하고 10년간 거쳐 간 수백 명의 학생 중 두세 명은 지금 경력을 잘 쌓아 가고 있어요. 그 정도면 괜찮은 수확이라고 저는 생각해요. 작곡가나 예술가는 많이 나올 수가 없기 때문에.

교육이 획일화시킨 영향도 있겠네요.

그런 부분이 분명히 있겠죠. 당시 서울시향과 진행했던 마스터 클래스도 그렇고 앞으로 통영에서 할 아카데미도 그렇고, 제도권 밖에서 젊은 작곡가들이 작품을 발표할 기회도 주고, 좋은 연주자나 외국 작곡가들도 만나면서 서로 교류할 기회를 제공해야 한다고 생각해요. 그런 기회가 없으면 너무 숨통이 막히잖아요.

통영국제음악제

이제 통영국제음악제에 대한 선생님의 비전을 듣고 싶은데요. 그전에 한 곡을 듣겠습니다. 김선욱 씨가 연주한 〈피아노 협주곡〉 (1996~1997)인데요.
굉장히 연주를 잘한 명반이죠.

지금 이 음반은 구하기도 어려워요.* 연주도 너무 좋았고, 특히 저는 〈생황 협주곡 '슈'〉 녹음 현장에 감상자로 있었어요. 당시에 선생님 곡이 너무 강렬했기 때문에 그다음 2부에 예정되어 있던 리하르트 슈트라우스RICHARD STRAUSS의 곡을 들으면 방금 들은 느낌이 날아갈 것 같아서 그냥 집으로 갔어요. 그런데 너무 잘한 선택이었어요. 왜냐하면 그때 꿈결 같은, 진짜 환상을 느꼈거든요. 제가 지금 〈피아노 협주곡〉을 소개하면서 말이 길어지고 있네요. 정명훈 선생님이 지휘하고 서울시립교향악단이 연주한 앨범 《진은숙: 세 개의 협주곡》은 선생님이 '아르스 노바'를 담당했던 시절에 녹음된, 어떤 작곡가도 누리기 힘든 한 오케스트라와의 협업이었죠.
굉장히 감동적인 작업이었어요. 1악장이 짧으니까 1악장을 들으면 좋겠어요.

〈피아노 협주곡〉 1악장.
피아노 김선욱, 서울시립교향악단, 지휘 정명훈

* 2014년 도이치그라모폰에서 발매된 앨범 《진은숙: 세 개의 협주곡》은 스포티파이와 애플뮤직 등에서 들을 수 있다.

(음악 감상)

〈피아노 협주곡〉 중에서 1악장을 들어 보셨습니다. 진은숙 선생님의 〈피아노 협주곡〉, 〈첼로 협주곡〉, 〈생황 협주곡 '슈'〉, 이 세 협주곡이 담긴 진귀한 앨범인데, 선생님 정말 뿌듯하시겠어요.
네. 너무 감사하죠.

뿌듯하지 않은 앨범이 있겠습니까만, 선생님이 한국에서 한국 오케스트라가 세계적으로 이름이 각인될 때 활동하셨던 시기이기도 했고요. 새로운 음악, '아르스 노바'를 기획하셔서 대만까지 그 프로그램이 수출됐다고 들었는데요. 10년 동안 새로운 음악을 듣는 관객과 프로그램을 많이 늘리고, 한국 현대음악사에 한 획을 그었던 활동이 '아르스 노바'라고 생각하는데, 이제 그 발걸음이 통영국제음악제로 옮겨졌습니다. 내년부터 펼쳐질 통영국제음악제에 벌써 많은 사람이 기대하고 있습니다.
저도 기대하고 있습니다.

일단 큰 구상이 궁금합니다. 임기가 5년이신데, 우리나라에서 5년 임기 받기 힘들어요. 대부분 2~3년이에요.
외국의 단체나 페스티벌에서는 보통 사람들이 오래 일해요. 어떤 사람의 비전이 보일 때까지 오랜 시간이 걸리니까요.

그렇죠.
그런데 한국은 임기가 점점 짧아지더라고요. 그런 경향이 바람직한 것 같진 않아요.

저도 그렇게 생각해요.
그런데 사회 분위기가 그렇죠.

제가 지금 예술 감독으로 일하면서도 느끼는 바인데 선생님은 그래도 5년이시잖아요. 그러면 어떤 그림을 만들 수 있겠다고 생각하는데 그 구상을 말씀해 주세요.
사실 내년 프로그램은 모두 완성됐어요. 발표는 조금 더 있어야 나

• 작곡가이자 지휘자, 연주자인 원일
  은 2020년부터 2023년까지 경기
  시나위오케스트라의 예술 감독으로
  재직했다.

는데 제가 서울시향에서 일할 때 마지막 두 시즌 정도 전체 프로그램을 구성했었잖아요. 그때도 많은 시도를 했는데 통영국제음악제는 오케스트라가 아니고 페스티벌이기 때문에, 페스티벌 오케스트라로 연주할 수도 있지만, 다른 재미있는 앙상블이나 단체들을 다양하게 초대할 수도 있어요. 음악 외에 다른 장르의 퍼포먼스를 할 수도 있고요. 그래서 프로그램을 짜기가 쉽지는 않지만 제가 공부해야 할 것도 많고 재밌어요. 전체 비전은 국제적인 것, 열려 있고 다양한 것, 그리고 원초적으로 한국에서만 벌어지는 것도 선보이는 것이에요. 순수음악만 하지 않고 대중음악 신도 포함하고, 매해 중요한 작곡가들을 초청해서 그들의 작품을 연주하고 그들이 한국의 젊은 작곡가들과 같이 레슨을 하거나 젊은 작곡가들에게 도움을 주는 프로그램도 생각하고 있어요. 특정한 앙상블이 '앙상블 인 레지던스' 형식으로 와서 여러 회차 공연을 하고, 세계 유수의 솔리스트들이 '아티스트 인 레지던스'로 현대음악을 할 수도 있어요.• 프로그램은 항상 혼합된 방식으로, 말하자면 전통적인 레퍼토리 안에 현대음악도 들어가는 식으로 매해 짤 예정이에요. 그것과 동반해서 페스티벌 기간은 아니지만, 늦여름이나 9~10월쯤에는 매해 유럽의 유수 앙상블 한 팀을 초청해서 팀프 앙상블과 합동 연주도 마련하고 젊은 작곡가들과 연주자들을 위한 아카데미도 진행할 예정이고요. 어떤 연주자가 올지는 2024년까지 거의 정해진 상황입니다.••

전 세계 작곡가들의 허브가 될 수도 있겠네요?

그렇죠. 외국에서도 통영에 한번 왔다 간 사람들은 다시 오고 싶어해요. 일단 통영국제음악당 홀이 좋잖아요. 대한민국에서 음향이 가장 좋은 홀이고, 거기서 연주 한번 해 보면 다들 오고 싶어 해요. 피아니스트 안드라스 쉬프ANDRAS SCHIFF도 통영이 너무 좋다고 했고,

---

• 지난 3년간 통영국제음악제에 초청된 상주 예술가와 작곡가는, 2022년 첼리스트 트룰스 뫼르크Truls Mørk와 작곡가 앤드루 노먼Andrew Norman, 2023년 바이올리니스트 레오니다스 카바코스, 피아니스트 김선욱과 작곡가 온드레이 아다멕 Ondřej Adámek, 2024년 비올리스트 앙투안 타메스티, 피아니스트 베르트랑 샤마유, 플루티스트 에마뉘엘 파위 Emmanuel Pahud와 작곡가 페테르 외트뵈시였다.

•• 진은숙 예술 감독 부임으로 새롭게 시작된 팀프 작곡 아카데미는 2021년 앙상블 모데른과 요하네스 칼리츠케, 2022년 클랑포룸 빈과 미카엘 자렐 Michael Jarrell, 2023년 버밍엄 현대음악그룹과 줄리언 앤더슨 Julian Anderson을 초청해 레슨과 마스터클래스, 리딩 세션, 작품 연주 및 위촉 공연을 진행했다. 2024년 10월에는 앙상블 앵테르콩탱포랭과 디터 암만 Dieter Ammann이 함께할 예정이다.

오케스트라 연주자들도 와서 연주해 보더니 좋다고 하더라고요. 일단 통영의 좋은 점은 음악도 음악이지만 종합 소풍 프로그램을 만들 수 있잖아요. 외부에서 오시는 분들은 음악도 듣고, 회도 먹고, 보트도 타는 식으로 다양한 경험을 할 수 있기 때문에 매력 있죠.

수준 높은 예술도 있고 바다도 있고요.
네. 그리고 통영에는 경쟁자라고 할 만한 다른 음악 활동이 없으니까 그런 장점도 있고. 그래서 저도 기대를 많이 하고 있습니다.

통영이 실제로 세계적인 음악 도시로 음악계 내에서 인정받고 있나요? 선생님은 우리나라 음악가 중에서 범세계적으로 위촉받고 활동하시니까 궁금합니다.
많이 아시죠. 그런데 통영국제음악제를 국제적으로, 예를 들어 루체른 페스티벌 같은 수준으로 더 알려지게 해야죠. 그게 이제부터 저희의 임무예요.

그렇게 만드시겠다는 거죠?
네, 최선을 다해서. 그리고 제가 중요하게 생각하는 것은 팀프 앙상블을 좀 더 국제적으로 발전시키는 거예요.

구성원들도요?
구성원들은 한국 사람인데 활동을 국제적으로 하는 거죠. 앙상블 모데른, 앙상블 앤테르콩탱포랭, 클랑포룸 빈 같은 유수의 국제적인 앙상블들을 우리가 초대하겠지만, 너무 외국에 의존하지 말고 우리 자체적으로 수준 있는 현대음악 연주가 가능한 앙상블로 활동할 수 있도록요. 물론 지금까지 잘해 왔지만 좀 더 신경 써서 음악적으로, 구조적으로 더 발전시키고 싶어요. 지금은 발표할 수 없지만 이미 향후 몇 년간 계획된 국제적인 투어도 있고, 기대를 많이 하고 있습니다.*

선생님의 모든 인맥과 관계를 활용해서.

* 팀프 앙상블은 2023년 2월 파리 프레장스 페스티벌에 초청되었고, 독일 크론베르크 한-독 수교 140주년 기념음악회에서도 연주했다. 2025년 6월에는 로스앤젤레스 필하모닉 초청으로 진은숙이 기획한 '서울페스티벌'에서 공연할 예정이다.

사실 전 인맥이 전혀 없어요.

아니요, 국내 인맥 말고요.
국외에는 많죠.

그런 것이 모두 통영으로 이어질 것으로 기대하겠습니다.

리게티의 영향

지난주에 작곡가 죄르지 리게티에 대한 질문을 미진하게 했는데요. 리게티가 실제로 선생님에게 기술적으로나 태도의 철저함 면에서나 얼마나 많이 영향을 주셨어요?

영향을 많이 받았죠. 사실 저는 어릴 때부터 음악을 해서 모든 작곡가가 저한테 영향을 미쳤어요. 물론 리게티가 현대음악 작곡가 중에서 가장 영향을 많이 주었지만, 저는 올리비에 메시앙도 좋아하고 제라르 그리제이GÉRARD GRISEY도 중요하고, 그 외에도 중요한 작곡가들이 많아요. 리게티처럼 그 정도 경지에 간 사람이 음악을 바라보는 눈은 아주 다르거든요. 그 당시에는 제가 너무 어려서 그런 경지를 이해할 수 없었어요. 지금 돌이켜 보면, 웬만큼 써 가면 '너 잘한다. 나의 자랑스러운 제자' 이렇게 칭찬하면서 그 제자를 밀어주는 게 통상적인 교수와 제자의 관계인데 리게티는 전혀 그렇지 않았어요. 자신에게나 남에게나 바라는 수준이 너무 높았고, 말도 정말 도달할 수 없는 이야기만 했어요. 그런데 사실 그 태도가 맞죠. 그분의 성격도 독특했고요.

독특한가요?

아주 말도 못 하게 독특하고 냉소적이고 블랙 유머도 많았어요. 영국 사람들의 블랙 유머와는 다르게 묘하고, 그에 대한 에피소드도 많아요. 그분이 비판도 많이 받았지만, 퍼스낼리티가 있는 예술가였죠. 그런 사람이 다시 있기는 힘들다고 생각합니다.

리게티의 음악은 정말 믿을 수 없는 부분들이 있어요. 지금 들어 봐도 사람을 얼어붙게 만들기도 하는데, 저는 〈2001 스페이스 오디세이〉라는 영화를 보다가도 그런 지점을 느꼈어요. 선생님은 개인적으로,

2020년 2월 함부르크의 리게티가 살던 집 앞에서
리게티는 함부르크 음대 교수 시절 이곳(Mövenstraße 3)에서
제자들과 밤늦은 시간까지 토론하곤 했다.

제자로서가 아니라 음악가로서 리게티의 작품 중 어떤 곡을 제일 좋아하시나요?

제일 좋아하는 곡은 〈바이올린 협주곡〉과 말년에 쓴 메조소프라노와 네 개의 타악기를 위한 〈피리, 북, 깽깽이로 SÍPPAL, DOBBAL, NÁDIHEGEDÜVEL〉예요. 헝가리어 제목이라 원어는 복잡한데 그 곡에서 자신을 완성하지 않았나 생각해요. 초기에 쓴 〈아트모스페르 ATMOSPHÈRES〉나 〈론타노 LONTANO〉는 다시 들어 봐도 굉장히 훌륭하죠. 제 판단으로 그분은 뮤지션은 아니었어요. 작곡가 중에도 부류가 있는데, 뮤지션형 작곡가가 있고 그렇지 않은 작곡가가 있어요. 예를 들어 이안니스 크세나키스 IANNIS XENAKIS는 건축을 했고 수학적인 논리로 음악을 만들어 낸 분이라면, 어렸을 때 피아노 연주하고 클래식 좋아하면서 커서 자기 음악 하는 분들은 뮤지션 작곡가인데, 리게티는 뮤지션 작곡가는 아니에요. 엄청나게 머리가 비상한 분이거든요. 그분이 음악을 안 하고 수학이나 물리학, 아니면 다른 분야를 했어도 그 경지에 갔겠다고 생각해요. 그렇게 비상한 지능으로 음악적으로 모자라는 부분을 보완해서, 전통적인 음악을 기조로 삼지 않은 사람들이 만들어 낼 수 있는 음악을 창조한 거죠. 물론 그분이 대위법을 가르치고 이론적으로는 깊이가 있었는데, 피아노를 잘 친다든가 음악적 감각이 뛰어난 방향과는 다른 작곡가였어요.

이해될 것 같아요.

좀 우스운 이야기지만 저는 뮤지션 작곡가에 속하는 사람이라고 생각하거든요. 리게티는 저와는 많이 다르죠. 제 작품 중에서도 리게티와 가까운 작품이 있고 전혀 상관없는 작품도 있어요.

재미있는 이야기네요. 뮤지션 경향이 있는 작곡가와 논리로 작곡하는 작곡가.

이분은 어떤 작품에선 음 하나를 써도 너무 강요하는 부분이 있어요. 이 점을 옛날에는 몰랐는데 요즘에 곡을 들어 보면 모든 것을 본인이 통제하려는 경향이 있어요. 그래서 곡이 좋기도 하고 좀 답답하기도 하고요. 너무 심하게 통제하니까요.

오케스트라 곡의 초연

뮤지션 작곡가들만 이해할 수 있는 말일 것 같은데요. 또 궁금한 것 중 하나가 선생님 작품이 까다롭기로 소문나 있고 오케스트라 단원들도 그 악기의 마스터가 아니면 안 되는, 마치 비르투오소가 되어야 하는 부분들이 항상 있던데, 그 점도 너무 놀라워요. 연주자들을 열심히 하게 또는 경악하게 만들고, 초연 때는 오케스트라 단원들이 악보를 받고 많이 당황할 것 같거든요. 지휘자부터 이 곡을 어떻게 연주해야 할지 혼란스러워하거나 음향이 딱 나오는 순간에 멘탈이 붕괴되는 모습도 꽤 많이 보셨고 그걸 정리해 주신 적도 많으실 텐데요.

초연은 모든 작곡가에게 힘들어요. 잘 모르는 분들은 '작곡가는 그냥 앉아 있기만 하는데 뭐가 힘드냐'라고 하는데 그렇지 않거든요. 모든 소리를 들어야 하고, 지휘자와 연주자들도 상대해야 하죠. 그리고 작곡가에게 이야기할 시간을 많이 주지도 않아요. 베를린 필하모닉은 아무 말도 못 하게 해 놓고 '할 말 있으면 해' 하고 딱 2분을 줘요. 그 2~3분 안에 내가 원하는 바를 간단하게 전달해서 저들이 내가 원하는 걸 하게 만들어야 하는데, 심리적으로도 힘든 과정이에요.

오케스트라의 에고가 있네요.
오케스트라는 80~100명의 많은 음악인이 동원되니, 연주에 돈도 많이 들어가고 그 시간이 너무 귀하잖아요. 그러니까 지휘자들은 1분을 아껴서 한 번이라도 더 지휘해야 하는데 작곡가가 올라와서 10분 동안 작품을 해설하는 일은 있을 수 없어요. 그러니까 할 말도 아주 단순하게 해야 하고, 작품의 의미를 이야기하는 건 아무 소용이 없어요. 올라가서는 '여기는 빨리, 여기는 느리게, 여기는 좀 더 크게, 여기는 좀 더 작게' 이상은 이야기하면 안 돼요. 특수하게 누가 실수했을 때는 그 부분을 지적하면서 시간을 효과적으로 써야 하죠. 연주 때마다 오케스트라와 지휘자가 다르고 그 수준도 다른데, 대부분 저는 좋은 경험을 했어요. 간혹 다시는 하고 싶지 않은 경험도 있었지만요. 아주 간혹 지휘자가 전혀 음악을 이해하지 못하고 열심히 하려는 마음도 없는 경우가 있어요. 그런데 프로페셔널하고 이름이 알려진 분들은 절대로 그렇게 하지 않죠. 오케스트라도 마찬가지예요. 잘하면 잘할수록 성실해요. 성실하니까 잘하고요.

그 점이 선생님의 발견이기도 한가요?
네. 성실하지 않은 사람이 어떻게 잘하겠어요. 물론 그중에 콧대 높은 오케스트라도 미국 쪽에는 있는데, 최소한 유럽에서는 최고의 오케스트라를 가도 본인이 할 일은 최선을 다해서 완벽하게 하니까 작품을 믿고 맡길 수 있죠.

선생님이 오페라를 유독 사랑하시고 지금도 선생님과 함께 오페라를 하려는 지휘자 켄트 나가노와 서로 깊게 음악과 작품을 이해하는 관계 같아요. 또 사이먼 래틀은 한국에 와서 기자회견을 하다가 '한국 관객들은 침묵의 깊이가 다르다'라는 말을 해서 제가 놀랐는데요. 저는 그 말이 한국 관객들은 영적 SPIRITUAL 이라는 의미로 들리기도 했어요.
아마 그분은 그렇게 생각했을 수도 있어요. 독일 관객들은 기침을 너무 많이 하거든요. 그래서 연주에 방해될 정도인데, 지금은 코로나 때문에 기침을 안 해서 좋아졌어요. 한국에서는 기침하고 그러진 않잖아요. 그러니까 그렇게 얘기했을 수도 있죠.

사이먼 래틀이 선생님을 극찬했던 적도 있어요. 21세기를 이끌어 갈 다섯 명의 작곡가 중의 하나로.
그건 『타임스 TIMES 』지에 실린 말인데 20년도 더 된 이야기예요. 지금 그렇게 됐는지는 알 수 없죠. 그때 그렇게 예언했으면 지금 되어 있어야 하잖아요? 20년이 지났는데, 그걸 누가 판단하겠어요?

제가 판단할까요? (웃음) 상도 많이 받으셨어요. 제일 기뻤던 적이 있나요?
저는 상이나 콩쿠르에서 수상하는 데 큰 의미를 두지 않아요. 저처럼 프리랜서로 활동하면 상을 탐으로써 몇 년간은 걱정 없이 집중해서 작곡만 할 수 있다는 점에서 의미가 있죠. 상금이 많다면, 제가 돈을 밝혀서가 아니라, 작곡가로서 생활과 경제적인 걱정 없이 몇 년을 살 수 있으니까요. 특히 젊었을 때는 더하고요. 그런데 그 이상으로 상을 탔다고 해서 더 좋은 예술가고 상을 못 탄다고 아닌 건 아니에요.

그래도 상을 받으면 달라지긴 하잖아요. 명성이라든가.
시쳇말로 그렇게 얘기하는데, 저는 명성도 모르겠어요. 다른 사람들이 그렇게 생각하지, 저는 제가 명성이 있는지 모르겠고, 전혀 관심도 없고요.

너무 현실적이고, 전문적인 프리랜서 작곡가라는 점이 여기서 드러납니다.

〈생황 협주곡 '슈'〉와 〈구갈론〉

이제 〈생황 협주곡 '슈'〉를 들어 보고 싶은데요. 생황 연주자 우웨이의 연주를 보고 쓰게 되셨다고요?

제가 어렸을 때 생황 소리를 들은 적이 있거든요. 인천의 어느 섬에 갔는데 누군가가 산 위에서 생황을 불었어요. 그때 그 소리가 아주 기억에 남고 평생 잊히지 않았어요. 그런데 1970년대 말 세종문화회관을 지었을 때 세종문화회관 벽에 있는 선녀가 생황 부는 그림을 봤어요. 누가 저 악기가 생황이라고 해서 그때 내가 들었던 그 소리가 저기서 났구나 했죠. 생황에 대한 그리움이 평생 있었어요.

그런데 어떤 중국 연주자가 생황을 분다고 해서 가서 보고 깜짝 놀랐죠. 작곡가 정일련의 결혼 파티였는데 제가 미쳐서 환호하는 모습이 비디오에 다 찍혔잖아요. 그 카리스마에 너무 놀라서 그 자리에서 내가 '너를 위해서 곡을 쓰겠다'라고 약속했죠. 그러고는 2년 후에 초연을 했어요. 약속하고 나서 산토리 페스티벌을 비롯해서 여기저기서 작품 의뢰가 들어왔어요. 어떤 작곡가는 여러 커미셔너의 의뢰가 들어오면 한 곡씩 다 써 주지만, 저는 이 모두를 위해 한 곡을 써요. 들어오는 걸 어떻게 다 해요. 그러려면 다작을 해야 하는데 할 수가 없잖아요. 그래서 이 사람들이 공동 커미셔너로 함께 의뢰하는 거예요.

그들이 그런 조건을 수용하네요?

네, 당연히.

진은숙 씨의 곡을 얻을 수만 있다면 상관없다.

이런 프로젝트가 있는데 당신들도 들어오겠느냐고 제안해서 4~5개의 오케스트라가 같이 하는 거죠.

세종문화회관 좌측 벽의 생황 부는 선녀 부조

〈생황 협주곡〉을 쓰실 때도 역시 피 말리는 작업이었나요?

그 곡을 쓴 해가 '그분이 오신' 해였어요. 2009년에 세 곡을 썼거든요. 〈첼로 협주곡〉, 〈생황 협주곡 '슈'〉, 〈구갈론〉. 쉬지도 않고 쫙 썼어요. 〈첼로 협주곡〉은 2007년에 완성해서 런던 프롬스THE PROMS에서 초연할 계획이었는데 못 써서 초연하기로 했던 알반 게르하르트가 엘가 혹은 드보르자크의 곡을 연주했어요. 쾰른 귀르체니히 오케스트라에서도 그 시즌에 세 번 연주하기로 했는데 그때도 다른 곡을 했고, 2008년에도 런던 프롬스와 독일에서 초연 일정이 잡혔는데 곡 작업이 안 끝나서 알반이 하이든 첼로 협주곡을 했고, 독일에서도 다른 곡을 연주했죠. 곡이 완성되지 않은 바람에 알반은 매해 초대받아서 다른 곡을 연주한 거예요. 결국 2009년 3~4월에 이 곡이 완성됐어요. 그래서 그 곡을 넘겨준 다음에 거의 쉬지도 않고 〈생황 협주곡〉을 시작해서 8주 만에 완성했어요. 딱 두 달 걸렸죠.

진짜 그분이 오셨네요.

그다음에 〈구갈론〉을 썼어요. 그해 초연 때는 네 곡만 했는데, 첫 곡을 2주 만에 썼고, 나머지 세 곡은 일주일 만에 썼어요. 완전히 미친 듯이 써서 1년에 세 곡을 초연한 거예요.

저는 〈구갈론〉이 현재 제일 좋아요. 이 곡도 많이 연주되죠?

〈구갈론〉도 〈말의 유희〉만큼 많이 연주되죠.*

그 곡에 옛날 장터에서 약 팔던 사람에 대한 에피소드가 나오잖아요.

그래서 〈구갈론〉을 국악기 편성으로 편곡해서 연주하면 어떨까 하는 생각도 해 본 적 있어요.

하실까요?

어떻게 될지 모르니까 일단 들어 보고 말이 되면 계속하고. (웃음)

거래된 거예요. (웃음) 〈생황 협주곡〉은 한국에서도, 특히 국악 하는 분들이 이 곡을 많이 들어 봤고 놀라기도 했는데, 지금 한국의 생황 부

---

* 2024년까지 〈말의 유희〉는 99회, 〈구갈론〉은 88회 연주되었다. 2009년에 쓴 다른 두 곡 〈첼로 협주곡〉과 〈생황 협주곡 '슈'〉도 각 50회, 54회로 많이 연주되고 있다.

진은숙 〈생황 협주곡 '슈'〉의 출발점이자 현재까지 이 곡의 유일한 협연자인 우웨이
위는 2009년 10월 구스타보 두다멜의 로스앤젤레스 필하모닉 취임 연주에서 미국
초연 후
아래는 2011년 8월 에든버러 페스티벌에 초청된 정명훈 지휘, 서울시향과의 연주

는 분들이 이 곡을 다 연주해요.
이 곡을?

네, 본인들이 연주할 수 있다고 해요.
아, 오케이.

그 정도로 한국의 전통 음악 연주자들의 기량이 많이 올라가 있어요. 생황 주자들도요. 알아 두시고요. 여기서 일부를 감상하시겠습니다. 이 곡을 녹음할 때 현장에서 저도 감상자로 있었고, 아까 말씀드렸듯이 너무 인상적이었기 때문에 이 미세한 감각의 결을 놓치고 싶지 않아서 바로 다음 순서를 듣지 않고 나왔던 바로 그 곡입니다. 우웨이가 생황 연주를 했고, 이날 공연이 바로 도이치그라모폰에서 마이크를 대고 녹음했던 그 음원이에요. 생황과 오케스트라를 위한 〈슈〉. '슈'는 이집트어로, '공기'라는 뜻입니다.

제목도 너무 잘 지으십니다. 우웨이의 생황, 정명훈의 지휘, 서울시립교향악단의 연주로 일부를 들어 보겠습니다. '그분'이 임하셔서 쓰신 곡. (웃음)
그해에 유난히 곡을 많이 썼고, 몰입해서 1년 동안 세 곡을 했네요. 그런 경우가 그 후에도 없었어요. 그때를 생각하면 참 행복했다 싶어요.

(음악 감상)

〈구갈론〉.
앙상블 앵테르콩탱포랭, 지휘 던컨 워드.
2017년 9월 23일 파리 시테 드 라 무지크

〈생황 협주곡 '슈'〉.
생황 우웨이, 프랑크푸르트 방송교향악단, 지휘 수산나 멜키.
2024년 2월 9일 프랑크푸르트 알테오퍼

현재 작업 중인 곡

통영국제음악제 예술 감독으로 활동하실 진은숙 선생님께 드리는 마지막 질문이네요. 요즘 작곡가로서 쓰고 계신 곡, 한창 만지고 있는 곡은 어떤 작품인가요?

현재는 아까 말씀드린 오페라 스토리 작업을 하고 있어서, 오히려 글을 쓰고 있는 상황이고요. 그 전체 스토리를 써서 대본 쓰는 사람과 함께 대사를 만들어 내야 하고, 오페라 쓰는 작업과 병행해서 오케스트라 곡을 써야 해요. 라디오 프랑스에서 매해 개최하는 프레장스 페스티벌에 제가 2023년도 상주 작곡가로 초청받았거든요. 전체 페스티벌 기간에 많은 곡을 연주하는데, 새 곡도 하나 초연하게 돼서 오케스트라 곡을 써야 하고,• 거기서 또 〈피아노 에튀드〉 두 곡을 더 초연하게 되었어요. 〈피아노 에튀드〉는 여섯 곡을 쓰고 포기한 상태에서 15년 이상 못 쓰고 있는데 드디어 피아노 곡을 또 써야 해요. 그런데 피아노 곡 쓰기가 너무 힘들어서 잘될지는 모르겠어요.

피아노 곡을 쓰실 때도 피아노를 안 치세요?

네. 저는 제가 작곡하는 곡은 한 음도 피아노로 안 쳐요.

너무 놀라워요.

• 2023년 2월 11일 프레장스 페스티벌에서 프랑수아-자비에르 로트 지휘, 프랑스 국립오케스트라가 초연할 예정이었던 〈알라라프 '심장박동의 제의'〉는 프랑스 연금 시위로 인해 당일 아침 연주가 취소되었고, 8월 30일 아이버 볼턴의 지휘로 바젤 심포니오케스트라에 의해 초연되었다.

곡을 쓰는 것과 피아노 치는 것은 완전히 분리되어 있어요.

유례가 없는 경우 같은데요. 그런 작곡가가 있을까요?
음을 쓸 때 상상하는 걸 피아노에서 딱 쳤을 때 완전히 환상을 깨는
것 같은, 나의 소리를 듣는 내면의 세계가 깨지는 것 같은 느낌이 들
어서, 피아노 곡조차 단 한 음도 쳐 본 적 없어요.

**정말 놀라워요. 아까 〈슈〉의 그 수많은 음과 오케스트라 악기들을 쓰
실 때도 내면의 귀로 듣고 직관적으로 계속 써 나가시는 거고 한 번도
그 음을 확인하지 않으신다는 거죠?**
네, 확인 안 해요. 확인할 필요도 없고요.

다 들리기 때문에.
들리죠. 그리고 오히려 오케스트라 곡을 쓰다가 피아노로 연주하면
그 소리가 아니에요. 음높이PITCH는 똑같을 수 있어도 그 소리가 아
니죠.

**놀랍네요. 그 소리가 아니다. 지금 내게 들려와서 쓰고 있는 그 소리는
실제로 연주하면,**
그 소리가 아니죠.

**너무 놀라운 이야기인데요. 어쨌든 그 음과 소리를 잡아서 넣는 세계
가 중요하군요.**
그렇죠.

**엄청나게 몰입하시겠어요. 그 몰입하는 순간에 방해되는 요소가 있으
면 화내세요?**
아니요. 저는 한국에서 1960년대를 지냈잖아요. 우리 어렸을 때는
방 한 칸에서 자면서 그 방이 침실이기도 하고 공부방이기도 하고
식당이기도 했어요. 형제가 네 명이었는데 바글바글하면서 자랐으
니까, 저는 자기만의 공간에서 조용히 누리는 경험을 하지 못했죠.
그렇기 때문에 방해되는 요소가 있어도, 어디서 음악이 들린다면 모
르지만, 그렇지 않은 경우는 나만 집중하면 어느 상황에서도 곡은
쓸 수 있어요.

제가 선생님이 뒷무대에서 〈슈〉 리허설하는 모습을 잠깐 지켜본 적이

있는데, 그때 진짜 전형적인 아줌마의 모습이었다고 할까요? 너무 좋아하고 오케스트라에 박수 쳐 주고 지금 말씀하신 그런 모습을 봤어요. 그래서 더 선생님의 환상과 꿈이 기대되고, 그것들이 작품 안에 담기는 앞으로를 더 기대할 수밖에 없을 것 같고요. 무엇보다 철저하게 본인을 끝까지 밀어붙여서 작품 안에 담아내시는 작곡가로서 앞으로 많은 후배에게 계속 영감을 주시고요. 통영국제음악제를 말씀하신 대로 세계적인 음악제로 지금 단계보다 더 성장시키리라고 기대하고 믿겠습니다.

감사합니다.

오늘 마지막 곡으로는 선생님 작품 가운데 그래도 엄청나게 많은 음과 빠른 속도가 나오지 않는 편인 느린 음악, 〈바이올린 협주곡〉(2001) 2악장을 듣겠습니다. 비비아네 하그너의 바이올린, 켄트 나가노의 지휘, 몬트리올 교향악단이 연주하는 버전으로 진은숙 선생님의 마지막 음악을 띄워 드리면서 여기서 보내 드리겠습니다. 선생님, 긴 시간 감사합니다.

2002년 1월 베를린 필하모니홀에서 〈바이올린 협주곡 1번〉 초연 당시
협연자 비비아네 하그너, 지휘자 켄트 나가노와

〈바이올린 협주곡 1번〉 2악장.
바이올린 비비아네 하그너, 몬트리올 교향악단, 지휘 켄트 나가노

5.

만들어 온 음악과
만들어 갈 음악

음악학자 이희경과의 대화

진은숙의 작업 공간인 스튜디오 모습.
2023년 2월 진은숙과의 인터뷰는 이곳에서 진행되었다.

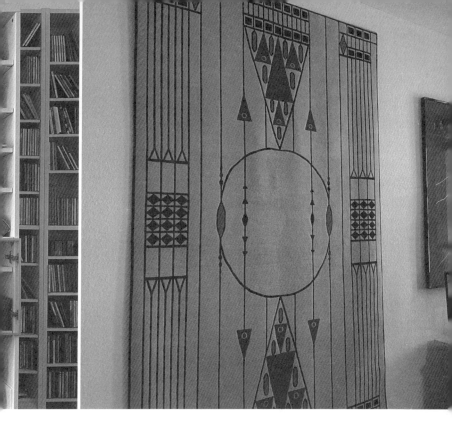

진은숙의 음악을 라이브로 처음 들은 건 1996년 10월 베를린 필하모니홀에서였다. 그 후로도 베를린, 서울, 뮌헨, 스톡홀름, 루체른, 암스테르담, 파리, 함부르크 등에서 진은숙 작품의 초연과 재연을 여러 차례 지켜봤다. 연구자로서 주요 작품의 초연이나 작곡가 집중 조명 음악회에 여건이 닿는 한 참석해 왔기에, 2023년 2월 라디오 프랑스 주최 파리 프레장스 페스티벌에 올해의 작곡가로 선정되어 열 개의 음악회가 열리는 행사는 놓칠 수 없는 현장이었다. 초기작부터 최신작까지 성악곡, 협주곡, 관현악곡, 실내악곡, 전자 음악을 아우르며 진은숙의 음악 인생을 되돌아보는 뜻깊은 자리였기 때문이다. 이 대화는 프레장스 페스티벌 참석 후 베를린으로 건너가 2023년 2월 15일, 20일, 21일 3회에 걸쳐 작곡가의 스튜디오에서 가졌던 긴 대화 내용과 9월 26일 서울에서의 추가 인터뷰를 정리한 것이다. 작곡가와 함께 작업해 온 수많은 음악가와의 만남, 37년간 써 온 작품들의 뒷이야기, 창작과 삶의 변곡점들, 앞으로의 계획 등에 대해 들어 보았다.

'2023 프레장스 페스티벌'의 이모저모

이희경(이하 생략) 안녕하세요. 지난 2월 파리 현대음악 축제 '2023 프레장스 페스티벌'에 올해의 작곡가로 초청되셨는데요. 10회 음악회에서 17곡이 연주될 예정이었죠. 11일 프랑스 국립오케스트라 공연이 당일 프랑스 전역에서 벌어진 파업으로 갑자기 취소되는 바람에 아쉽게도 세 곡은 들을 수 없었지만요. 2011년 4월 런던 바비컨 센터의 '토털 이머전 TOTAL IMMERSION' 이후, 2013년 11월 '스톡홀름 작곡가 페스티벌', 2015년 10월과 11월 '파리 가을 축제', 2017년 '쾰른 여덟 다리 음악 페스티벌'에서도 며칠에 걸쳐 작곡가 집중 조명 음악회가 열렸고, 2019/2020년 시즌 함부르크 북독일방송 엘프필하모니의 상주 작곡가로 7회 콘서트가 진행되는 와중에 코로나가 터졌습니다. 그 후 열린 최대 페스티벌이 아닌가 싶은데요.

진은숙(이하 생략) 여태까지 했던 레지던스 중에 규모가 제일 클 거예요.

파리 가을 축제나 쾰른, 함부르크 상주 작곡가 때 열댓 곡이 연주되긴 했어도 시즌에 여러 차례 나눠 연주됐다면, 프레장스 페스티벌은 6일 간 집중적으로 작곡가의 초기작부터 최신작까지 전체 작품 세계를 접할 좋은 기회였어요. 이 페스티벌에는 어떻게 초청되셨고 준비하는 과정이나 행사 진행에서 기억나는 에피소드가 있으면 얘기해 주세요.
페스티벌 초청은 그쪽에서 결정하는데, 중요한 작곡가들을 조명하다가 나한테까지 차례가 왔어요. 3~4년 전에 얘기를 들었고, 2020년 조지 벤자민 특집에 내 곡도 연주되어 파리에 갔을 때 관계자들을 만나 처음으로 미팅을 했어요. 그쪽에서 이미 내 음악을 공부해서 알고 있으니 무슨 곡을 할지, 누구를 부를지 그때부터 얘기를 시작했는데, 결과물을 보면 그때 계획했던 것과 달라진 부분이 있어요. 처음에는 내가 신곡을 쓸 시간이 없으니 프랑스 초연 곡들로만 하자

작곡가 진은숙을 집중 조명한 2023 프레장스 페스티벌의 모습
라디오 프랑스 사옥 '메종 드 라 라디오' 입구와 건물에 전시되었던 진은숙
작곡 스케치들,
페스티벌 기간 중 파리 시내 곳곳에 붙어 있던 포스터

고 했다가, 나중에 뉴욕 필하모닉과 공동 위촉한 작품으로 초연할 수 있게 됐고요. 그 외에는 〈별들의 아이들의 노래〉를 계획하면서 아주 구체적으로 합창단과 지휘자까지 만났는데, 다른 프랑스 작곡가들의 신작에 합창이 많이 들어가서 예산 때문에 그 곡이 빠지게 됐어요. 나로선 너무 유감이죠. 라디오 프랑스 홀에 오르간이 있고, 한국에서 초청된 신동일 오르가니스트가 이 곡의 초연을 했으니 온 김에 연주하면 되고, 라디오 프랑스에 어린이 합창단도 있어서 모든 것이 잘 맞아떨어지는 상황이었는데 못 하게 되어서 제일 아쉬웠어요. 그 외에는 계획했던 대로 거의 실현됐고요. 프로그램을 구성하면서 추천하고 싶은 작곡가와 곡들을 얘기했고, 팀프 앙상블이 왔으면 좋겠다고 제안했는데 초청됐고, 초청하면서 한국 작곡가와 프랑스 작곡가의 작품 위촉료를 팀프 앙상블과 페스티벌 측이 반반씩 내면서 협업했고요. 프랑스 페스티벌이다 보니 프랑스 작곡가들을 소개해야 하는 압박이 크기 때문에, 주최 측에서 나한테 자기네 작곡가들 이름을 얘기하면서 작품을 하는 게 어떻겠냐고 물어봤지만, 그 작품들의 덩치가 너무 커서…….

그렇더라고요. 오히려 부럽기도 하던데요. 젊은 작곡가들의 신작에 그리 큰 규모의 무대를 제공하는 걸 보면.
어쨌든 주최 측에서 받는 압박이 큰데, 프랑스 작곡가들은 다들 이름이 있으니까 주최 측에서 추천한 사람들로 하기로 했고, 내가 추천한 마틴 스몰카MARTIN SMOLKA(1959~), 아르투르 아크셸리안ARTUR AKSHELYAN(1984~), 치아잉 린CHIA-YING LIN(1990~), 요르크 횔러YORK HÖLLER(1944~) 등도 다 받아들여져서 위촉받았죠. 아무래도 아쉬운 건 프랑수아-자비에르 로트가 하는 프로그램이었어요. 원래 3부로 구성해서 1부에 〈권두곡〉을 하고, 2부에 새로 쓴 곡을 초연하고, 마지막에 〈별들의 아이들의 노래〉를 하는 계획이었는데, 2부 새 곡 전에 윤이상 선생님의 〈차원〉이라는, 오르간이 들어가는 오케스트라 곡을 추천했었어요. 오르간은 신동일 씨가 또 하면 되니까. 그렇게 계획했는데 이상하게 그 프로그램은 어그러지고, 〈별들의 아이들의 노래〉도 빠지면서 프로그램이 훨씬 줄어들었죠. 2부에 바이올린 이중주곡 〈그랑 카덴차〉를 하고, 3부에 새 곡을 하게 됐어요. 그런데 어찌 보면 그 큰 무대를 계획했다가 이번같이 사달이 났으면 손해가 엄청났겠죠.

초연 곡 〈알라라프 '심장박동의 제의'〉가 포함된 프랑수아-자비에르

2023 프레장스 페스티벌에 초청된 팀프 앙상블(지휘 최수열)이 2월 9일 라디오 프랑스 스튜디오 104에서 진은숙의 〈구갈론〉을 연주한 후. 이날 음악회에서는 윤이상의 〈플루트 에튀드 5번〉(김유빈)과 〈밤이여 나뉘어라〉(소프라노 황수미), 박선영과 이수빈 등 한국과 프랑스 작곡가의 곡이 함께 연주되었다.

프레장스 페스티벌은 프랑스 작곡계의 최대 행사여서 음악회마다 그곳 작곡가들의 모습이 대거 눈에 띄었다. 당시 96세의 원로 작곡가 벳시 졸라스 Betsy Jolas (1926~)를 만나 반갑게 인사한 진은숙

로트와 프랑스 국립오케스트라의 공연이 이번 페스티벌의 하이라이트라고도 할 수 있는데, 당일 아침에 취소됐잖아요. 전날 리허설도 했는데요. 프랑스 전역의 파업으로 어쩔 수 없는 상황이라 그곳 사람들은 예상했다고도 하지만, 그런 상황에 맞닥뜨렸을 때 어떤 마음으로 대응하셨나요?

그런 상황이 터지면 작곡가는 아무런 대응도 할 수 없죠. 초연하기로 했던 곡이 그렇게 취소된 경우는 처음이었는데, 이런 일에는 일장일단이 있어요. 작품이 처음 발표될 때 아주 망신당할 것 같은 공포감이 크거든요. 이전 작품들은 워낙 다른 곳에서 여러 번 했고 연주도 잘하니까 괜찮은데, 새 곡을 하면서 이 페스티벌을 망쳐 버릴 것 같은 공포감이 있었으니 그런 의미에서는 연주가 취소된 게 잘된 일이지만, 다른 곡들인 〈권두곡〉이나 〈그랑 카덴차〉의 연주가 리허설 때 너무 좋았기 때문에 많이 아쉬웠어요. 어쨌든 망신을 당하더라도 연주가 돼야 그다음에 내가 이 곡으로 한 발짝 더 앞으로 갈 수 있는데, 그 기회가 중단되었으니 이 상황을 어떻게 해석해야 할지 나도 잘 모르겠네요.

하긴 생전 처음 벌어진 일이니까요. 이번 프레장스 페스티벌 프로그램 연주는 전반적으로 만족스러우셨나요?

전체적으로 만족하죠. 물론 완벽할 수는 없지만. 그런데 완벽한 연주라는 건 정말 일생에 손꼽을 정도로 드문 일이에요. 베르트랑 샤마유와 레오니다스 카바코스의 연주는 너무너무 훌륭했고요. 아쉬운 연주도 있었지만, 이번 페스티벌에 참여하면서 저의 이전 작품들을 다 듣게 되었다는 게 중요했어요. 나는 평소에 내 작품을 안 들으니까, 아주 옛날에, 스물아홉에 썼던 〈말의 유희〉부터 여태까지 쓴 작품을 이번 기회에 다 들어 보았는데, 무엇보다 리허설하는 과정에서 배울 점이 많았어요. 곡을 쓰고 연주하는 데 실질적이고 구체적인 부분들을 많이 배워요.

작곡가로 수십 년을 활동하셨는데 여전히 리허설 과정에서 배우는 게 많은가요?

남들이 녹음해 놓은 음반으로 듣는 건 아무 소용이 없어요. 왜냐하면 그렇게 음악에 대해 상상하는 건 실제 리얼리티와 상관없거든요. 보통 완벽하게 다 들리도록 만들어 놓은 걸 듣고 음악을 판단하는데 그게 상당히 위험해요. 공연장에서 연주할 때는 연주자들이 완벽하지 않고 상황에 따라 변수가 항상 있거든요. 그런 경험을 하면 음악을 상상하고 작업할 때도 도움이 많이 돼요. 같은 곡을 해도 오케스트라마다 소리가 다르니까요. 예를 들어 라디오 프랑스의 경우 〈바이올린 협주곡 2번〉이나 마지막 날 성악곡들을 할 때 특정 부분에 나오는 화음의 느낌이 확 오지 않았어요. 오케스트라 인토네이션 INTONATION(정확한 음을 내어 전체적으로 음조가 잘 맞아떨어지는 것)에 문제가 있다는 얘기죠. 그런데 다른 오케스트라에서 하면 또 잘 들리거든요. 오케스트라마다 다르고, 홀이 어떠냐에 따라서 또 달라져요. 한 곡을 가지고도 상황에 따라서 결과물이 아주 다르다고 알고는 있었지만 새삼 더 느끼게 됐고, 곡을 쓰는 일이 얼마나 어려운지 다시금 생각했어요. 너무 어려워요.

보통은 곡을 써도 그렇게 다양한 오케스트라에서 여러 차례 연주되는 경우가 흔치 않잖아요. 리허설 과정에서의 현장 경험들이 계속 축적되면 음악적으로 더 세세하게 실제 들리는 소리를 염두에 두면서 작업할 수 있겠네요.
진짜 100만 달러를 주고도 할 수 없는 경험이죠. 한 오케스트라와 했던 똑같은 작품을 다른 데 가서 하면 또 다르고, 다른 오케스트라와 몇 년 뒤에 시간상의 거리를 두고 하게 되면 생각이 계속 달라지니까, 그런 점이 아주 좋았어요.

이번 페스티벌에서 초기작부터 최근작까지 한꺼번에 집중적으로 접하니까, 20~30대에 썼던 곡이 지금 음악과 어떤 면에서 연결되기도 하고 너무 다르기도 하다는 점을 확인할 수 있어서 흥미로웠어요. 그런데 지금까지도 리허설에서 많이 배우신다는 말이 놀랍게 느껴지네요.
너무 많이 배우고, 그래서 생각도 많아져요. 페스티벌은 워낙 북적북적하고 글로리한 분위기인데, 지금 내 마음은, 말로 표현이 잘 안되지만, 느끼는 점이 많아요.

보통 리허설할 때 작곡가들이 계속 지시를 하는 듯한 느낌이던데요.
그렇지는 않아요. 물론 어떤 식으로 해 달라고 요구하지만, 연주자들이나 오케스트라나 지휘자가 리허설하는 걸 보고 제한된 시간 안에 내가 원하는 바를 정확히 요구하는 일이 아주 힘들어요. 시간을 무한정 주고 결과물을 만들어 내라고 하면 아무 문제가 없죠. 리허설 시간은 너무나 짧고, 내가 요구할 수 있는 시간은 더 짧으니까, 그 안에 효과적으로 연주자들이 바꿀 수 있게 하는 것도 일종의 기술이에요. 상황을 보면서 내가 어느 정도까지 요구할 수 있는지 생각하죠. 더 해 봤자 되지도 않고 판단을 잘해야 해요. 괜히 복잡하게 얘기해 봐야 혼동만 일으킬 수 있고요. 그러니까 주어진 시간 안에서 어떻게 최대한 뽑아내느냐가 중요해요. 물론 완벽하지 않죠. 실망스럽거나 만족하지 못해도 받아들여야 해요. 조금만 바뀌면 얼마나 더 좋아질까 하는 생각이 드니까 받아들이는 게 쉽지 않지만, 빨리 판단해서 접을 수 있어야 현실적으로 더 좋은 효과를 낳을 수 있어요.

코로나 시기의 활동

전속 출판사인 '부시 앤드 호크스' 홈페이지에 그간의 연주 기록이 아카이빙되어 있어서 '진은숙' 이름을 넣어 보니 2023년 2월 현재 1,363회가 뜨더라고요. 출판사에 의뢰한 연주만 포함된 데다, 작품 목록에 실내악은 얼마 없고 대부분 규모가 큰 곡들이잖아요. 1990년 대에는 작품이 별로 없어서 연주도 많지 않았을 텐데, 이 숫자는 경이롭다는 생각이 들었어요. 설정값을 지정해 검색해 보니 2000년 이후 연주가 1,272회이고, 2000년대 285회, 2010년대 645회, 2020년 대 접어들어 연주가 더 많아지기 시작하다가 코로나가 터졌어요. 그런 와중에 지난 3년간 연주가 339회나 됩니다. 개별 작품 연주가 많기도 했지만, 이번 페스티벌처럼 집중 조명 연주도 있고요. 60세가 되는 2021년에 여기저기서 기획 공연이 많았는데, 코로나로 인해 모두 연기되었죠. 대표적으로 2021년 4월 말부터 5월 초까지 열리기로 되어 있던 로스앤젤레스 필하모닉의 '서울 페스티벌'은 일부 공지도 되었는 데 시즌 전체가 취소되었고, 베를린 필하모닉의 〈로카나〉 연주도 연기됐어요. 2021년 1월 초연 예정이던 런던 교향악단의 〈바이올린 협주곡 2번 '정적의 파편'〉도 1년 연기되어 2022년 1월에 초연됐고요.

미국에서 특히 오케스트라 연주가 많이 잡혔었는데 아쉽죠. 2019년 〈스피라〉를 초연하고 더 연주될 때 코로나가 터졌어요. 〈스피라〉는 며칠 전 클라우스 메켈레가 클리블랜드 오케스트라와 연주한 영상이 메디치 TV에 떴는데, 메켈레는 필하모니홀에서 파리 오케스트라와 할 때도 엄청 잘하더라고요. 파리 필하모니홀은 잔향이 길어서 협주곡보다는 오케스트라 곡이 더 적합한 것 같아요.

베를린필에서 준비하는 기념 음반도 올해 나오죠? 그 기획도 꽤 오래 되었다고 알고 있어요.

베를린필 음반은 2016년 전부터 얘기가 오갔어요.

그런데 베를린필에서 현대 작곡가 시리즈 음반을 냈었나요?
시리즈로 내진 않았고 이전에 상주 작곡가였던 존 애덤스 JOHN
ADAMS 음반이 나온 적이 있는데, 그 음반이 아마 현대음악 에디션으
로는 처음일 거예요. 내 음반이 두 번째고요. 내 곡으로 음반을 만들
고 싶다고 연락이 와서 서서히 얘기를 구체화하면서 한참 걸려 곡을
정하고, 연주 일정을 잡아 놨는데 코로나가 터졌죠. 우여곡절이 많
았지만, 지금은 어쨌거나 원래 하려고 했던 녹음은 다 됐어요. 이미
베를린필이 연주해 놓은 네 곡이 있어서 한두 곡을 더 넣어서 잘 마
무리됐네요.•

**코로나로 모든 게 중단됐는데, 그 와중에도 이런저런 행사가 꽤 많
이 열렸더라고요. 〈수비토 콘 포르차〉는 2020년 9월 코로나가 한창
일 때 암스테르담 콘세르트헤바우에서 초연됐는데, 코로나 시기에
도 지난 2년 반 동안 60회 이상 연주된 최고 인기 작품으로 등극했고,
2018년에 쓴 〈그랑 카덴차〉도 묶여 있다가 2021년 말 초연 후 안네
소피 무터가 전 세계 투어를 하면서 계속 연주하고 있고요. 지난 시즌
에는 바이에른 국립발레단이 〈마네킹〉을 무대에 올려 이 곡도 계속 연
주되던데, 2020년부터 1년 반 정도 중단되어 힘든 시기가 있었지만
이제 연주가 재개되면서 봇물 터지듯 많아지네요.••**
생각해 보면 코로나로 잠깐 멈췄던 건 확실히 별게 아니었던 것 같
아요. 오히려 그렇게 한번 중단함으로써 조용히 돌아볼 기회도 되었
고요. 그때 마침 '빌라 마시모'에 선정돼 로마에 가 있었으니까, 나는
얼마나 운이 좋았는지 몰라요. 그렇지 않았다면 계속 여행을 다니면
서 힘들었을 거예요. 원래 빌라 마시모 안에서도 행사가 많거든요.
그런 행사에 꼭 참석해야 해서 상당히 피곤했을 텐데, 코로나 기간
이라 그 모든 일이 없어졌죠. 코로나 기간이 제게는 감사한 시간이
었어요.

**그런데 프랑스의 '로마 대상' 제도도 그렇고, 로마에 가 있으면 작곡가
가 영감을 받을 일이 있나요?**

• 이 음반이 2023년 11월 발매된   •• 코로나 이후 본격적으로 공연이 재개
《베를린필 진은숙 에디션》 음반   된 2022년에 진은숙의 음악은 138
세트로, 2024년 2월 '디아파종 골   회, 2023년에는 152회 연주되었다.
드'에 선정되었다.

《베를린필 진은숙 에디션》에 포함된 〈로카나〉 연주 후. 2022년 10월 다니엘 하딩의 지휘

꼭 음악적인 영감이라기보다 이탈리아라는 나라 자체와 로마라는 도시가 나머지 유럽과는 굉장히 다르죠. 완전히 내가 역사 속으로 빠져드는 것 같은 느낌이 들고, 분위기와 모든 것이 너무 달라요. 특히 빌라 마시모는 큰 빌라라 완전히 딴 세상이에요. 그 기간에 어디서도 겪지 못할 너무 특별한 경험을 했어요.

프랑스에서 운영하는 '빌라 메디치'와는 많이 다른가요?
빌라 메디치는 건물이야 훨씬 더 사치스럽고 멋있죠. 빌라 메디치와 왔다 갔다 하는 프로그램도 있었는데 코로나라서 그런 교류는 없어졌고, 저도 빌라 메디치는 못 가 봤어요. 거기는 더 화려하다는데 빌라 마시모는 훨씬 소박해요. 그 장소는 어디서도 가질 수 없는 안정감과 평온함을 줬어요.

빌라 마시모에 선정된 타이밍이 아주 좋았네요.
신의 한 수였죠.

그리고 2021년 6월에는 덴마크 레오니 소닝 음악상을 받으셨어요.
수상 결정은 2019년에 났고 시상식을 2년 후에 했죠. 그때 제 오케스트라 곡들로 콘서트를 했는데 파비오 루이지가 지휘했고, 앙상블 콘서트도 있었어요.

앙상블 콘서트에서 〈알레그로 마 논 트로포〉, 〈그래피티〉, 〈씨〉가 연주됐고, 오케스트라 콘서트에서는 〈피아노 협주곡〉, 〈퍼즐과 게임〉, 〈수비토 콘 포르차〉의 덴마크 초연이 있었는데, 같은 날 베를린 필하모닉도 김선욱 협연으로 〈피아노 협주곡〉을 연주했어요.
맞아요. 같은 날 동시에.

음악가들과의 협업

2019년 가을 앨런 길버트가 북독일방송 엘프필하모니 오케스트라에 공식 부임하는 첫 시즌에 상주 작곡가로 초청되셨어요. 앨런 길버트와의 인연은 언제부터 시작되었나요?

2013년 뉴욕필에서 〈구갈론〉을 연주했을 때부터 인연이 됐고, 거기서 같이할 계획을 세우다가 앨런이 오케스트라를 그만두면서 무산되었는데 엘프필에서 하게 됐죠.•

예전에는 독일보다 프랑스에서 연주가 더 많이 되었던 것 같아요.

파리에서는 앙상블 앵테르콩탱포랭과 처음 작업한 시점이 1994년이고, 그때부터 정기적으로 꾸준히 함께 일했죠. 내 중요한 앙상블 작품을 거기서 위촉받아 썼어요.

앙상블 앵테르콩탱포랭과의 작업은 1992년 리딩 패널에 〈말의 유회〉가 선정되면서 시작되었죠?

리딩 패널에 선발되면 위촉을 받는데 그때 뽑혀서 쓴 곡이 〈기계적 환상곡〉(1994/1997)이에요. 사실 초연은 완전히 망했어요. 그런데 당시 앙상블 상임 지휘자였던 데이비드 로버트슨이 연주를 듣고는 자기가 그 곡을 하고 싶다더라고요. 그때 뭘 봤는지는 모르겠지만, 2년 뒤에 그 곡을 프로그램에 넣어서 완전히 개작했고, 그러면서 이 앙상블과의 작업이 이어졌어요. 그다음에 〈이중 협주곡〉(2002)을 했고, 〈칸타트릭스 소프라니카〉(2004~2005)도 앙상블 앵테르콩탱

• 앨런 길버트가 지휘한 뉴욕 필하모닉의 〈구갈론〉 연주는 음원으로 출시되어 스포티파이와 애플뮤직에서 들을 수 있다.

포랭이 공동 위촉했고요.

그렇게 보면 이번 프레장스 페스티벌에서 첫 콘서트를 앙상블 앵테르콩탱포랭이 맡은 게 의미 있네요. 1993년에 도쿄도 150주년 기념 국제작곡콩쿠르에서 1등상을 받았고, 같은 해 〈말의 유희〉 전곡 초연이 런던에서 있었죠. 그 곡 덕분에 부시 앤드 호크스 출판사에 가게 됐고요. 1988년부터 3년 정도 곡을 못 쓸 정도로 슬럼프에 빠졌다가 1992년부터 조금씩 일이 풀리기 시작했어요.
매년 좋은 일이 한 가지씩 있으면서 서서히 되었어요.

작곡가가 출판사에 소속된 것도 중요하겠지만, 연주자들, 특히 지휘자나 앙상블과 지속적인 관계를 만들어 가는 게 커리어에 큰 역할을 할 것 같아요. 모든 작곡가가 어떤 앙상블과 작업했다고 그 관계가 지속되진 않잖아요.
대개는 한 번으로 끝나죠. 두 번째로 위촉받으면 한 발 들여놓은 거고, 세 번째로 받으면 두 발 다 들어간 거고요. 그런 식으로 가요. 두 번째로 받기가 더 힘들어요.

다른 앙상블과도 작업을 많이 하셨잖아요?
네덜란드 뉴 앙상블과 주로 많이 했고, 앙상블 모데른과는 많이 하진 않았어요. 내 음악이 독일에서 좋아하는 현대음악이 아니라서요. 요즘에는 판도가 바뀌어서 많이 연주되지만, 오랫동안 아무도 연주를 안 했거든요.

제가 베를린에서 처음 들었던 작품이 1996년 필하모니 체임버홀에서 조지 벤자민의 지휘로 앙상블 모데른이 연주한 〈말의 유희〉였는데요.
앙상블 모데른과 처음 했던 곡이 〈말의 유희〉였고, 그다음에 〈기계적 환상곡〉을 했는데, 긴밀하게 많이 하진 않았어요. 클랑포룸 빈은 수십 년 동안 접근이 어려웠는데 요즘 들어서야 작업을 하고 있죠.

뉴 앙상블과의 작업은 가우데아무스 콩쿠르 입상에서 시작되었나요?
가우데아무스 콩쿠르 때 뉴 앙상블이 연주한 건 아니고, 가우데아무스에서 하면서 암스테르담을 비롯해 네덜란드에서 많이 연주됐죠. 이상하게 외국에서는 나를 그냥 작곡가로 보는데, 독일에서는 나를 내 실제보다 훨씬 더 조그마한 사람으로 여기더라고요. 아시아 여성에 대한 편견이 독일에서 훨씬 더 강했던 것 같아요. 지금이야 세상

출세작이라 할 〈말의 유희〉 전곡 초연. 1993년 9월 런던 퀸엘리자베스홀. 지휘 조지 벤자민, 소프라노 퍼넬러피 윔슬리-클라크와 프리미어 앙상블의 연주. 무대 인사를 하러 나온 진은숙

이 많이 변했지만요.

앙상블 무지크파브리크 연주 영상도 유튜브에 여럿 있던데요.
무지크파브리크는 〈칸타트릭스 소프라니카〉의 독일 초연을 했어요. 세계 초연은 런던 신포니에타가 했고요. 그때 처음으로 무지크파브리크가 공동 위촉으로 들어왔고, 그다음에 한 작업이 〈그래피티〉라서 그 곡의 독일 초연을 그들이 쾰른에서 했어요. 연주가 좋아요. 괜찮은 녹음도 있고요.•

지휘자들과의 협업은 어떻게 시작되고 이어지나요? 조지 벤자민과의 인연은 2012년 인터뷰에서도 말씀하셨는데,•• 앙상블 앵테르콩탱포

• 앙상블 무지크파브리크의 〈그래피티〉 연주는 2016년 베르고의 음반으로도 출시되었다.

•• 이희경과의 대담, 「작곡가로서의 삶과 한국 음악계에 대하여」, 『진은숙, 미래의 악보를 그리다』, 휴머니스트, 2012, 95~99쪽.

랭 리딩 패널 심사자였던 벤자민이 〈말의 유희〉를 런던에서 연주하고 싶다고 연락해 왔고, 그 연주회의 성공으로 부시 출판사에 발탁되었고요. 켄트 나가노도 진은숙의 음악 인생에 중요한데, 〈바이올린 협주곡〉과 오페라 《이상한 나라의 앨리스》를 초연했을 뿐 아니라, 이번 프레장스 페스티벌에서도 〈바이올린 협주곡 2번 '정적의 파편'〉을 지휘하셨죠.* 이런 지휘자들과는 어떻게 연결되었나요?

그들 모두 내가 접근한 게 아니고, 그쪽에서 어떻게 내 이름을 알고 곡을 연주하겠다고 연락해 왔어요. 조지도 그랬고, 켄트는 조지에게서 내 얘기를 들었고요. 켄트가 메시앙과 작업을 많이 했는데, 조지가 메시앙의 제자라서 이 사람 말을 전적으로 신뢰해요. 그래서 내게 같이 작품 하자고 연락했죠. 1999년에 처음으로 연락을 받았는데, 6개월 후에 초연하는 오케스트라 곡을 써 달라고 해서 내가 못하겠다고 거절했어요. 그때 나는 젊고 아무도 나를 모를 땐데, 감히 바이에른 국립오케스트라에서 위촉을 주겠다는데, 이렇게 짧은 시간에 곡을 쓸 수는 없다고 거절한 거예요. 그랬더니 그다음에는 런던필에서 같이하자고 해서 그때 한 작품이 〈시간의 거울〉(1999)이고요. 2000년에 이분이 베를린 독일교향악단DSO의 상임 지휘자로 오면서 나를 첫 상주 작곡가로 초청했어요. 자기가 우겨서요. 당시 베를린에서는 내가 누군지 아무도 몰랐어요. 요즘에는 음악회도 보러 다니지만, 그때 나는 아무 데도 안 가고 집에만 있었거든요. 그러니까 오케스트라 쪽에서는 '이 사람이 누군데?' 하는 상황이었죠. 나를 아주 이상스러운 눈으로 쳐다봤어요. 그러니까 켄트는 메시앙을 믿고, 조지를 믿고, 나를 믿은 거예요. 그런 신뢰를 보여 준 거죠. 그런데 작품을 들어 보고 자기가 좋다고 생각해도 이 작곡가가 앞으로 어떻게 될지는 아무도 모르잖아요. 그런 신뢰가 지금까지 지속되는 거예요.

정말 대단한 신뢰네요. 물론 자신을 실망시킨 적이 없으니까 관계가 이어졌겠지만요. 게다가 본인이 위촉하고 초연했던 〈바이올린 협주곡〉이 그라베마이어상을 받았는데, 이 작품은 켄트 나가노가 아니었으면

---

* 레오니다스 카바코스 협연으로 켄트 나가노가 지휘한 라디오 프랑스 필하모닉 오케스트라의 이 연주는 프랑스 음악·연극·춤 비평가협회가 선정한 2022/2023 시즌 올해의 초연작에 선정되었다.

2002년 1월 베를린 필하모니홀에서 켄트 나가노와 〈바이올린 협주곡〉 초연 리허설 중

2023년 2월 파리 필하모니홀에서 켄트 나가노 지휘, 레오니다스 카바코스 협연으로
〈바이올린 협주곡 2번 '정적의 파편'〉 연주 후

쓰이지 않았을 곡이잖아요. 본인이 상을 받는 것처럼 기뻤을 것 같아요. 그러다가 다음으로 사이먼 래틀과도 작업을 많이 하셨는데요.

사이먼과 켄트와의 인연이 동시에 진행되는데요. 나는 사이먼을 개인적으로 몰랐어요. 그런데 2000년대로 들어오면서 신문에 사이먼 래틀의 인터뷰 기사가 나왔잖아요. 21세기를 이끌어 갈 작곡가 다섯 명에 내가 들어갔죠. 난 그 사람을 알지도 못했는데, 어떻게 내 음악을 들었겠죠. 영국에 내 팬이 하나 있었어요. 지금은 돌아가신 로열 필하모닉 피아니스트인데 그분이 그 기사를 보내 줘서 알게 됐어요. 그러고는 2002년경에 버밍엄 현대음악그룹에서 〈말의 유희〉를 하겠다고 해서 그때 처음 만나게 됐어요.

사이먼 래틀과의 인연은 버밍엄에서 시작되었군요.

그러니까 2000년대 초반에 나와 인연 있는 지휘자가 모두 베를린으로 온 거예요. 그래서 2002년에 독일교향악단 상주 작곡가로 활동하면서 〈바이올린 협주곡〉을 초연하고, 〈피아노 협주곡〉도 연주했고, 3년 후에 사이먼이 베를린필과 〈바이올린 협주곡〉을 다시 했고요. 그 후부터 계속 베를린필과 작업하게 됐어요. 〈바이올린 협주곡 2번〉도 사이먼이 지휘했죠. 이 곡을 쓸 때 사이먼을 많이 생각하면서 썼어요. 여하튼 결과는 너무 좋았고요. 머릿속에서 복잡하게 생각해서 곡을 써 봐야 결국 내 손해예요. 오케스트라와 지휘자가 어렵지 않게 소화하면서도 복합적인 음악을 쓰려고 진짜 고민을 많이 했습니다. 그렇게 해도 연주하기 쉽지 않은데 복잡하게 해 놓으면 더 어려워지죠.

이번 프레장스 페스티벌에서 지휘할 예정이었던 프랑수아-자비에르 로트는 어떤 작품으로 만나셨나요?

2005년 〈칸타트릭스 소프라니카〉의 프랑스 초연을 했어요. 그때는 젊을 때라 머리도 찰랑찰랑했는데, 얼마 후 위상이 확 올라갔죠. 그 후로 이 사람이 내 곡을 한 건 2009년 〈기계적 환상곡〉과 2017년 〈세이렌의 침묵〉 두 번씩밖에 없는데, 2020년 10월에 베를린필과 〈로카나〉를 연주하기로 했다가 코로나 때문에 취소됐고요. 이번에 〈권두곡〉과 새 곡을 초연하기로 했었는데, 리허설 때 보니 〈권두곡〉 연주를 너무 잘해서 깜짝 놀랐어요. 내년에 런던에서 〈피아노 협주곡〉과 〈스피라〉를 지휘할 예정이에요. 그런데 연주자들과의 협업, 특히 지휘자들과의 인연은 초창기에 켄트나 사이먼이 전화해서 곡을 써 달라고 했을 때 내가 곡을 쓸 수 있어야 계속 유지되는데,

사이먼 래틀의 베를린 필하모닉 마지막 시즌 투어를 위해 위촉된 〈코로스 코르돈〉 초연 후
2017년 11월 3일 베를린 필하모니홀

사이먼 래틀이 초연한 〈바이올린 협주곡 2번 '정적의 파편'〉 리허설 중. 2022년 1월 5일 런던 바비컨 센터

내가 곡을 너무 뜨문뜨문 쓰고 빨리빨리 써낼 수가 없어서…….

그렇지만 지난 몇 년은 거의 매년 오케스트라 곡을 쓰셨잖아요. 2017년 〈코로스 코르돈〉, 2019년 〈스피라〉와 〈권두곡〉, 2020년 〈수비토 콘 포르차〉, 2022년 〈알라라프 '심장박동의 제의'〉까지.*
이번으로 끝이에요. 당분간 오케스트라 곡은 안 쓰려고요. 그동안 너무 많이 써서 이제 완전히 다른 작업을 해 보려고 해요.

이미 이 곡들이 많이 연주되고 있으니까요. 〈수비토 콘 포르차〉를 초연했던 클라우스 메켈레와는 어떻게 연결되었나요?
이 곡은 쾰른 필하모니와 콘세르트헤바우 오케스트라가 공동으로 위촉했고, 원래 콘세르트헤바우 오케스트라가 쾰른에 와서 연주하기로 했는데, 코로나 때문에 무산되고 연기되면서 9월에 암스테르담에서 하게 됐어요. 그때 메켈레를 처음 봤는데, 어린데 지휘도 잘하더라고요.

1996년생이니까 그때 스물네 살이었네요. 현재 그 세대에서 제일 잘 나가는 지휘자죠.
그때는 그렇게 대단한 인상을 받지 않았는데, 몇 달 후 자기가 맡고 있는 오슬로 필하모닉에서도 그 곡을 연주했는데 잘했더라고요.

그 연주가 유튜브에 올라와 있죠.
그 후에 〈스피라〉의 프랑스 초연을 메켈레 지휘로 파리 오케스트라가 했는데, 너무너무 좋았어요. 연주가 완전히 다른 음악이었고 젊으니까 모험을 과감히 시도하면서도 모두 컨트롤해요. 해 달라고 한 건 다 했고, 파리 오케스트라도 그 곡에 잘 맞았고요. 이번에 라디오 프랑스는 조금 실망했는데.

〈수비토 콘 포르차〉.
오슬로 필하모닉 오케스트라, 지휘 클라우스 메켈레.
2021년 6월 4일 오슬로 콘서트홀

* 2023년 가을에도 〈오페라스코프〉가
  바이에른 국립오케스트라에서 초연
  되었다.

파리 오케스트라들 간에 어떤 차이가 있나요?

이번에 보니 프랑스 국립오케스트라와 라디오 프랑스는 색깔의 차이가 상당히 많이 나더라고요. 파리 오케스트라는 중간 위치고요. 여기는 현대음악도 잘하고 옛날 음악도 잘하는데, 라디오 프랑스는 소리가, 특히 현악기 소리가 얇아요. 그러니까 화음을 냈을 때 어떤 스펙트럼이 안 나오는 것 같은 느낌이 들고, 모든 게 약간 뾰족뾰족하고요. 그런데 프랑스 국립오케스트라는 현대음악을 거의 안 하는 곳이거든요. 브람스와 브루크너 음악을 하던 곳이니까 현 소리도 풍부하고, 그런 악단이 공부해서 〈권두곡〉을 하니 소리가 너무 좋아서 그 리허설은 잊을 수가 없어요.

이번 프레장스 페스티벌에서 그 공연이 취소돼서 너무 아쉽네요. 일란 볼코프도 연주를 아주 많이 했어요.

일란은 워낙 독특해서 메인 오케스트라에서 초청받지는 않으니까.

서울시향 '아르스 노바' 때 한국에 지휘하러 와서도 상수동에서 노이즈 음악을 연주하더라고요.

일란은 아이슬란드에 가서도 이상한 페스티벌을 하고 그래요. 사람이 아주 독특해서 기존 시스템에 잘 안 맞아요. 일란이 내 곡을 마지막으로 한 게 2018년 도쿄에서예요.

다케미츠 작곡상 심사위원으로 위촉되셨을 때 요미우리 일본 교향악단과 〈첼로 협주곡〉, 〈클라리넷 협주곡〉, 〈마네킹〉 일본 초연을 했네요.* 수산나 멜키도 앙상블 앵테르콩탱포랭과 연주를 많이 했고요.

수산나는 〈칼라〉 노르웨이 초연을 했어요. 그때 오슬로에서 처음 만났는데, 상당히 옛날이죠.

2002년이네요. 이 작품이 2000년대에 일곱 번 정도 연주되고, 2011년에 일란 볼코프가 런던에서 했어요.

그때 BBC 심포니가 했는데 초연했던 베이스가 다시 왔어요. 그 베이스의 소리가 아주 좋거든요. 환상적으로 좋은데 악보를 잘 못 읽는 사람이에요. 모차르트 곡처럼 늘 하는 곡만 하는데, 2001년 초연 때도 꿔다 놓은 보릿자루처럼 서서 노래하니까 페테르 외트뵈시가

* 일란 볼코프는 2020년 10월에도 텔아 비브에서 〈구갈론〉을 연주한 바 있다.

"노래를 하세요! 노래해요!"라고 하면서 뭐라도 상관없으니 부르라고 했어요. 그런데 녹음을 들으면 목소리가 너무 좋아요. 그러고는 한참 지나서 런던 공연 때 다시 와서 리허설하는데 음정도 안 맞고 노래가 안되는 거예요. 그래서 일란이 다른 사람을 불러다 하루 만에 공부하게 해서 무대에 올렸죠.

공연 기록에는 베이스 마틴 스넬이라고 돼 있는데요.
리허설 때 그만두게 했으니 그 얘기를 어떻게 하나 싶었는데 BBC 심포니 책임자가 자기가 해야 할 일이니까 기분 나쁘지 않게 잘 얘기했어요. 영국 사람이 그런 건 잘하잖아요. 그랬더니 마틴 스넬이 너무 기뻐하면서 돌아갔대요. (웃음)

부시 아카이브에 등록된 연주 기록을 지휘자별로 정리해 보면, 제일 많이 한 지휘자는 역시 켄트 나가노로 40회가 넘고요. 정명훈, 일란 볼코프, 수산나 멜키, 스테펀 애즈버리, 앨런 길버트 등이 20회 이상 연주했어요. 그런데 〈피아노 협주곡〉의 일본 초연을 박은성 선생님이 지휘하셨더라고요. 2004년에 센다이 필하모닉과 두 번.
그러니까요. 오오이 히로아키가 쳤는데 굉장했대요.

아 그땐 못 가셨군요. 마르쿠스 슈텐츠도 연주가 많아요.
마르쿠스도 〈바이올린 협주곡〉을 많이 했고, 쾰른과 함부르크에서 〈첼로 협주곡〉도 여러 번 했죠.

지휘자별로 연주 기록을 정리해 보면 누가 무슨 곡을 어느 악단과 했는지 일별할 수 있겠어요. 정명훈 선생님의 첫 연주는 2005년 르노 카퓌송이 라디오 프랑스 필하모닉과 협연한 〈바이올린 협주곡〉의 프랑스 초연이었고, 대부분은 서울시향 해외 순회공연 때 〈생황 협주곡 '슈'〉와 〈바이올린 협주곡〉을 많이 하셨네요. 베를린 필하모닉과 〈첼로 협주곡〉도 연주했고요. 2007년 오페라 《이상한 나라의 앨리스》의 초연 직후 그중 한 곡인 〈미친 티 파티 서곡〉도 서울에서 아시아 필하모닉 오케스트라 연주로 들었던 기억이 있어요.
그럼 연주자들과의 협업으로 넘어갈게요. 먼저 성악곡을 보면 초반에 피아 콤시가 정말 많이 했던데요.
피아 콤시와 아누 콤시는 핀란드의 쌍둥이 자매예요.

이런 분들은 우연히 알게 되셨나요? 아니면 연주를 보고?

예테보리에서 〈칼라〉 초연할 때, 원래 아누 콤시가 하기로 했었어요. 나는 아누를 모를 땐데, 아누의 남편 사카리 오라모SAKARI ORAMO를 마리스가 알아요. 그때는 내가 마리스를 만난 지 얼마 안 됐고 리윤이 낳고 6주 있다가 거기에 갔거든요. 그런데 원래 맡은 아누가 노래를 못 하게 됐다며 동생도 노래하니 그 사람에게 맡기자고 했어요. 나는 아무도 모르니까, '무슨 동생을 불러오냐'라고 생각하고 안 믿었어요. 그런데 노래를 너무 잘하는 거예요. 그 자매가 남들은 갖고 있지 않은 능력이 있어요. 소리도 상당히 예쁘고, 소리 색깔이 서로 잘 섞이고, 무엇보다 악보를 아주 정확하게 봐요. 아티큘레이션ARTICULATION(음을 만들어 내는 방식)도 좋고, 고유한 퀄리티가 있어요. 〈칼라〉가 소프라노에게도 엄청 높은 곡인데, 페테르 외트뵈시가 초연하고 나서 '이 곡을 이렇게 부를 사람은 이 사람밖에 없으니 연주할 때마다 맡겨라. 이런 곡은 아무나 못 한다'라고 했죠. 〈칸타트릭스 소프라니카〉도 이들을 위해 쓴 곡이에요. 피아는 〈말의 유희〉 도이치그라모폰 음반이 나올 때도 참여했고, 내 곡을 많이 했어요.

성악곡은 특히 곡마다 그에 맞는 소프라노들이 있잖아요. 음색이나 여러 면에서 〈칸타트릭스 소프라니카〉처럼 아예 특정 가수를 염두에 두고 쓰기도 하고요. 성악곡을 많이 쓰셨고 여러 소프라노와 작업하셨는데, 특정 곡에 잘 맞는 소프라노가 있을까요? 예를 들어 〈말의 유희〉는 어떤 목소리가 연주에 가장 적합하다고 느끼셨는지 궁금합니다.
〈말의 유희〉 쓸 때는 연주자를 아무도 몰랐으니까 누구도 염두에 두지 않았어요. 사실 그 곡이 굉장히 어려운데, 영국에서 초연할 때 했던 퍼넬러피 웜슬리-클라크라는 영국 소프라노가 괜찮았어요.

그 연주가 1993년 런던에서 했던 〈말의 유희〉 완성본 초연이네요. 조지 벤자민이 지휘해서 엄청나게 좋은 평을 받았던 그 연주요.
그런데 사실 그 완성본은 저음 소프라노와 고음 소프라노 두 명이 불러야 해요. 혼자 하기는 힘든 곡이라, 목소리가 높은 사람은 저음 부분이 안 되니 진짜 잘하는 사람을 찾기가 힘들어요. 옛날에 가끔 괜찮은 성악가들이 있었죠.

〈말의 유희〉는 정말 다양한 사람이 했네요. 아누 콤시와 피아 콤시도 여러 번 했는데, 〈칸타트릭스 소프라니카〉는 이 쌍둥이 자매를 생각하고 쓰셨고요.
그래서 그들이 안 부르면 힘들어요. 잘하는 사람을 찾기 어려운 이유가, 잘하는 사람은 일단 연주료가 너무 높고, 노래 잘하는 사람들은 전부 오페라를 하니까요.

오페라 《이상한 나라의 앨리스》에도 소프라노가 여럿 나오잖아요.
앨리스는 뮌헨에서 초연했던 소프라노가 잘했고, 최고의 앨리스는 2010년 제네바 때예요. 무대는 그냥 그랬는데 레이첼 길모어가 진짜 잘했어요. 2017년 롯데콘서트홀에서 〈장면들〉 할 때도 왔는데, 그때는 이미 나이가 들어서 목소리가 많이 안 좋아졌지만, 제네바에서 할 때는 정말로 완벽한 앨리스였어요.

오페라에 하트 여왕, 체셔 고양이, 공작부인 등 여러 소프라노가 등장하는데, 오페라에 나오는 장면들을 콘서트용으로 만든 곡이 〈퍼즐과 게임〉이잖아요. 그런데 이 곡은 소프라노가 여러 캐릭터를 표현해야 해서 잘 부르기 힘들 것 같아요.
테너 곡도 있고 메조소프라노, 소프라노 곡도 있고, 완전히 하이소프라노도 있으니까요.

한국 소프라노들도 연주한 곡들이 있죠?
서예리가 〈말의 유희〉를 여러 번 했고, 황수미가 〈퍼즐과 게임〉을 했죠.•

〈바이올린 협주곡〉도 여러 사람이 연주했는데요.
그 곡은 너무 어려워서 많이 연주되진 않았어요.

아니에요. 61회나 연주됐는데요?
정말요? 스무 번 정도 했다고 생각했는데……

〈퍼즐과 게임〉.
소프라노 황수미, 통영페스티벌오케스트라,
지휘 크리스토프 에셴바흐. 2018년 4월 6일 통영국제음악당

• 서예리는 2005년부터 진은숙의 〈말의 유희〉를 포함해 〈칸타트릭스 소프라니카〉와 〈스내그스 앤 스널스〉를 모두 21회 연주했고, 황수미는 2018년부터 〈퍼즐과 게임〉을 많이 불렀지만 〈말의 유희〉도 연주한 바 있다.

초연했던 비비아네 하그너가 39회 연주했고, 강혜선이 6회, 크리스티안 테츨라프가 3회, 르노 카퓌송도 2회 했고요.
테츨라프는 베를린필과 세 번 했고, 카퓌송은 정명훈 선생님과 파리에서 라디오 프랑스 연주로.

2009년에 스웨덴에서는 발레로도 했었군요.
아 맞아요. 그 곡을 녹음해서 발레를 했어요. 그래서 횟수가 많지 않을까요?

발레는 두 번밖에 안 돼요. 제니퍼 고가 두 번, 작년에 양인모도 두 번 했고요. 이 곡을 연주한 바이올리니스트가 총 열 명이나 됩니다. 비비아네가 초연할 때 몰입력이 굉장했잖아요. 그때 나이도 어렸는데요.
너무 잘했죠. 그때 나는 비비아네가 얼마만큼 잘했는지 몰랐어요. 그런데 요즘 들어 보면 어떻게 연주했을까 싶어요. 〈생황 협주곡〉은 몇 회나 했어요? 그 곡은 우웨이밖에 못 하는데, 일반 생황 주자들이 할 수 있는 수준이 아니라서.

〈생황 협주곡〉도 지금까지 45회나 연주됐어요. 올해 루체른과 베를린에서도 공연할 예정이고요. 〈첼로 협주곡〉도 37회나 연주됐는데, 초연했던 알반 게르하르트가 주로 했죠. 〈첼로 협주곡〉이나 〈생황 협주곡〉은 연주자들을 알게 되면서 이들을 위해 쓴 곡이잖아요. 〈바이올린 협주곡〉은 특정 연주자를 염두에 두고 쓴 곡은 아니고요.
그 곡은 추상적으로ABSTRACT 썼고요.

연주자를 염두에 두고 곡을 쓸 경우 그들 연주에서 어떤 음악적인 아이디어가 생기나요? 그들의 음악 스타일이 작품에 영감을 주나요?
그 연주자의 퍼스낼리티가 작품에 투영되죠.

앙상블곡 〈구갈론〉도 이미 80회나 연주됐는데, 앙상블 모데른이 초연하고, 앙상블 앵테르콩탱포랭이 완성본을 연주한 후로, 클랑포룸 빈, 런던 신포니에타, 아스코 쇤베르크 앙상블, 앙상블 무지크파브리크 등 여러 현대음악 단체에서 했네요.
〈피아노 협주곡〉은 몇 번이나 연주됐어요?

코로나로 취소된 연주를 빼면 30회요.
그래도 훌륭하네요. 그 어려운 곡을.

이 곡도 열두 명의 피아니스트가 연주했어요. 김선욱이 11회로 제일 많이 했고요. 〈그래피티〉는 구스타보 두다멜 지휘로 로스앤젤레스 필하모닉이 초연했는데, 두다멜과 로스앤젤레스 필하모닉은 2009년 〈생황 협주곡〉 미국 초연 때 만났고 그 뒤에 이 곡을 위촉한 거죠?
내가 보기에 두다멜이 내 작품을 다시 할 일은 없을 것 같아요. 서로의 합의하에. (웃음)

〈세이렌의 침묵〉에서 바버라 해니건은 사이먼 래틀이 소개했나요?
사이먼이 나한테 루체른 페스티벌 상주 작곡가를 맡겼고, 그러면서 바버라를 위해 곡을 쓸 수 있겠냐고 부탁했어요.

그럼 그 작품에도 바버라 해니건의 캐릭터가 반영됐겠네요.
그렇죠. 그 곡은 완전히 바버라를 위해 썼어요.

〈클라리넷 협주곡〉도 초연했던 카리 크리쿠를 위해 썼는데, 이 곡도 2014년 초연 후 벌써 22회나 연주됐어요.
그 곡은 예테보리 교향악단, 뉴욕 필하모닉, 바르셀로나 교향악단 등 다섯 군데서 공동 위촉한 곡이라.

협주곡을 쓸 때는 협연할 연주자들이 중요할 것 같아요. 〈바이올린 협주곡 2번 '정적의 파편'〉은 레오니다스 카바코스를 위해 썼는데, 이 곡은 작곡가가 그 연주자를 위해 쓰겠다고 나선 경우잖아요.
다른 협주곡들도 내가 원하지 않으면 곡이 나올 수 없어요.

그렇긴 한데 위촉이 그쪽에서 들어온 경우가 아니라는 의미로.
그렇죠. 그 사람은 나를 몰랐으니까요.

카바코스를 위해 곡을 써야겠다고 생각하셨을 때, 그분 연주의 어떤 점에 끌리셨나요?
연주의 차원이 완전히 다르니까요. 어떤 절대적인 영역에 있는 연주를 하는 사람이에요. 뻔히 다 아는 베토벤 소나타 같은 곡도 그전에는 알지 못했던 완전히 다른 퀄리티로 연주하는 사람이라 깜짝 놀랐죠.

카바코스를 발견하게 된 건 우연히 유튜브에서였나요, 아니면 다른 경로였나요?
사람들이 얘기하기도 했고. 카바코스가 대중에게 알려진 시점이 늦어요. 사실 20대 때부터 엄청난 기교로 연주했는데 전혀 유명하지 않았던 거죠. 카바코스라는 이름은 들었지만, 어느 날 우연히 TV를 켰는데 잘츠부르크에서인가 누가 베토벤 소나타 전곡을 하는 영상이 나왔어요. 그땐 말랐고 머리가 길어서, 독특하게 생겼고 바이올린을 진짜 잘한다고 생각했는데, 그 사람이 카바코스였어요. 그러면서 관심 있어서 계속 연주를 찾아보게 됐죠.

그러고는 내가 당신을 위해 곡을 쓰겠다고 알린 건가요?
그렇게 얘기하면 안 되고, 위촉을 다 받아 놓고 얘기해야죠. 런던 심포니와 사이먼 래틀이 위촉한 곡이 있었는데, 카바코스가 연주한다면 내가 두 번째 바이올린 협주곡을 쓰겠다, 그런 식으로 제안했어요.

그동안 주로 유럽에서 활동하는 음악가들과 작업을 많이 했는데, 최근에는 미국에서도 연주가 많이 되고 있더라고요. 미국에서의 활동은 어떤가요?
미국은 뉴욕 필하모닉과도 인연이 있고, 보스턴 심포니와는 벌써 작품 세 개를 했어요.

지휘자가 모두 달랐나요?
다 달랐죠. 2011년 〈첼로 협주곡〉을 처음 할 때는 수산나 멜키였고, 두 번째로 2015년 〈마네킹〉을 할 때는 쿠르트 마주어의 아들 켄-데이비드 마주어였고, 지난해(2022) 〈바이올린 협주곡 2번〉은 안드리스 넬손스가 했어요. 로스앤젤레스 필하모닉과도 인연이 깊고, 최근에는 클리블랜드 오케스트라가 내 작품을 많이 했죠. 작년에 앨런 길버트가 〈로카나〉를 네 번 하고, 올해 클라우스 메켈레가 〈스피라〉를 두 번 하고요. 아직 가 보진 못했어요.

아직 한 번도 안 가 보셨어요?
클리블랜드는 가기가 너무 복잡해요.

연주 기록을 보니 최근 몇 년간 미국 오케스트라들이 여기저기서 연주를 많이 했네요. 오리건 심포니, 샌프란시스코 심포니, 미네소타 오케스트라를 비롯해, 댈러스, 유타, 산타크루즈, 피츠버그, 세인트루이스, 볼티모어 등에서도 연주되었고요. 미국은 도시마다 오케스트라가 하나씩은 있으니 2020년에 계획되었다가 코로나로 못 했던 〈권두곡〉이나 〈수비토 콘 포르차〉가 여기저기서 많이 연주되고 있군요. 연주가

많으니 당연히 가 볼 수도 없었을 테고, 지휘자들도 모르는 분들이 많겠어요.

시몬 영과는 인사만 한 사이고. 전문적인 분야에서 꼭 개인적으로 말을 많이 할 필요는 없죠. 미하엘 잔더링은 개인적으로 전혀 모르고, 모르는 사람이 많아요.

유명 연주자를 거론하며 이런 얘기를 길게 한 이유는, 작곡가가 어떤 식으로 연주자들과 작업하는지 소개하고 싶어서예요. 한국 청중들은 현존 작곡가에게는 별로 관심이 없고 연주자들에게만 열광하지만, 사실 작곡가가 클래식 음악계에서 얼마나 비중 있는 역할을 하는지 알릴 필요도 있겠다고 생각해요.

음악회를 기획하며 배운 점

작곡가로 작업하면서 연주자들과 연결되는 일 외에도, 서울시향의 현대음악 시리즈 '아르스 노바'나 그 후에 공연기획 자문 역을 맡아 프로그래밍을 하면서 그에 맞는 연주자들을 찾아야 했잖아요. 프로그램이 먼저 정해지고 그 곡에 맞는 사람을 찾는 거죠?
그렇죠. 가장 먼저 어떤 음악을 할지 정해 놓고, 이 음악을 누가 제일 잘할 수 있을지 접근해요. 내가 전에 같이 일을 해 봤던 사람일 수도 있고 아닐 수도 있어요. 내 곡의 연주자나 지휘자를 찾는 일과는 또 완전히 달라요.

날짜와 여러 다른 조건이 맞아야 할 테고요. 시즌 프로그램의 연주자를 찾으려면 온갖 분야를 뒤져 봐야겠어요.
작곡가 입장에서는 그렇게까지 어떤 지휘자가 뭘 잘하는지 굳이 알 필요가 없을 수 있는데, 시즌 프로그램을 만들면서 클래식 음악을 폭넓게 알게 되기도 했고, 그러면서 배운 게 많죠. 실질적으로 연주회 하나가 어떤 식으로 무대에 올라가는지 알게 되었는데, 나는 항상 작곡가 입장에 있다가 이제 방향을 바꿔 저쪽으로 건너가서 보는 거죠.

어떤 면에서는 그런 점이 작곡가로서의 활동에도 도움이 됐겠네요.
물론이요.

서울시향의 시즌 프로그램을 만들 때는 연주자들을 찾는 폭이 훨씬 커졌을 것 같아요.
그렇죠. '아르스 노바'는 주로 현대음악을 하니까 그런 레퍼토리를 많이 지휘해 본 전문성이 있는 사람들을 불러야 하지만, 시즌 공연은 프로그램도 완전히 다르고 스탠더드 레퍼토리를 잘하는 사람들을 불러야 하니까요.

2000년대 중반까지는 작품에만 집중해야 하는 시기였던 것 같고, 어느 정도 작곡가로서 궤도에 오르고 난 다음 서울시향 활동을 시작하면서 운신의 폭이 더 커질 수 있었겠다고 생각됩니다.
제가 그전에는 오랫동안 혼자 살았기 때문에 사람을 만나거나 남들 앞에서 얘기하는 걸 너무 싫어하고 힘들어했는데, 한국에 와서 사람들을 상대하면서 조금씩 한국말도 예전처럼 하게 되었어요. 대학 다닐 때나 독일에 처음 갔을 때는 잡지에 글도 썼는데, 독일에서 한참을 혼자 지내다 보니 말은 해도 글을 쓰려고 하면 머리가 하얘지고 아무 생각도 안 나더라고요. 그런데 한국 방문하며 신문도 읽고 더 한국화되면서 언어를 다시 찾았어요. 진짜 한동안은 편지를 쓰려고 해도 무슨 말로 시작해야 할지 막막했거든요.

2022년부터 통영국제음악제와 대만 가오슝 웨이우잉국제음악제 예술 감독으로 활동하고 계신데요. 아시아에서 국제적인 영향력을 지닌 작곡가가 흔치 않다 보니 중국이나 일본 등 여러 곳에서 요청이 오지 않나요?
일본은 좀 걸어 닫은 것 같고요. 내가 한국 사람이기 때문에 일본에서 하기는 힘든 부분이 있고, 중국 쪽에선 국가대극원 NATIONAL CENTRE FOR THE PERFORMING ARTS(NCPA)에서 얘기가 나오기도 했는데, 중국은 모든 것이 너무 정치적이고 요즘 워낙 관계가 좋지 않아서 당장은 굳이 중국에 가서 하고 싶은 생각은 없어요. 나중에 좋은 세상이 오면 모르지만.

2018년 다케미츠 작곡상 단독 심사위원으로 초청되셨고, 2019년 하얼빈 국제음악콩쿠르 작곡 부문 심사도 하셨고, 2023년 3월에는 홍콩에서 〈별들의 아이들의 노래〉도 연주된 적이 있어 여쭤봤습니다. 다른 아시아 쪽은 요청이 없었나요?
다른 아시아 쪽은 아직 없네요.

한국의 젊은 연주자들도 여기저기 많이 소개하고 계시잖아요. 특히 〈피아노 협주곡〉은 김선욱에 의해 재탄생했다고 해도 과언이 아닌데, 이번 프레장스 페스티벌에 플루티스트 김유빈도 초청하셨고.
김유빈이 내 곡을 한 건 아니고요.

소프라노 서예리, 황수미 등이 성악곡을 여러 차례 불렀고, 2022년에 양인모가 〈바이올린 협주곡 1번〉을 연주했고, 성시연과 최수열도 여러 곡을 지휘했어요. 김한도 2021년에 로스앤젤레스 필하모닉과 〈클라리넷 협주곡〉을 하기로 했다가 코로나로 연기되어 못 했는데, 언젠가 김한의 연주로 〈클라리넷 협주곡〉 들을 날을 기대해 봅니다.* 그런데 피아노는 다른 악기들과는 다른 특별한 의미가 있을 것 같아요. 어릴 때 피아니스트를 꿈꾸기도 했기에 개인적으로 중요한 악기잖아요. 〈피아노 에튀드〉를 1995년부터 쓰기 시작했고, 2~4번을 1996년에 완성했는데요.

오리지널 버전을 쓰고 나서 나중에 개작했어요. 세상이 많이 달라졌다고 느끼는 것이, 그 당시만 해도 그 곡을 연주하려는 사람이 없었지만 지금은 학생들도 다 쳐요.

2010년에 메이 이 푸가 에튀드 5번 "토카타"를 유튜브에 올렸는데 그 연주가 좋아서 많은 사람이 알게 되기도 했을 것 같아요. 2012~2014년에 메이 이 푸, 길예진, 클레어 해먼드가 각각 음반도 냈더라고요.

• 2021년 연기되었던 로스앤젤레스 필하모닉의 '서울 페스티벌'은 2025년 6월에 개최되며, 김한이 협연하는 진은숙의 〈클라리넷 협주곡〉은 6월 7일과 8일 윤한결의 지휘로 로스앤젤레스 필하모닉에 의해 연주될 예정이다.

좋은 음악가의 조건

이번 프레장스 페스티벌에서 들은 베르트랑 샤마유의 연주는 정말 대단했습니다. 이 에튀드가 워낙 어려워서 보통 몇 곡씩 뽑아서 치는데 여섯 곡을 연이어 연주하는 건 처음 들었어요.

디테일이 모두 들리니까요. 음악 연주가 그런 것 같아요. 예를 들어 영국이라는 섬의 거리를 측정한다고 할 때, 긴 자를 턱 가져다가 잴 수도 있고 꼬불꼬불한 해안선을 세세하게 모두 연결해서 잴 수도 있잖아요. 음악 연주도 그와 같아요. 음들을 정확하게 연주해야 하는데, 웬만한 피아니스트는 그 음들을 그냥 그 템포 안에 치는 것 이상은 안 해요. 빠른 템포로 휘리릭. 그것도 안 되는 사람도 있고, 엉터리로 하는 사람도 있고요. 그런 사람들의 음악은 1~2분 지나면 집중하기가 힘들어요. 음악을 듣는 일을 여행에 비유할 수 있어요. 내가 가방을 싸서 여행 갈 준비를 하고 플랫폼에서 기차가 오기를 기다려요. 누군가가 나를 데리고 가야 해. 그래야 여행을 떠난단 말이에요. 그런데 그런 연주자들의 음악은 준비되어 있는 나를 아무 데도 안 데리고 가는 거예요. 김선욱의 연주는 첫 음부터 끝까지 날 거기로 데려가잖아요. 그게 제대로 된 연주죠. 그런데 그런 사람이 진짜 드물어요. 요즘은 모두 유튜브로 보니, 얄팍한 소리로 해도 그냥 그렇게 가니까.

〈피아노 에튀드〉는 170여 회나 연주됐어요. 출판사에 등록되지 않은 연주도 많을 테니 더 있겠지만, 이 곡을 친 피아니스트들이 아주 많은데, 그 연주들 가운데 마음에 드는, 아까 얘기했던 것처럼 해안선의 디테일을 모두 살리는 연주는 드문가요?

메이 이 푸가 특히 "토카타"를 잘 쳤어요. 괜찮은 연주자예요. 피아니스트건 노래건 연주하는 사람은 일단 클랑KLANG이 있어야 해요. 클랑이 없으면 아무것도 할 수가 없어요. 그러니까 모든 것의 시작은 클랑이에요. 그로부터 음악을 만드는 거죠. 연주자들이 소리가 얇으면 빨리 쳐요. 소리가 없기 때문에 그 순간에 머물 수 없으니까 속도로 밀어붙이는 거죠.

현대곡 중에는 그냥 기량으로 커버되는 곡들이 있죠.
그러면 피아노를 잘 치는지 아닌지 몰라요.

그래서 이 에튀드가 어려운 것 같아요. 보통 현대곡은 기교적으로 하면 멋있어 보이는데 이 작품은 거기다가 음악적인 표현이 들어가야 하니, 연주자들이 치기에 어려운 곡일 수밖에 없겠어요. 피아노를 계속해서 열심히 치시니까 그런 부분이 더 섬세하게 보이겠네요.
일단 '클랑이 없다'면 끝! 요즘 세상에 클랑 있는 연주자를 찾기가 너무 어려워요.

'클랑'을 한국어로 뭐라고 표현해야 할까요? 자기 소리의 알갱이?
깊은 터치. 피아노 소리의 가능성을 최대한으로 내야 해요.

피아노는 현악기와 달리 기계적인 MECHANICAL 악기라서 무엇을 끌어내기가 훨씬 어려울 것 같아요. 훈련도 작용하겠지만 그런 감각은 타고나는 게 아닐까 싶기도 해요.
일단 피지컬이 돼야죠. 베르트랑 샤마유도 김선욱도 몸 자체에서 소리가 나오잖아요. 그렇지 않은 사람은 손과 몸이 따로, 너무 손으로만 피아노를 쳐요. 리스트의 〈초절 기교 에튀드〉 같은 곡은 잘 치지만 가만히 들어 보면 한순간도 머물지 않고 달리기만 하잖아요. 예프게니 키신 EVGENY KISSIN이 젊었을 때는 이 곡을 엄청나게 빨리 치면서 소리 하나하나를 다이아몬드 깎은 것처럼 다 냈어요. 그러면서 음악을 만들어 내고요. 요즘은 연주가 좀 재미없어졌지만 30대 초반까지 키신은 대단했죠.

지난 샤마유 연주 때도 연주자와 악기와 거기서 흘러나오는 음악이 하나가 되는 것처럼 느껴졌는데, 그럴 때 클랑이 있는 음악이라고 할 수 있겠네요.

〈피아노 에튀드〉 5번 "토카타".
피아노 메이 이 푸

소리의 종류도, 표현도 매우 다양하고, 소리에 클랑이 있어야 가능하지, 클랑이 없으면 힘들어요. 그걸 지닌 피아니스트가 참 드물죠. 엄청난 잠재력이 있는데 제대로 발휘되지 않아 아쉬운 연주자도 있고요.

참 어려운 일이네요. 타고난 재능만이 아니라 그 사람의 성격을 비롯해 여러 가지가 음악하는 데 반영되니까.
다 반영되죠.

좋은 음악가 한 명이 나오는 게 얼마나 어려운 일인지. 요즘은 유튜브로 쉽게 음악을 접하니까 겉으로 보이는 모습으로 많은 것이 설명되고, 언론이나 사회 관계망을 통해 또 아우라가 쉽게 형성되다 보니, 섬세한 디테일을 듣지 못하게 되는 것 같아요.
그 지점을 아는 사람도 별로 없어요. 외국도 마찬가지예요.

작품 이야기: 성악곡

이제 작품 얘기로 넘어갈게요. 연도순보다는 성악곡, 협주곡, 관현악곡, 실내악과 독주곡, 전자 음향이 포함된 곡, 그리고 오페라까지 장르별로 묶어서 이야기해 보려고 해요. 2012년 『진은숙, 미래의 악보를 그리다』가 발간되어 이전 작품들은 어느 정도 정리돼 있는데, 그로부터 벌써 10년 이상 지났기 때문에 그 이후 작품들에 대해 주로 다뤄 보고 싶습니다.

공식 작품 목록의 첫 작품이 두 명의 소프라노와 메조소프라노 및 여성 합창을 위한 〈트로이의 여인들〉이에요. 그전에 쓴 세 곡을 작품 목록에서 없애 버려서 이 곡이 첫 작품이 되었는데, 제게는 이 점이 의미심장하게 다가왔어요. 여성 성악가들을 위한 작품이고, 제목도 트로이의 '여인들'이고요. 이 작품이 원래 그리스 헤라클리온 페스티벌에서 위촉해 초연되었잖아요. 어떻게 이 주제를 잡으셨나요?

크레타섬에서 하는 페스티벌에서 여덟 명의 젊은 작곡가에게 20분짜리 미니 오페라를 위촉해서 쓴 건데, 주제가 그리스 신화나 그리스 비극이면 좋겠다는 요청이 있었어요. 그리스 신화나 비극은 어렸을 때부터 많이 읽어서 잘 알고 있었는데, 아무래도 짧은 작품이니 크게 할 수는 없고 한 장면을 뽑아야겠더라고요. 트로이 얘기에서 짤막하게 여자들만 모아 만들면 좋겠다고 생각해서 그 장면을 하게 됐어요.

이 작품은 트로이 몰락 후의 비극적인 내용이고 분노와 회한이 담겨 있잖아요. 이 곡을 쓰신 때가 독일로 유학 간 직후인 1985~1986년이었는데, 한국에서 살았던 20여 년이 독재 정권 치하여서 이런 주제에 끌렸나 하는 생각이 들기도 했어요.

아무래도 예술에서는 행복한 상황보다는 비극적인 상황이 훨씬 더 관심을 끌 수밖에 없고, 우리가 갖고 있던 울분이 잠재되었을 수 있죠. 그러다 트로이 이야기를 접했을 때 내 감정과 동일시되는 부분이 있어서 더 끌렸을 수도 있고요.

이 작품에서는 카산드라가 아주 중요한 역할을 하잖아요.
내가 일종의 무당이잖아요. (웃음) 카산드라 역할이 너무너무 매력있어요.

그걸 딱 느꼈던 거예요?
그렇죠. 카산드라가 없었다면 이 곡을 안 썼을 것 같아요.

카산드라가 고음에서 미친 듯이 소리 지르는데, 그런 고음 소프라노는 나중에도 계속 등장해요.
세이렌과 마찬가지로 여성 인물 중에 내가 아주 좋아하는 스타일이죠.

세이렌을 말씀하셨는데, 중간에 〈말의 유희〉부터 쓴 성악 작품들 말고 오페라 다음에 나온 〈세이렌의 침묵〉이 〈트로이의 여인들〉과 연결되는 것처럼 들렸어요.
굉장히 드라마틱하니까요. 그전에는 드라마틱해도 추상적인 텍스트를 써서 인간의 감정을 항상 컨트롤하려고 했는데, 〈트로이의 여인들〉은 내가 그런 작업을 하기 전이었고, 〈세이렌의 침묵〉은 그런 작업을 다 하고 나서였으니, 어느 정도 상통하는 부분이 있죠.

저는 〈트로이의 여인들〉을 녹음으로만 들었는데도 아주 인상적이었고, 이후에 형성되는 작곡가의 개성이 날것의 모습으로 나타난다고 느꼈어요. 이후 음악에서 나타나는 극적인 대비도 잘 드러나고요.
그때 제가 스물다섯 살이었으니 얼마나 어렸어요. 처음 오케스트라 곡을 위촉받았고요.

20대에 쓴 곡들을 다 지워도 이 작품은 남겨 놓은 게 흥미로웠어요. 〈트로이의 여인들〉이 진은숙의 음악 인생에서 의미 있는 출발이라고 느껴졌고요. 그 뒤로 〈말의 유희〉(1991~1993)를 썼고, 〈시간의 거울〉(1999/2001)과 〈칼라〉(2000)가 연이어 나온 후, 〈스내그스 앤 스널스〉(2003~2004)는 오페라와 관련되니까 제외하더라도, 〈칸타트릭스 소프라니카〉(2004~2005)까지 이어지는데, 이 작품들은 모두 〈말의 유희〉에서 썼던 언어유희나 말장난, 파편화된 텍스트를 주로 썼잖아요. 일반적인 의미로 텍스트를 음악화하기보다 노래하기 위

한 일종의 도구처럼 사용했는데, 그 텍스트가 미하엘 엔데MICHAEL ENDE와 루이스 캐럴LEWIS CARROLL부터 북구의 시인들, 거트루드 스타인GERTRUDE STEIN, 아르노 홀츠ARNO HOLZ까지 굉장히 다양하더라고요.

다양하죠. 〈말의 유희〉는 진짜로 텍스트가 순수하게 도구로만 사용된 형태지만, 〈칼라〉는 좀 달라요. 곡마다 여러 시를 가져다 써서 어떻게 보면 통상적인 음악이고, 〈칸타트릭스 소프라니카〉는 상당히 앞서간 실험적인 텍스트를 썼는데 텍스트 자체가 도구이기도 하지만 그 곡 자체가 자기 지시적SELF-REFERENTIAL인 또 다른 차원의 성격이 부가된 작품이고요. 〈시간의 거울〉은 힐리어드 앙상블과 런던 필하모닉의 위촉으로 썼는데, 지금은 연주도 안 되고 나도 그렇게 썩 만족하지 못한 작품이에요. 위촉할 때 이미 죽음이라는 주제로 써 달라고 했고, 연주자도 오케스트라도 정해진 상황에서 옛날 음악도 넣어 달라고 하는 등 여러 가지 요청이 많았어요.

힐리어드 앙상블이 고음악을 주로 하는 단체니까요.
여하튼 제약이 많았던 작업이었는데 제 작품에서는 말하자면 조금 아웃사이더예요.

이 작품이 지금은 연주가 많이 안 되네요.
하기가 힘들어서 그래요. 성악 앙상블이 필요하니까.

그래도 그중 몇 악장은 따로 연주하기도 하잖아요. 2006년 10월 서울시향 '아르스 노바' 때도 했던 〈나는 사랑에 빠졌답니다〉 같은 곡.●
그건 내 음악은 아니니까.

4악장인 〈나의 끝은 나의 시작이요, 나의 시작은 나의 끝이리니〉도 부시 출판사에서 악보가 따로 출판되었던데요.
그건 연주되는 편이죠. 〈칼라〉는 북유럽에서 위촉받은 곡이라 그곳의 분위기나 텍스트를 반영했으면 좋겠다는 요청이 있었어요. 노르웨이·스웨덴·덴마크 세 나라에서 공동 위촉했는데 위촉료가 엄청났

● 〈시간의 거울〉 중 다섯 번째 곡으로 14세기 사이프러스섬의 사랑 노래를 편곡한 것이다. 원곡에서는 카운터테너와 바이올린 셋, 첼로 셋이 연주하지만, 독창자와 오케스트라를 위한 곡으로 불리기도 한다.

고, 그때 내가 돈이 필요했을 때니까 하기로 했는데, 이 작품 역시 제약이 있었죠. 어쨌든 그 덕에 세 나라를 돌면서 구경하고 분위기도 봤어요. 그래서 음악 자체가 정적STATIC이고 북구의 느낌이 있어요.

그 곡 나름의 매력이 있더라고요. 베이스와 소프라노의 대비도 인상적이고요. 사용된 시들이 독일 작품도 있지만 노르웨이와 덴마크 시인들의 작품들이던데, 그 나라 언어를 알지 못하니까 번역본을 보셨겠죠?
그렇죠. 번역본을 봤고, 곡마다 주제에 따라 시를 골랐어요.

루이스 캐럴·미하엘 엔데·중세 텍스트·북구 시인들을 거쳐, 〈칸타트릭스 소프라니카〉의 제목은 1960년대 프랑스 아방가르드 문학 그룹 '울리포OULIPO'의 텍스트에서 따왔는데요. 그간 사용하신 텍스트의 스펙트럼이 아주 넓어요.
〈칸타트릭스 소프라니카〉는 그전에 이런저런 방향으로 해 보고 텍스트도 많이 다뤄 본 뒤였고, 그 당시 내가 부조리극에 관심이 많았거든요. 그런 관심이 다 집결된 곡이에요. 그러고 나서 오페라를 쓰긴 했지만, 그 후로 〈세이렌의 침묵〉 전까지 성악곡을 안 썼어요. 그런 데서 좀 벗어나고 싶어서.

그런데 이 작품은 제목도 '소프라노 가수'라는 뜻이고 자기 풍자적이잖아요. 우리가 흔히 생각하는 소프라노에 대한 통상적 이미지를 풍자하는 내용인데, 정작 노래하는 소프라노들의 반응은 어땠나요?
보통은 그렇게 하라고 하면 좋아하는데 콤시 자매는 나중에 이 내용이 굉장히 시니컬하다는 걸 알고 화내기도 했죠.

이런 자기 풍자를 유머로 받아들이면 상관없는데, 연주자 입장에서는 그렇지 않을 수 있겠다는 생각도 들었어요. 4악장에 가짜 이탈리아어로 음악 용어들을 부르는 건 굉장히 재밌고 유희적인데, 그런 부분은 잘 표현되는 편인가요?
노래하는 사람마다 다른데, 앤드루 와츠는 꽤 잘했죠. 그런 유머도 너무 지나치면 오히려 역효과가 나니까 어느 정도 절제하면서 해야 해요.

이 곡도 많이 연주되면 좋겠다는 생각이 드는데, 소프라노 둘과 카운터테너가 흔한 조합은 아니잖아요. 원래는 쌍둥이 콤시 자매가 했기 때문에 음색도 비슷해서 효과적이었던 것 같은데, 좋은 성악가를 만나기가 쉬운 일이 아닌 듯해요.

그 자매들 이후로는 한 번도…….(웃음)

〈스내그스 앤 스널스〉는 나중에 오페라 《이상한 나라의 앨리스》와 묶어서 얘기하도록 하고요. 오페라가 작품의 방향을 바꾸는 중요한 계기가 되지 않았을까 싶어요. 몇 년씩 오래 작업하기도 했고, 오페라 쓰면서 성악이나 노래를 대하는 관점도 달라졌을 것 같아요. 일반 성악곡과는 전혀 다른 방향에서 작업하니까요. 여하튼 오페라 후 7년 만에 쓴 성악곡이 〈세이렌의 침묵〉인데요. 다시 그리스 얘기잖아요.

세이렌으로 쓰겠다고 마음먹은 건 바버라 해니건을 위한 곡이었기 때문이에요. 그러려면 먼저 그 연주자를 파악하는 작업이 필요해요. 그 사람이 자기를 최대한 드러낼PRESENT 수 있는 음악을 쓰는 게 중요하니까, 어떤 캐릭터가 어울리고 그가 뭘 할 수 있고 단점은 무엇인지 연구하고 나서, 세이렌을 하면 좋겠다고 정했죠. 역사상의 여러 여성 인물을 탐색했는데 세이렌이 제일 괜찮을 것 같았어요. 그 대신 호메로스의 세이렌은 너무 통상적이고 다 아니까, 다른 세이렌의 형태를 가미해서요. 그러다 제임스 조이스JAMES JOYCE의 『율리시스』에 나오는 세이렌 장을 발견하게 됐고, 여기에 프란츠 카프카 FRANZ KAFKA의 세이렌에 대한 생각을 엮어서, 현대에 와서 세이렌의 형태가 바뀌는 음악을 쓰겠다고 결정했죠. 사람들이 전반부의 파편적인 부분은 잘 이해를 못 해요. 현대음악에서 서커스를 한다고 생각할 수도 있는데, 조이스의 텍스트를 읽으면 그 음들과 분위기가 그대로 들어 있어요.

그렇더라고요. 읽어도 무슨 내용인지 파악할 수는 없지만, 굉장히 음악적이라는 느낌을 받았어요.
음성적인 느낌과 리듬만 있는 거죠.

어느 인터뷰에서 조이스의 텍스트를 음악화했다고 하셨던데 정말 그렇게 느껴졌어요. 아주 흥미로운 텍스트던데, 그걸 발견하고 기쁘셨을 것 같아요.
정말 딱 그 텍스트를 보면서 '이 곡은 이제 다 됐다!'고 생각했죠. (웃음)

〈세이렌의 침묵〉은 오페라 이후 7년 만에 쓴 성악곡이어서 하나의 분기점이 되지 않았나 싶어요. 그리고 2년 후에 다시 합창곡 〈별들의 아이들의 노래〉가 나왔는데, 〈트로이의 여인들〉과 〈칼라〉 이후 나온 세 번째 합창곡이고, 오페라를 제외하고는 길이나 편성에서 가장 큰 규모

Le Silence des Sirènes
for soprano and orchestra   28. April 2014
(A fragmentic Labyrinth)

Orchesterbesetzung:
2fache Bläser · Streicher (12.32.10:8.6) + Hp. Klavier + Celesta
Percussion (5)

Text: James Joyce Ulysses (Sirene Episode) + Homer (Sirene

Musikalische Material: Tonmaterial, from bekannter Opernarie
nur deren Rhythmen werden übernommen.

Anfang: Soprano singt hinter der Bühne einfache Intervalle
lyrisch. Der Gesang verwandelt sich plötzlich in aggressiven
Monolog; Sie stürzt auf die Bühne.

Die Musik pendelt sich zwischen lyrischen und geräusch-
Rezitativen. Dieses Pendeln vollzieht sich auf der sowohl vertikalen
als auch räumliche Ebene, und im Lauf der Zeit imm
beruhigen → Sirene singt in hoher Lage, kombiniert
Täuschung: sie singt, oder sie singt nicht? → Sirene liert am
Ende des Stückes.

Fragment

verlängern (beliebig)   Bronz   gold

〈세이렌의 침묵〉 스케치

입니다. 이 작품에 쓰인 시들도 너무 아름답던데, 이 장대한 열두 곡을 위해 엄청난 시들을 찾아 읽으셨다고요.
(손으로 두께를 표시하며) 진짜 이만큼에서 뽑았어요.

작품을 쓰기 전에 첫 아이디어가 생기면 수많은 자료를 찾아 읽으시나요? 준비 기간이 엄청날 것 같아요.
그때는 마리스가 시간이 있을 때라 책을 150여 권 찾아서 중요한 텍스트나 시를 모아 복사·제본을 해 줬어요. 그 굉장한 양의 텍스트를 내가 몇 번에 걸쳐 읽고 그중에서 골랐죠.

시를 고를 때 이미 음악적인 아이디어가 어느 정도 서 있는 상태였나요?
그렇죠. 그 당시에 음악적인 아이디어는, 오케스트라와 합창단, 오르간과 어린이 합창단이 있다는 것, 주제는 별들의 아이들, 그러니까 인간에 대한 것이라는 정도였어요. 마음에 드는 특정 시가 발견되면 악장마다 구체화하죠.

1악장부터 6악장까지 아타카로 쉬지 않고 연결되고, 7~9악장에서 여성 합창과 어린이 합창이 나온 후, 마지막 세 악장에서 마무리되는데요.
1부와 2부 비슷하게요.

11악장은 6악장을 축약해서 다시 반복하는데, 그런 전체적인 구성은 곡을 써 나가는 과정에서 정해지나요?
그렇죠. 일단 시를 정할 때 이건 첫 번째, 이건 두 번째, 이런 식으로 몇 악장을 할지 생각하고, 시들을 보면 전체적인 프레임이 보이잖아요. 구조가 보이면 그에 따라 곡을 쓰는 거죠.

9악장에서는 한 곡에 여러 시가 사용되기도 하는데, 이런 작품의 경우 악보에 음들을 써넣는 것보다 사전 작업이 훨씬 많네요.
훨씬 많죠. 쓰는 건 막바지의 아주 일부 작업이고, 그전 작업이 훨씬 오래 걸리고 많아요.

이 작품에선 혼성 합창과 어린이 합창이 나오는데, 별들의 아이들의 노래여서기도 하겠지만, 여성 합창, 남성 합창, 어린이 합창을 쓸 때는 그전에 이미 음향적으로 구체적인 내용이 정해지겠죠?
특히 소년 합창단, 그러니까 변성기가 지나지 않은 남자아이들의 순수하고 맑은 색깔을 내가 너무 좋아해서 그걸 꼭 써야겠다고 생각했고요. '별들의 아이들의 노래'라는 제목도 '아이들'이 아니라 '인간'에 대한 것이에요. 별의 먼지에서 모든 인간이 나왔다는 얘기죠.

그런데 2019년 암스테르담 콘세르트헤바우 공연에서는 어린이 합창이 모두 여자아이들이었잖아요. 게다가 중고등학생들.
그때 여성 합창과 구분이 안 되어서 재미가 없었죠.

그러니까 보이소프라노의 목소리를 생각하셨다는 거네요. 오페라에도 어린이 합창이 나오는데.
거긴 혼성 어린이 합창단.

〈별들의 아이들의 노래〉는 워낙 대규모 작품이라 자주 연주될 수는 없겠지만, 한국에서 초연할 때는 한글 자막이 나오니까 시어들의 아름다움을 바로 보면서 음악을 들을 수 있어서 훨씬 더 와닿았고, 시와 음악의 분위기가 잘 어울렸어요. 그리고 무반주 합창곡이 하나 더 있는데, 〈이제 끝이다〉.
그 곡은 스웨덴 방송합창단의 40주년 기념으로 영국 작곡가 토머스 탤리스THOMAS TALLIS의 40성부 모테트(중세 르네상스 시대에 성행했던 성악곡 형식의 종교 음악) 〈스펨 인 알리움 SPEM IN ALIUM(주님밖에 희망 없네)〉 앞에 연주될 수 있는 짤막한 곡을 하나 써 달라고 해서 장난으로 쓴 거예요.

그런데 재밌는 점은, 토머스 탤리스의 〈스펨 인 알리움〉은 종교 음악인데, 쓰신 곡은 고대 그리스 루크레티우스의 『사물의 본성에 관하여』의 몇 행을 가사로 삼았더라고요. 종교 음악 앞에 '신이라는 건 없다'라는 가사의 음악을 썼다는 게 흥미로웠어요.
이 곡이 탤리스의 음악이 처음 시작하는 부분까지 이어지는데, 속삭이는 소리부터 시작해서 음이 점점 생기고 복잡해지다가 화음이 쫙 빠지면서 탤리스의 곡과 연결되는, 말하자면 전주곡 같은 느낌으로 쓴 거예요.

그래서 부제가 "'스펨 인 알리움에'에 붙인 전주곡"이군요. 탤리스 곡이 시작되기 전에 점차 어떤 형체를 만들어 가는 곡이라, 항상 탤리스 곡과 연결해서 연주하고요.
이렇게 성악곡이 전체 작품 목록에서 상당히 비중이 큽니다. 오페라의 사전 작업인 〈스내그스 앤 스널스〉, 오페라의 파생곡인 〈장면들〉이나

2016년 8월 19일 롯데콘서트홀 개관 기념 공연에서 초연된 진은숙의 〈별들의 아이들의 노래〉.
어린이 합창, 혼성 합창, 오르간과 오케스트라를 위한 대규모 작품이다. 국내에서 위촉·초연된 첫 작품이기도
했고 힘든 시기를 거친 후여서인지 무대 인사를 하는 작곡가의 모습에서 감격스러운 표정이 묻어난다.

〈퍼즐과 게임〉도 포함하면 열한 곡인데, 한 인터뷰에서 노래하는 걸 별로 좋아하지 않는데 성악곡을 많이 쓴 건 한국 사람이어서라고 하셨더라고요. 한국 사람들이 노래를 좋아하긴 하죠. 노래하는 것에 대한 친근함이 있을까요?

인간이 다른 악기를 통하지 않고 자기 목소리로 감정을 표현하는 건 원초적인 형태의 음악하기거든요. 이에 대한 원초적인 욕구가 연결되는 게 아닐까 싶어요.

대개 진은숙 하면 오케스트라 음악의 대가라고 생각하는데, 추상적으로 정제된 관현악곡과 달리 성악곡은 말씀하신 대로 원초적이고 직접적인 표현을 담고 있잖아요. 그런 두 가지 경향이 작품 성격에 따라 달리 나타난다고 봐도 될까요?

음악의 바탕이 되는 원천은 똑같은데, 오케스트라는 악기를 통해 그걸 내는 거고, 노래하는 사람들은 몸에서 직접 나오니까 굉장히 특별해요.

노래하는 사람들의 보컬리티나 신체성이 중요한 영감의 원천이 되기도 하겠네요. 물론 악기 연주자들도 그런 점이 있지만, 성악은 몸을 통해 표현하니 훨씬 더 강하게 느껴지겠어요.

그렇죠. 어떤 특정한 사람이 있으면 그 사람의 퍼스낼리티와 목소리의 색깔, 풍기는 아우라, 이 모든 것에서 아이디어를 얻어요.

성악가들의 모습도 너무나 다양하니 처음 작곡할 때 생각했던 소리가 그 성악가에게서 잘 구현되기도 하겠지만 그렇지 않을 수도 있고, 또 예상외로 색다른 걸 입혀서 연주하는 성악가도 있을 것 같아요.

대부분 안 맞죠.

그래도 작품이 새롭게 다른 사람에 의해 해석되어 연주될 때 얻는 즐거움도 있지 않나요?

물론 그렇긴 한데, 아무래도 최고 연주자가 아닌 경우의 연주를 듣는 건 상당히 괴로워요.

성악곡을 쓰려면 텍스트가 필수적인데, 작품의 아이디어를 구하는 과정에서 책을 상당히 많이 읽으시더라고요. 텍스트의 스펙트럼도 아주 넓어서 덕분에 저도 아르노 홀츠 같은 작가의 글도 읽어 보게 되었어요. 독일에 있어서 그런 작품들에 많이 노출되는 걸까요, 특별히 독서

를 찾아서 하시나요?

독서할 시간이 없어요. (웃음) 그런데 특정한 작품을 하게 되면 방대한 자료를 찾아 읽어요. 〈칸타트릭스 소프라니카〉를 쓸 때는 몇 달 동안 책만 읽었는데, 그때 백몇십 권을 본 후 아무것도 쓸 게 없다는 결론을 내리고 내가 직접 만들어야겠다고 생각했죠. 거의 내가 만든 텍스트잖아요. 책의 텍스트를 안 쓰겠다는 결정도 그 책들을 다 읽어봐야 내릴 수 있어요. 그때는 젊었을 때라 새벽 두세 시까지, 아이가 어려서 아빠랑 같이 자고, 나는 다른 방에서 책만 죽어라 읽었었죠.

작품이 하나 나오는 데 엄청난 사전 작업이 있다는 걸 조금이나마 알게 되네요.

작품 이야기: 협주곡

지금까지 협주곡은 일곱 개를 쓰셨는데, 첫 번째가 '피아노' 협주곡이에요. 이것도 자전적이라는 생각이 드는 것이, 윤이상 선생님의 첫 협주곡은 자신의 분신 같은 첼로였단 말이죠. 작곡가가 가장 친근한 악기에서 출발하는 것이 자연스러운 일이고, 어렸을 때 피아니스트가 되고 싶기도 하셨고요. 이 〈피아노 협주곡〉(1996~1997) 안에 모든 걸 쏟아부었다는 게 느껴져요. 목숨 걸고 썼다는 인상을 받을 만큼 엄청난 에너지와 밀도가 전해지는데, 곡이 너무 어렵다 보니 초기에는 잘 연주하는 피아니스트가 없다가 김선욱이 이 곡을 연주하면서 작품이 재발견되지 않았나 싶어요.*

〈피아노 협주곡〉은 나한테 굉장히 중요한 곡이에요. 그 곡을 썼을 때 아직 젊었고, 스타일 면에서 누구를 흉내 내지 않고 클리셰가 없잖아요. 그 당시 독일에서는 아무도 그런 음악을 하지도 않았고, 쳐다보지도 않았어요. 어쨌든 내가 갖고 있던 모든 판타지가 들어간 곡이에요. 초연하고 1990년대, 2000년대까지 아무도 그 곡을 거들떠보지 않았고, 그 곡의 가치를 알아주는 사람도 없었는데, 지금은 계속 연주되잖아요. 그런 걸 보면 정말 작품의 가치는 작곡가도 몰라요. 시간이 지나 봐야 알죠. 정말로 자기가 할 말이 있어서 무언가를 잘 만들어 놓으면 언젠가는 연주돼요. 당장 연주되어서 사람들이 환호하는 건 하나도 중요하지 않아요. 그게 제대로 된 평가일 수 없

• 김선욱은 2013년 11월 스톡홀름에서 진은숙의 〈피아노 협주곡〉을 처음 연주한 후 10회 이상 이 곡을 쳤다. 서울시립교향악단과 베를린 필하모닉의 진은숙 음반에도 모두 그의 연주가 실렸다.

진은숙 〈피아노 협주곡〉의 재발견에 기여한 피아니스트 김선욱
티토 체케리니 지휘, 남서독일방송 교향악단과의 연주 리허설(2017년 5월 5일 프라이부르크)

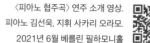

〈피아노 협주곡〉 연주 소개 영상.
피아노 김선욱, 지휘 사카리 오라모.
2021년 6월 베를린 필하모니홀

기 때문에요.

그러니까 그 당시에는 그 음악이 어떤지를 아무도 몰랐네요.
아무도 좋다고 생각하지 않았고, 우리 출판사에서도 색채가 아주 예쁘다 하고 말았어요. 아무도 이해 못 했죠.

그런데 작곡가로서는 쓰고 나서 그래도 내 것이 다 쏟아져 나왔다는 점에서 뿌듯하긴 했겠네요.
4악장으로 나뉘어 있으면서 악장마다 모두 다르고, 너무나 많은 것이 담겨 있고, 내가 갖고 있던 걸 다 쏟아 내서, 두 번째 피아노 협주곡은 쓸 수가 없는 거예요.

아이디어를 조금 남겨 놓았다가 다른 데 써야 하는데. (웃음)
그렇게 안 하죠. 그래서도 안 되고.

그 순간에 모든 걸 쏟아부어 쓴 곡이라 15년 후에 다시 살아나서 첫 협주곡으로서의 가치를 입증하고 있네요. 그리고 두 번째로 쓴 곡이 〈바이올린 협주곡〉(2001)인데, 이 곡이 진은숙이라는 이름을 현대음악을 넘어 클래식 음악계에 알리지 않았나 싶어요. 이 작품으로 2004년 그라베마이어상도 수상하셨고요. 이어 쓴 곡이 피아노, 타악기와 앙상블을 위한 〈이중 협주곡〉(2002)이었고, 2009년에 〈첼로 협주곡〉과 〈생황 협주곡〉이 연이어 초연되었고, 몇 년 후에 〈클라리넷 협주곡〉(2014), 그리고 최근에 〈바이올린 협주곡 2번〉을 쓰셨어요. 사실 앞의 협주곡들은 연주자를 염두에 두고 쓰진 않았잖아요. 〈피아노 협주곡〉이나 〈바이올린 협주곡〉도.
그렇죠. 연주자를 모르고 썼고, 〈이중 협주곡〉은 앙상블 앵테르콩탕포랭 단원들이 했고요.

〈첼로 협주곡〉부터 구체적인 연주자를 염두에 두고 쓰기 시작하셨죠?
그 곡은 알반 게르하르트 때문에 하게 됐으니까요.

협주곡을 작업할 때는 무엇을 중요하게 생각하시나요?
초기에는, 그러니까 〈피아노 협주곡〉과 〈바이올린 협주곡 1번〉 때는 음악을 추상적으로 생각했고, 그때 내 생활도 아주 고립되어 있었어요. 누군가의 연주를 보고 저 사람을 위해 곡을 쓰고 싶다는 생각을 한 건 알반이 처음이었어요. 그전에 나는 음악회도 안 가고 음

〈피아노 협주곡〉 스케치. 리듬과 음고 구조에 대한 아이디어들이 메모되어 있다.

악하는 사람을 알지도 못했어요. 그때는 지금과 시대가 아주 많이 달랐으니까요. 주변에 음악하는 사람이 있어도 현대음악을 하는 환경은 아니었는데, 마리스를 통해 알반을 알게 됐죠. 알반이 현대음악도 하고 관심이 많아서 우리 집에서 파티할 때마다 왔고 손님들이 있으면 연주도 했어요. 드보르자크 첼로 협주곡도 반주를 틀어 놓고 솔로로 여러 번 했고. 그렇게 해서 제가 곡을 써 주겠다고 한 거죠. 지금은 내가 트룰스 뫼르크도 알지만, 그 당시에는 알반이 어마어마하게 잘하기도 했고, 자기도 하고 싶어 했고요. 그때부터 어떤 퍼스낼리티에 관심이 생겼고, 인간관계에서 비롯된 음악을 쓰기 시작한 것 같아요.

그렇게 연주자를 염두에 두고 곡을 쓰면 음악적으로도 생각하는 방향이 달라지나요?
아무래도 다르죠. 〈바이올린 협주곡 1번〉은 추상적으로 생각한 곡이라, 솔로 파트가 물론 할 게 아주 많지만, 전체가 오케스트라와 같이 가잖아요. 그래서 이 곡은 솔로 하는 사람이 퍼스널하게 연주하기가 아주 힘든데, 〈첼로 협주곡〉은 아무래도 그 한 사람을 생각하고 썼으니까 이 사람이 훨씬 더 돋보이게 되죠. 그리고 〈첼로 협주곡〉은 항상 밸런스가 관건이라 어떻게 밸런스를 채우고 솔로가 들리게 하느냐에 굉장히 집중해서 썼어요.

〈생황 협주곡〉도 우웨이가 아니면 연주가 힘든 곡이고, 〈클라리넷 협주곡〉도 카리 크리쿠를 위해 쓴 곡인데, 지금은 협주곡을 부탁하는 연주자도 여럿 있다고 들었어요. 다른 악기들을 위한 곡을 쓰지 않고 두 번째 바이올린 협주곡을 쓴 건 순전히 레오니다스 카바코스라는 연주자 때문인 거죠?
카바코스가 아니었으면 쓰지 않았죠. 내가 다시 바이올린 협주곡을 쓴다는 건 상상하기 힘든 일이었어요. 음악적으로 앞선 곡과는 다른 것을 해야 하는데 그게 어렵고요. 그런데 카바코스의 연주를 듣고 완전히 그 사람의 퍼스낼리티에서 음악적인 아이디어가 왔다고 해도 과언이 아니에요.

'정적의 파편'이라는 제목도 카바코스와 관련이 있나요?
일단 제목은 멋있어야 해요. 살아오면서 제목을 정하는 취향도 많이 바뀌었거든요. 옛날에는 라틴어나 그리스어, 불어도 써 봤는데, 이번에는 그렇게 하니까 너무 척하는 느낌이더라고요. 척하는 것 없이 어느 나라 말로도 번역되는 독일어면 좋겠다고 생각했어요. 음악이

진전되는 동안 바이올린이 똑같은 걸 계속하면서 길게 가고 오케스
트라가 들어오고 파편이 튀는 것 같은 음향이 있잖아요. 그래서 이
제목으로 정했어요.

**연주자의 퍼스낼리티가 음악에 반영된다고 해서 카바코스의 무엇이
정적의 파편과 연결되었을지 궁금했어요.**
제목은 그 사람과 상관없고, 그 음악의 아이디어나 영감은 다 그에
게서 온 거죠.

앞으로 계획하고 있는 협주곡들은 어떤 곡인가요?
확정은 아니지만, 플루트 협주곡과 비올라 협주곡을 염두에 두고 있
어요. 비올라 협주곡은 앙투안 타메스티가 할 것 같고요. 바이올린
카바코스, 비올라 타메스티, 첼로 트룰스 뫼르크, 이 셋이 현악기에
서는 올림포스에 있는 사람들이거든요.

첼로 협주곡을 트룰스 뫼르크가 연주한다면 너무 좋을 것 같아요.
그 사람이 한다고 했다가 취소했죠. 워낙 예민해서. 그런데 나는 충
분히 이해해요. 그 사람은 한 음 한 음을 내기 위해 싸움을 하는 사
람이니 언제 곡을 공부해서 하겠어요. 한다고 했다가 연주회 전날
취소할 가능성도 크고요. 이 사람이 했으면 완전히 다른 음악이 나
올 텐데, 유감이긴 하죠.

**협주곡이 현대에 와서도 여전히 많이 작곡되는 이유가 연주자들의 비
르투오소다운 면모가 극대화될 수 있는 영역이라서 아닐까 싶은데요.
그렇게 극한까지 밀고 나가는 걸 좋아하시기도 하고요. 〈피아노 협주
곡〉이나 〈바이올린 협주곡〉, 〈생황 협주곡〉에는 그런 극단의 기량을
발휘하게 하는 부분이 나오는데, 〈첼로 협주곡〉은 상대적으로 그런
비르투오소다움이 덜한 악기여서인지, 다른 협주곡들과 느낌이 다른
것 같아요.**
아무래도 다른 악기들처럼 카덴차(악곡이나 악장이 끝나기 직전의
화려한 독주)를 해서 엄청나게 기량을 드러내는 게 맞지 않다고 생
각되고, 음악 자체도 내면적이라서 오히려 지나치게 쇼업 SHOW UP할
생각이 없었던 것 같아요. 오히려 그러면 음악이 이상해지고 망가질
것 같아요.

〈바이올린 협주곡 2번〉도 쇼업하는 음악은 아닌데, 몰입도가 굉장하

더라고요.

사람들이 음악을 선호하는 나름의 취향이 있는데, 보통 작곡가들은 내 바이올린 협주곡을 별로 좋아하지 않아요. 내 음악은 천천히 가는데, 작곡가들은 처음부터 자극이 오지 않으면 별로 안 좋아하거든요. 특히 2번이 그래요. 1번은 그나마 4악장이고 캐릭터가 다른 네 개가 짧게 짧게 나오지만, 2번은 거의 30분을 한 덩어리로 가고 똑같은 것이 계속 반복되니까 그 곡을 들으면서 지루하다고 생각해도 상관없어요. 그렇게 들을 수도 있는데, 같은 걸 반복하면서 아주 다이내믹하게 가지 않는 것 같지만, 어느 순간 음악이 굉장히 빠르게 확 바뀌는 부분들이 있거든요. 그 안에 여러 가지 아이디어가 있고요. 무엇보다 중요한 것은 솔리스트가 처음부터 끝까지 어떻게 끌고 가느냐예요. 끌고 가지 않으면 할 수가 없어요. 이런 콘셉트 안에서는 그래야 곡이 살지, 그렇지 않고 바이올린 좀 잘한다는 정도로 할 수 있는 곡이 아니에요. 그 멘탈이 너무너무 중요한 곡이죠.

〈생황 협주곡 '슈'〉는 지금까지 50회 넘게 연주됐는데 우웨이 한 사람만 했어요.
후계자를 키워야 하는데……. (웃음)

어려움이 있겠다는 생각은 들어요. 요즘 한국에서 생황 곡이 많이 창작되는데, 이 작품의 영향이 아닐까 싶어요. 우웨이가 상하이에서 교수로 있을 때 한국 연주자들도 배우러 갔었는데, 그만두고 독일로 돌아가서 후계자를 키우기 어려운지도 모르겠네요. 그런데 〈생황 협주곡〉은 다른 연주자가 해 봐도 좋겠다는 생각도 들어요. 너무 탁월한 한 사람이 압도적으로 하니까 작품의 해석이나 확장성에 제약이 있지 않나 싶기도 하고요.

〈바이올린 협주곡 2번 '정적의 파편'〉.
바이올린 레오니다스 카바코스, 런던 교향악단, 지휘 사이먼 래틀.
2022년 1월 6일 초연 일부(메디치 TV)

진은숙의 두 번째 바이올린 협주곡을 가능하게 한
바이올리니스트 레오니다스 카바코스
2022년 1월 6일 런던 바비컨 센터에서의 초연 무대 후

작품 이야기: 오케스트라 곡

진은숙 하면 '오케스트라 음향의 대가'라는 수식어가 따라붙는데요. 협주곡이나 관현악이 포함된 합창곡에서도 다채롭게 구사되는 음향 판타지를 들을 수 있지만, 순수 관현악곡은 오페라 이후 나온 〈로카나〉(2007~2008)가 첫 작품이에요. 그러고 나서 2011년부터 〈코스미기믹스〉, 〈그래피티〉, 〈마네킹〉이 연이어 작곡되었고, 2017 〈코로스 코르돈〉 이후에는 〈스피라〉, 〈권두곡〉, 〈수비토 콘 포르차〉가 계속 나왔는데요. 그 출발에 있는 〈로카나〉의 의미가 클 것 같아요. 이 작품은 올라푸르 엘리아손 OLAFUR ELIASSON의 설치 작품 〈개념-동작 MOTION-MOTION〉에서 아이디어를 얻었고, 〈마네킹〉도 독일 작가 E. T. A. 호프만 E. T. A. HOFFMANN의 『모래 사나이』를 토대로 작곡되었는데, 오케스트라 곡을 쓸 때 영감의 출발이 되는 것들을 어디서 구하나요?

곡마다 다른데요. 〈로카나〉는 오케스트라 곡으로 내가 쓸 수 있는 것을 다 집어넣었어요. 내가 좋아하는 오케스트라 색깔이라든지, 잘 다룰 수 있는 악기라든지, 모든 걸 쓴 곡이어서, 다음에 오케스트라 곡을 쓸 때는 그런 식으로 접근하진 않았죠. 추상적으로 쓰는 오케스트라 곡은 〈로카나〉 하나로 다 했다고 생각해요. 다음에 쓰는 오케스트라 곡에선 뭔가 다른 걸 해야 했어요. 〈마네킹〉은 사실 오케스트라 곡이지만 《페트루시카》 같은 춤 음악을 생각한 것이고, 추상적인 음악이 아닌 프로그램적인 요소가 있는 곡으로 썼어요. 〈코로스 코르돈〉은 아이디어를 구현하려면 곡이 굉장히 길어야 했는데,

우주의 생성에서 소멸까지 역사를 다루니까요. 이 작품은 2017년 사이먼 래틀의 베를린필 임기 마지막 시즌에 초연돼서 아시아 투어 때도 연주되었죠.

그런데 10분 넘는 길이로 쓸 수가 없었어요. 차라리 그런 식의 위촉에는 〈권두곡〉 같은 곡을 썼으면 투어하기도 좋았을 텐데, 아쉬운 면이 있고요. 〈로카나〉, 〈마네킹〉, 〈권두곡〉은 오케스트라 곡이지만 규모, 성격, 내용이 다 다르잖아요. 그러니까 〈로카나〉 같은 곡을 내가 또 쓸 수는 없어요. 매번 완전히 새로운 형태와 새로운 내용을 찾아야 하니까.

〈권두곡〉은 작업하면서 처음으로 재밌다는 느낌을 받았던 작품이에요. 여러 작곡가의 음악에서 영향을 받았는데, 그들의 곡을 인용하는 게 아니라 음악적인 에센스를 가져다 조합해서 쓰는 거죠. 예를 들어 중간에 현악기만 조용히 나오는 부분은 브루크너 심포니를 찰스 아이브스CHARLES IVES 스타일로 조합했고, 또 다음 블록에는 그리제이가 나오고 다시 브루크너가 나오는 식으로, 한 작곡가의 테마가 아니라 그 사람의 음악적 태도를 가져왔어요. 브루크너 곡을 아이브스같이 작업한다거나, 차이콥스키 6번 교향곡과 불레즈의 〈노타시옹NOTATIONS〉을 위아래로 합치는 등의 작업을 하면서 아주 재밌었어요. 그리고 음악의 변화가 많잖아요. 조용하다가 갑자기 역동적으로 바뀌는데, 〈로카나〉를 인용한 부분도 있고, 그다음에 완전히 해방되듯이 베베른ANTON VON WEBERN의 〈파사칼리아 PASSACAGLIA〉도 나와요. 올해는 오페라를 재료로 해서 〈권두곡〉 같은 곡을 써 보려고 해요.

그 작품은 어디서 위촉받았나요?
바이에른 국립오페라 500주년이라 음악 감독을 했던 지휘자들이 한 번씩 연주하는데, 켄트 나가노가 오프닝 곡을 위촉했어요.•

오페라하우스의 기념작으로 작품 콘셉트가 잘 맞아떨어지네요. 〈권두곡〉도 앨런 길버트가 북독일방송 엘프필하모니 오케스트라에 취임하는 첫 오프닝 연주 때 초연되었는데, 그 곡도 정말 아이디어가 좋다고 생각했거든요.
첫 번째 취임 연주에 사실 뭘 써 줬어도 연주는 했겠지만, 좀 더 의미 있는 작품이면 좋겠다 싶어서, 그해 시즌에 연주되는 오케스트라 곡을 내가 미리 다 뒤져 봤고, 다른 사람들의 오케스트라 작품들도 잘

• 〈오페라스코프〉라는 제목의 이 곡은 2023년 11월 6일 뮌헨 국립극장에서 켄트 나가노와 바이에른 국립오케스트라의 연주로 초연되었다.

아니까 그 아이디어를 냈죠. 짧은 곡을 위촉받으면 그런 식의 아이디어를 내야 하는데, 베를린필에서 의뢰 왔을 때는 내가 완전히 추상적인 아이디어를, 곡의 길이가 20~30분은 되어야 하는 아이디어를 내고는 짧게 끝내야 했으니까 그 점이 너무 아쉬웠어요.

관현악곡이든 뭐든 곡의 콘셉트를 어떻게 잡느냐가 정말 중요하네요.
모든 곡이 그래요. 콘셉트를 잘 잡지 못하면 매번 하던 걸 반복하죠.

그러고 보면 작품들 하나하나가 다르네요. 성악곡도 오페라에서 파생된 〈장면들〉과 〈퍼즐과 게임〉을 포함해 열한 곡인데 기본 편성이 모두 달랐어요. 오케스트라 곡도 〈로카나〉에서 다 쏟아 버렸기 때문에 그다음에 똑같이 할 수 없는 상황이었고, 그렇게 곡 하나하나에 모든 것을 거니까 아주 밀도 있는 좋은 작품이 나오는 것 같아요.
이번 프레장스 페스티벌에서 내 작품을 집중 조명했잖아요. 그런데 예전부터 전해 오는 우스갯소리가 있어요. 한 작곡가를 망하게 하려면 그 사람을 집중 조명하는 포르트레 콘서트 PORTRAIT CONCERT를 하면 된다. 한 연주회에서 그 사람 작품만 하면 누구든지 다 망가진다. 왜냐하면 다 똑같으니까. (웃음) 그런데 이번에는 그렇지 않아서 사람들이 아주 좋아했다고 해요.

정말 그래요. 어떤 음악회에서 곡을 듣고 괜찮다고 생각했던 작곡가의 여러 작품을 하룻저녁에 연이어 들었을 때 지겹지 않았던 경우는 드물었어요. 그런데 이번에 열댓 곡을 들었는데도 모두 흥미로웠고, 오히려 작곡가의 폭넓은 스펙트럼을 재확인한 자리여서 좋았어요. 〈권두곡〉 전에 나온 관현악 협주곡 〈스피라〉는 어떤 곡인가요? '스피라'가 나선이라는 뜻이고, 비브라폰의 진폭이 큰 울림을 기본 아이디어로 했다고 하던데요.
오케스트라를 위한 협주곡인데, 사실 〈로카나〉도 오케스트라를 위한 협주곡이라고 할 수 있고 오케스트라 음향에서 비슷한 부분은 있지만, 〈스피라〉는 나선형으로 웨이브가 생기는 화음이 전체 오케스트라에 영향을 미친다는 아이디어에서 시작했어요. 비브라폰 두 대가 나오는데, 비브라폰 모터를 처음 사용했어요. 그 울림이 싫어서 항상 모터를 못 쓰게 했는데, 이번에는 아예 올라가고 내려가는 울림을 주제로 해서, 비브라폰이 만들어 내는 웨이브가 중심이 되는 음악을 썼죠. 그 곡을 쓰고 나서 이제는 오케스트라 곡을 안 쓴다고 했었는데, 새로운 작품을 다시 위촉받게 되면 또 완전히 다른 걸 해야겠다는 생각이 들어요.

이번에 새로 쓰신 〈알라라프 '심장박동의 제의'〉는 어떤 곡인가요?
그 곡은 편성도 이전 작품들과 완전히 달라요. 비브라폰이나 글로켄슈필 같은 악기는 하나도 안 들어가요. 금속성 소리나 화려한 소리를 내는 악기는 완전히 배제하고 북 종류의 타악기만 사용했고, 음악 진행에서도 내가 잘하고 좋아하는 방식을 쓰지 않았어요. 템포가 빨리 변하고 박자도 많이 변하게 하면 작곡이 조금 쉽지만 그런 방식은 많이 해 봤으니까, 이번에는 한 템포, 한 박자로 수 분간 계속 끌고 가는 콘셉트로, 거의 8분 정도 7/4박자로 똑같이 가는 음악을 시도해 봤어요.

그럼 리듬이 계속 바뀌겠네요.
음악이 제의적이고 RITUAL 정적인 면이 있는데, 그러다가 타악기가 엄청나게 나와요. 타악기가 밑에서 잠재적으로 존재하다가 화산 터지듯이 나오는 거예요. 타악기 주자들이 이 부분에서 신났는데, 사물놀이 같은 새로운 느낌을 시도해 보려고 했어요. 잘됐는지 결과는 모르겠고요.

작품 설명을 보니 두 가지가 언급되던데요. 제목 '알라라프'는 '심장박동 별'의 하나를 지칭하는 것이고, 한국 전통 음악의 정적인 정악과 활기찬 민속악 두 가지가 고도로 양식화된 방식으로 포함됐다고요.
정악에서 아주 정적인 타격음 SCHLAG들이 있잖아요. 음향이 공간에 딱 서 있는 것 같은. 그런데 그 밑에 움직임이 아주 많은 민속악적인 리듬이 깔려요.

정악과 민속악의 두 가지 특징이 어떻게 작품 안에 녹여졌을지 궁금하네요. 민속악 리듬이라면 사물놀이 같은 것이 나오기도 하나요?
그렇죠. 한국 리듬같이 안 들리게 썼는데, 결국 리듬은 다 비슷하더라고요. 비슷한데 한국에서는 예를 들어 장구 칠 때 소리를 울리게 하는 것과 막는 것, 그런 주법들로 인해 똑같은 9/8박자도 다르게 들리는 것 같고요.

〈스피라〉 리허설.
클리블랜드 오케스트라, 지휘 클라우스 메켈레. 2023년 2월

그건 리듬을 대하는 기본적인 접근 방식이 다르기 때문일 테고요.
이 곡에 타악기 주자 여섯 명이 심벌즈를 두 개씩 잡고 치는 부분이
있어요. 1번부터 6번까지 심벌즈를 치면 소리가 공간에서 쫙 돌아
가야 하는데, 리허설할 때 보니까 1번이 중간에 가 있어요. 안 된다
고 위치를 옮기라니까 그건 또 안 된대요. 악보에 타악기는 1번부터
가야 한다고 정확히 써 놔야겠어요. 불교 의식에서 바라춤 출 때 심
벌즈를 맞부딪치잖아요. 티베트 의식에서도 심벌즈를 치는 소리가
있고요. 그런 소리를 연상하고 조금씩 시간 차이를 두고 돌아가도
록 썼는데, 1번이 중간에 가 있어. (웃음)

**설명을 들어 보니 이 작품은 이전 곡들과는 전혀 다른 색다른 분위기
일 것 같아요.**
다르긴 한데, 다른 걸 한다는 것으로는 충분하지 않아요. 사람들이
보통 자기가 하던 것 말고 다른 걸 하면 완성도가 떨어질 수밖에 없
거든요. 누구나 그래요. 다른 걸 하면서도 완성도가 있어야 하는데,
이번에 연주됐더라면 어땠을지 모르죠. 사실 나도 리딩 때 한 번 듣
고, 리허설도 한 번밖에 못 했잖아요. 마지막 리허설 때 녹음을 했다
는데 나는 못 들었으니까 어땠을지 모르죠. 어쨌든 일단 연주됐으면
나도 받아들이지 않을 수 없는데 그 단계에서 딱 멈춘 상태라…….

**'알라라프: 심장박동의 제의'라는 제목이 매우 독특해요. '수비토 콘
포르차'도 탁월한 작명이라고 생각했거든요. 베토벤 탄생 250주년 기
념작으로 위촉받은 작품인데, 제목 자체가 베토벤 음악의 특징을 바로
보여 주잖아요. '수비토 SUBITO (갑작스럽게)', '스포르찬도 SFORZANDO (강세를
주면서)' 같은 그의 음악 캐릭터를 잘 보여 주는 단어들을 써요. 그
런데 이번 작품의 '알라라프'라는 단어는 무슨 뜻인지 찾아봤더니 검
색이 잘 안 되더라고요. 이 별들을 지칭하는 다른 이름들이 있던데 일
부러 잘 안 쓰이는 이름을 선택하셨나요?**
흔히 쓰이는 이름이 있는데 그건 너무 평범해서 안 썼어요.

'처녀자리 베타 BETA VIRGINIS', '자비야바' 같은 이름들로 불리네요.
그런 이름을 쓸 수는 없잖아요.

그런데 그 별자리였던 이유가 있나요?
심장박동 별들 HEARTBEAT STARS 은 별의 한 타입이에요. 그 별들을 공부
하다가 그중에서 괜찮은 이름을 뽑아 쓰게 됐죠. 아랍어로는 자비야바

등 여러 이름이 있는데 그중에서 알라라프가 제일 낫더라고요.

제목을 정할 때 어감도 중요하게 생각하시잖아요. '세이렌의 침묵ᴸᴱ SILENCE DES SIRÈNES'도 카프카의 글 제목에서 가져왔는데, 한 인터뷰를 보니 독일어를 쓰지 않고 불어로 바꾼 이유가 독일어는 왠지 '양들의 침묵' 같은 느낌이라 안 썼다고요.

그 곡의 성격에 따라서 언어도 정해지는 것 같아요. '정적의 파편'은 제목을 라틴어로 할까도 고민했는데 라틴어는 너무 재는 느낌이라, 과하지 않고 무미건조한ᴺᵁ̈ᶜᴴᵀᴱᴿᴺ 독일어를 썼고요. 곡의 아이디어 와 비전에 따라 달라요.

생황 협주곡 '슈ˢᴴᵁ'도 아주 인상적인 제목인데, 이집트어로 공기 혹은 바람의 신을 상징하는 '슈'라는 소리의 울림 자체가 생황이 내는 바람 소리처럼 들리잖아요.

〈슈〉는 동양 악기인 생황을 위한 곡이라서 오히려 동양 제목보다는 다른 나라 제목이 인터내셔널해서 좋겠다고 생각했어요.

제목 정할 때 아주 많은 고려를 하네요.

포인트를 어떻게 잡느냐가 중요해요. 젊은 친구들 작품의 제목이나 아이디어가 황당한 경우가 많은데, 일반 상식도 부족하고 유아적인 부분도 있고요. 작품 심사를 하다 보면 뜬구름 잡는 설명을 보기도 해요. 무슨 말을 하는지 알 수도 없고, 내용은 하나도 없이 거창하게 내세우려 하기도 하고요. 제목 정하는 감각이 촌스럽지 않으려면 연마를 해야죠.

지금까지 쓰신 오케스트라 곡들에 선호하는 음향들이 있기는 하지만, 새로운 작품에서 다른 것이 나오려면 아주 세세하게 소리들을 상상해야 하잖아요. 예를 들어 어떤 타악기를 무엇으로 긁어야 한다는 식으로, 새롭게 찾아낸 음향들을 구체적으로 지시해야 하는데요.

그렇죠. 연주자를 찾아가서 해 본 적은 없고, 일단 상상해서 써요. 그리고 되나 안 되나 보죠. 안 되면 아닌 것이고 되면 되는 것이고. 이번에 쓴 〈알라라프〉는 일종의 타악기 협주곡처럼, 솔리스트가 아니라 오케스트라 안에 있는 타악기군을 위한 콘체르토라는 아이디어로 쓴 곡인데, 결과물은 오케스트라마다 다르게 나와요. 이번에 초연할 예정이었던 프랑스 국립오케스트라는 이런 식의 음악을 많이 해 보지 않아서 악기 준비부터 여러 문제가 있었고, 기본적으로 음악성은 있는데 현대음악을 많이 연주해 본 오케스트라나 앙상블의 타악기 주자들과 달리 아주 정확하지는 않아요. 예를 들어 〈생황협주곡〉에서도 사용했던 '프레임 드럼RAHMENTROMMEL'이라는 악기가 있어요. 커다란 막 위에 탁구공을 놓고 움직여 소리를 내는 악기인데, 악기가 너무 조그매서 소리가 안 나는 거예요. 그리고 안쪽 면에 가죽을 대서 껄끄럽게 해야 소리가 나는데 매끈하더라고요. 악기마다, 오케스트라마다 다르고, 연주자들도 그런 연주를 해 보지 않았으면 못 한다고 하기도 해요. 소리를 못 내니까요. 타악기 연주는 진짜로 예상하기 어려워서 재밌기도 하고 위험하기도 해요.

그렇겠네요. 베를린 필하모닉 같은 큰 오케스트라들은 다양한 타악기를 보유하고 있나요?
오히려 베를린필 같은 곳이 타악기군이 약해요. 그런 레퍼토리를 많이 안 하니까요. 이번에 〈로카나〉 연주할 때 타악기가 틀리게 나오기도 했어요. 베이스 마림바를 한 옥타브 밑으로 하고, 리듬도 정확하지 않고요. 오케스트라의 타악기들은 조금 믿기 힘들죠. 기존 오케스트라 레퍼토리에 다양한 타악기가 나오지 않으니까요.

오케스트라의 새로운 음향은 타악기 소리로 많이 탐색할 수밖에 없는데, 그건 진짜 모험이네요.
이번 〈알라라프〉 연주는 특히 모험이었어요. 타악기들이 정말로 나와야 할 때는 너무 소심하게 안 나오고, 다이내믹이 '여리게(p)'인 부분에서는 막 두드려 부숴서 다른 악기가 하나도 안 들렸고요. 그들 생각에는 팀파니라고 표시되어 있으면 두들겨야지 조용한 연주는 있을 수 없는 일이에요. 줄이고 줄이고 줄이는 데도 한계가 있더라고요. 내가 그 점을 생각하지 못했어요. 타악기군을 상대로 이렇게 써 본 적이 없었거든요. 다른 곡에서는 리듬을 하는 악기들이 한 번 이상은 나오지 않아요. 잠깐 트레몰로(빠르게 되풀이하는 연주) 정도지 완전히 리듬 패턴으로 수 분간 나오지는 않으니까, 이번에는 자기네들끼리는 너무 신났어요.

오케스트라의 악기 특성에 따른 연주 성향도 고려해야 하네요.
그게 너~무 힘들어요. 가장 중요한 건 음악의 기본적인 아이디어가 실질적으로 모두에게 전해져야 하는 거예요. 예를 들어 오케스트레이션 기술도 그 아이디어를 번역ÜBERSETZEN해서 나오게 하는 건데, 그게 얼마나 힘든지 몰라요. 너무너무 힘들어요.

〈코로스 코르돈〉 이후 〈스피라〉, 〈권두곡〉, 〈수비토 콘 포르차〉까지 오케스트라 곡이 연이어 나왔는데, 이 곡들은 별로 길지 않아서 많이 연주되는 것 같아요.

〈수비토 콘 포르차〉는 그냥 장난으로 쓴 거예요. 그 곡도 한 명의 작곡가, 베토벤 음악의 캐릭터 몇 가지를 가지고 썼으니까 〈권두곡〉과 연결되는 지점이 있죠. 수비토, 스포르찬도, 아첼레란도 ACCELERANDO(점점 빨라지게), 그리고 오보에 혼자 나오는 것, C단조 화음 등.

〈수비토 콘 포르차〉는 시작 화음부터 베토벤이 인용되니 바로 베토벤 오마주라고 인식되잖아요. 그래서 이 곡이 인기가 많은가 봐요. 일반 청중에게는 새로운 곡인데 들으면서 재미도 있으니까요. 아마 앞으로도 제일 많이 연주되지 않을까 싶네요.● 이런 곡이 하나 있으면 좋죠 뭐.

그래서 농담으로 나는 죽고 나면 〈수비토 콘 포르차〉의 작곡가로 역사에 남고, 나머지 곡은 다 잊히는 것 아닌가. (웃음)

● 2024년 상반기까지 130여 회가 연주
되었고, 2024/25시즌에 40여 회 연주
가 현재 예정되어 있다.

작품 이야기: 그 외 기악 작품들

오케스트라 곡 외에 기악 작품들로는 〈기계적 환상곡〉, 〈피아노 에튀드〉, 〈구갈론〉, 〈코스미기믹스〉, 그리고 바이올린 이중주곡 〈그랑 카덴차〉가 있는데요. 〈기계적 환상곡〉(1994/개작 1997)은 아주 초기작인데, 제목에 '기계'와 '환상'이라는 대비되는 단어를 붙여 놓은 걸 보면 이때부터 모순이나 역설을 좋아하신 것 같아요. 편성도 매우 독특한데, 현악기 없이 트럼펫·트롬본·타악기 2·피아노의 다섯 주자를 위해 썼고, 〈말의 유희〉 바로 다음 작품인데요.

〈말의 유희〉를 쓰고 나서 중요한 커미션을 받았어요. 파리에서 그 유명한 앙상블 앵테르콩탱포랭에 처음으로 데뷔하는 곡이라, 〈말의 유희〉와는 완전히 다르게 쓰려고 그 편성으로 했는데, 그래서 완전히 망했죠. 그 편성으로는 좋은 곡을 쓸 수 없어서 개작을 했지만, 지금까지도 내가 원래 쓰고 싶어 했던 음악은 그 곡에 안 들어가 있는 느낌이에요.

그게 어떤 건지 설명해 주실 수 있어요?

설명이 안 돼요. 내가 그 편성으로 쓰고 싶었던 이상적인 음악이 아직 나오지 않았어요. 또 개작하면 모를까, 저 상태로는 아닌 것 같아요.

편성이 너무 특이해서 그런가요?

내가 그때 뭘 하려고 저 편성으로 정했는지는 알 수 없어요. 너무 오래된 얘기라서.

그래도 이 작품은 꾸준히 연주되고, 좋다는 사람도 있고요. 박찬욱 감독이 서울시향 기관지 『SPO』 인터뷰에서 이 곡을 실연으로 듣고 새로움과 음향적 효과에 충격받았을 정도로 대단한 경험이었다고 했던데요.

어쨌든 나한테는 불편한 음악이에요. 듣는 사람도 불편하고 연주하는 사람도 불편한데, 그게 또 매력이 있는지. 그리고 워낙 내 작품에 작은 편성 곡이 없으니까요.

그 이유도 있겠네요. 작품들이 모두 큰 편성이고 실내악곡이 별로 없잖아요. 그다음에 나온 곡이 〈피아노 에튀드〉인데, 아마 단일 곡으로는 이 작품이 제일 많이 연주됐을 거예요. 부시 출판사에 등록된 연주 기록만 170여 회인데, 악보를 사서 그냥 연주하는 경우는 파악되지도 않고요.
학생들도 학교에서 많이 쳐요.

이 어려운 곡을 이제는 학생들도 연주하는군요.
1990년대에 저 곡을 썼을 때와 지금은 판도가 완전히 달라졌어요. 곡을 어려워해도 연주하는 자각, 의식이 중요한데, 자신이 쳐 보지 않은 곡이라도 연주가 많이 된다는 걸 알면, 은연중에 그 점이 작용해요. 마치 생물이 진화하는 것처럼, 예를 들어 한 동물이 수억 년 지나서 진화한다고 해서 누가 '너 그래라'라고 한 게 아니잖아요. 자기가 그걸 아는 것도 아니고요. 이 연주자 그룹도 그걸 아는 건 아니지만, 그걸 넘어서는 인식이 있는 거예요. 굉장히 묘한데, 그러면서 연주 테크닉도 늘고 작품에 대한 이해도 늘어나는 것 같아요. 그런데 누가 어떻게 하라고 해서 그렇게 되는 건 아니고, 어떤 일반적인 인식이 시대가 지나면서 점점 늘어나고, 그러면서 학생들도 연주하게 되는 거죠. 지금 이걸 치는 학생들보다 20년 전 학생이었던 피아니스트들이 테크닉이 더 나쁘지는 않았을 거예요. 그런데 이해도와 의식의 면에서 차이가 있죠.

그런 점을 생각하면 곡이 나온 후에 연주가 계속되는 게 중요한 일 같아요. 베토벤 곡도 연주가 많이 되면서 그런 일반적인 인식이 형성되었지, 처음 나왔을 당시에는 그렇지 않았을 거 아녜요. 〈피아노 에튀드〉도 꾸준히 연주되어 왔으니까 그런 의식이 축적되어 이제는 학생들도 연주할 수 있는 상황에 이르지 않았나 싶네요. 이번 프레장스 페스티벌에서 8번 "실루엣"이 초연될 예정이었는데, 12번까지 쓰실 건가요?

〈기계적 환상곡〉.
앙상블 앵테르콩탱포랭, 지휘 파트리크 다뱅

아니요. 7번은 느린 곡이고, 8번 "실루엣"은 아주 많은 음을 연주하면서 프레임이나 실루엣을 이루는 게 중요한 아이디어인데, 그걸 에튀드로 내놓을지 다르게 갈지는 모르겠어요.

아직 안 쓰셨나요?
썼죠. 스케치는 다 되어 있는데 그렇게 발표를 할 수는 없어요.

7번 제목은 뭔가요?
"POL – GEGEN POL."

초연자도 정해졌나요?
예전에 앙상블 무지크파브리크에서 위촉료를 주면서 작품을 써 달라고 했거든요. 이번에 쓰게 되면 무지크파브리크에서 한 곡을 하고, 프레장스 페스티벌에서 두 곡을 하려는 계획이었어요.

어쨌거나 머지않아 초연은 되겠네요.
곡을 써야죠.

〈구갈론〉도 많이 연주됐어요. 90여 회. 진은숙의 유머 감각을 엿볼 수 있는 곡이고, 연주자들도 좋아하더라고요.
내 작품 전체에서 가장 독특한 면을 갖고 있다고 할 수 있는데, 한 음 한 음 정제된 식으로 쓰지 않아서 연주자들의 부담이 덜하죠. 연주가 쉽지는 않은데, 〈이중 협주곡〉이나 다른 곡들과는 완전히 성격이 달라요, 유일하게. 그래서 독특하죠.

프레장스 페스티벌에서 〈코스미기믹스〉도 연주됐는데요.
〈코스미기믹스〉는 굉장히 시각적인, 프로그램이 있는 음악이에요. 세 악장이 모두 다른데, 1악장 "그림자극 SHADOW PLAY"은 음형들이 플래시처럼 순식간에 나타났다 사라지는, 형태 없는 곡이고, 2악장 "쿼드 QUAD(사각형)"는 베케트 SAMUEL BECKETT의 동명의 텔레비전극에서 영감을 받았고요. 3악장 "탈 THALL"은 일종의 팬터마임 같은 곡이고 기타가 중심에 있는데, 이번에 전반적으로 연주를 못 했어요.

부시 앤드 호크스 유튜브 공식 계정의 〈구갈론〉 악보 영상.
앙상블 앵테르콩탱포랭, 지휘 던컨 워드

기타가 어느 줄을 치느냐에 따라 소리가 달라지고 몇몇 미분음이 프리페어드 피아노와 섞이며 오묘한 음향을 만들어 내야 하는데 미분음이 하나도 안 들리더라고요.

보통 현대곡들은 음반으로 먼저 접하고 라이브로 들으면 잘 안 들리는 경우가 많은데, 진은숙의 작품은 녹음보다 라이브로 들어야 훨씬 더 다채로운 음향을 경험할 수 있는 것 같아요. 〈구갈론〉 이후 쓴 〈코스미기믹스〉, 〈그래피티〉 등이 표제가 있는 작품들인데, 오페라를 쓴 다음에 작품의 방향이 약간 바뀌었나 봐요.
아주 추상적인 오케스트라 곡은 〈로카나〉, 추상적인 앙상블 곡은 〈이중 협주곡〉으로 끝난 거죠. 그 이상은 할 수 없어요.

음악 외적인 아이디어도 음악의 상상력을 촉발하니까요. 그래피티로 유명한 도시 멜버른에서 〈그래피티〉가 연주된 것도 흥미로웠어요. 이 곡은 어떤 콘셉트로 쓰셨나요?
'그래피티'라는 제목은 세부적으로 어떤 음악을 쓸지 결정되지 않은 상태에서 진지하게 생각하지 않고 마음에 드는 아이디어가 생기면 쓰려고 붙인 이름이고요. 그런데 음악은 전통적이고 연주하기 어려워요. 〈이중 협주곡〉과는 완전히 다른 방향에서, 연주자들에게 훨씬 더 클래식한 스킬이 필요한 작품이에요.

곡을 많이 안 쓰시는데 그럴 수밖에 없겠다는 생각이 들어요. 이렇게 곡마다 완전히 다른 걸 하려면요.
1년에 한 곡도 사실은 많아요.

〈그랑 카덴차〉는 두 대의 바이올린을 위한 곡인데, 바이올린 곡을 비교적 많이 쓰셨네요.
〈그랑 카덴차〉도 이번에 연주됐으면 좋았을 텐데, 연습도 많이 했고 연주를 잘했거든요. 이 곡은 그다지 부담감 없이 썼어요. 여태까지 바이올린 곡을 해 봤으니까 그 경험을 토대로 카덴차식의 곡을 쓴 거죠.

〈코스미기믹스〉.
앙상블 무지크파브리크, 지휘 클레멘트 파워.
2021년 1월 쾰른

2021년 10월 21일 레겐스부르크에서 〈그랑 카덴차〉 초연 후 안네 소피 무터, 최예은과

그런데 위촉자였던 안네 소피 무터가 너무 어렵다고 2년 정도 묵혀 뒀다가 2021년에야 초연했잖아요.

그 사람이 음악에 접근하는 방법이 다르니까요. 클래식만 하는 사람들은 한 음 한 음과 싸움을 하잖아요. 그런 식으로 접근하면 어렵죠. 그렇게 해선 안 되는 음들이 너무 많으니까 자기 생각에는 말이 안 되는 거예요. 그런데 현대음악은 접근을 좀 다르게 해야 해요. 이번에 앙상블 앵테르콩탱포랭의 강혜선과 파트너들이 한두 달 만에 연습해서 연주했더라고요. 그들은 현대적인 음악을 많이 해 봐서 악보도 빨리 읽고 리듬도 금방 파악하니까요.

작품 이야기: 전자 음향이 포함된 곡

실내악이나 앙상블 곡 가운데 전자 음향이 포함된 작품을 따로 뽑아 보면 여섯 곡 정도예요. 〈영원에의 길〉(1989)은 테이프 음악이고, 〈알레그로 마 논 트로포〉(1994/1998)는 테이프 음악으로 썼다가 나중에 타악기와 테이프 버전이 나왔는데, 지난 프레장스 페스티벌에서는 두 곡 다 전자 음향으로만 연주되었죠. 그리고 현악 사중주와 전자 음향을 위한 〈파라메타스트링〉(1996), 〈씨〉(1998), 〈이중 구속?〉(2007), 〈공상적 팡파르〉(2010~2011/2019)로 이어집니다.
〈공상적 팡파르〉는 거의 앙상블 곡이고 전자 음향 비중이 그리 크지 않아요. 워낙 긴 곡이었다가 2020년 프레장스 페스티벌에서 발표할 때 짧게 수정했는데, 저는 짧은 버전이 더 좋아요. 그때 파리에서 봤죠? 연주자들이 무대에 서서 팡파르처럼 연주했잖아요.

네, 봤습니다. 그 곡도 다른 작품들과 전혀 다른 편성과 분위기라 독특했어요.
제 전자 음악 중에는 〈씨〉가 가장 완성도 높은 중요한 곡이에요. 그 곡을 작년에 빈에서 연주할 때 느낀 점이 많았는데, 곡이 좋고 나쁘고를 떠나서, 그 당시에 내가 저렇게 일을 많이 했구나 싶었어요. 일의 양도 엄청났고, 진짜 한 음 한 음 다 직접 작업했거든요. 수백만 개의 음이 나오는데, 모두 아주 정확하게 만들었어요. 보통 전자 음악 할 때 그렇게들 안 해요. 그냥 누르면 나오는 소리를 쓰지, 그렇게 모두 하나하나 만드는 작업을 1년 넘게 했다는 게 놀라웠어요. 그렇게 살아야 하는데.

이 작업을 베를린공대 전자음악스튜디오에서 하셨죠? 그 당시 제가 베를린에서 공부하고 있었는데, 종일 스튜디오에 처박혀서 빵 한 조각

먹고 열댓 시간씩 작업한 후 파김치가 되어 나오는 모습을 우연히 보고, 작곡가도 진짜 극한 직업이라고 생각했어요. 그때 쓰신 작품이 이 곡이군요. 한동안 연주 안 됐다가 몇 년 전부터 다시 연주되고 있는데, 요즘 전자 음악을 많이 하니까 기술적으로 못 틀진 않을 것 같은데요?

그렇진 않은데, 독일에서는 2009년에 에센 폴크방대학 앙상블이 한 번 연주하고 여태까지 제대로 연주가 안 됐어요. 일단 나라는 사람이 여기서는 인기가 없었고, 연주에 돈이 너무 많이 들어가고 복잡하니까요.●

그런가요?

스피커도 많이 필요하고 음향 기술자도 있어야 해서 비용이 많이 들어요. 연주하기도 쉽지 않고요. 하여튼 연주가 안 될 요인을 이 곡이 다 지녔어요.

그러고 보니 이번 프레장스 페스티벌에서도 못 했네요. 〈이중 구속?〉 은 유튜브에 어떤 여성 바이올리니스트가 연주한 영상이 올라와 있는데 잘하더군요.

이번 프레장스 페스티벌에서는 13분짜리 곡을 5분으로 완전히 짧게 하고 말았죠. 라이브 일렉트로닉 곡이다 보니 연주자가 마음대로 휘리릭 넘어가 버렸어요.

〈파라메타스트링〉은 1996년 크로노스 콰르텟이 서울에서 초연한 후 한동안 드물게 연주되다가, 2019년부터 여러 사중주단이 다시 하기 시작했어요. 에스메 콰르텟이 데뷔 음반에 이 곡을 포함했는데, 마침 이 작품의 녹음이 없어서 좋은 기회였을 것 같아요. 저는 〈파라메타스트

〈이중 구속?〉.
바이올린 제나 셰리, 기술팀 남서독일방송 실험스튜디오.
2017년 5월 1일, 진은숙 음악을 집중 조명한 '퀼른 여덟 다리 페스티벌'

● 2023년 5월 27일 독일 올덴부르크에서 오 톤-앙상블이 더 연주한 바 있다. 〈씨〉는 앙상블 앵테르콩탱포랭이 파리에서 초연한 후 유럽과 북미 곳곳에서 총 20회 연주되었다.

링〉을 1997년 베를린에서 크로노스 콰르텟 연주로 들었는데, 다음 날 신문에서 진은숙 곡이 살린 음악회였다는 평을 읽은 기억이 나네요. 〈알레그로 마 논 트로포〉의 타악기와 테이프 버전도 1998년 베를린에서 들었는데, 제게는 전자 음악도 들을 만하다고 처음 느끼게 해 준 음악회였어요. 당시 한국에서 전자 음악을 들을 때는 예술의전당 리사이틀홀에서 불 꺼 놓고 앉아 있게 해서 낯설었는데, 베를린 파로키알 교회에서 스피커를 관객 주변에 360도 배열해 놓고 연주하니 분위기가 잘 살더라고요. 전자 음악은 애초에 연주되는 공간이 중요하다는 점을 알게 되었죠. 이번 프레장스 페스티벌에서도 전자 음악은 스튜디오에서 연주하니 훨씬 잘 어울렸어요.

〈파라메타스트링〉은 크로노스 콰르텟이 위촉한 곡인데, 그들과의 작업은 어땠나요?

워낙 프로페셔널하니까 작업은 좋았는데, 그들이 보통 하는 레퍼토리가 내 곡과는 상당히 다른 종류의 음악이긴 하죠. 그래도 초반에 연주를 많이 해서 괜찮았어요.

그 당시 크로노스 콰르텟이 비서구 작곡가들의 음악을 가져다 미국식으로 만든 곡들을 선호해서 그런 곡들을 많이 했죠. 앞으로 전자 음악 작업도 계속 하실 예정이세요?

지금은 생각 없는데 만약 옛날에 〈씨〉를 했던 식으로 작업할 수 있다면 해 볼 만하고, 요즘 많이 하는 라이브 일렉트로닉에는 관심 없어요.

그런데 요즘은 옛날처럼 그렇게는 안 하지 않나요?

안 하죠. 〈씨〉도 24트랙으로 작업한 테이프 TONBAND가 아직 베를린공대 스튜디오에 있어요. 기계도 다 있는데, 요즘은 아무도 그걸 안 써요.

그건 아카이빙을 해 놓아야 하지 않나요?

아카이브되어 있어요. 내 소유로 들어올 수 없을 뿐. 그런데 이제는 모든 것이 간편화되고 디지털화되어서 옛날에 들었던 퀄리티의 소리가 나지 않아요. 그 점이 너무 아쉽죠. 옛날에 작업할 때는 소리가 그렇지 않았거든요. 〈영원에의 길〉이나 〈알레그로 마 논 트로포〉도 그런 소리가 아니에요. 소리가 훨씬 더 선명하고 색깔도 더 좋은데, 이제 다시 그런 소리는 못 듣지 않을까 싶어요. 테이프로 작동시켜야 하는데 요즘은 그렇게 안 하니까요.

디지털화하면 약간 다른 음악이 되는군요. 디지털로라도 하는 게 안 하는 것보다는 낫지 않나요?

안 하는 것보다야 물론 낫죠.

〈씨〉에서 했던 정밀한 작업은 앞으로는 하기 힘들지 않을까요. 일단 그럴 시간이 안 날 것 같은데요.

일단 내가 시간이 없고, 그런 식의 작업을 요즘 아무도 안 해서 테크닉적으로 가능한지도 모르겠어요.

〈이중 구속?〉은 라이브 일렉트로닉 작품인데요.

연주자가 자기 마음대로 줄일 수 있는 그런 작업은 하고 싶지 않아요.

모든 걸 작곡가가 컨트롤하길 원하시는군요. 그럼 이제 오페라 얘기로 넘어가 볼게요.

작품 이야기: 오페라

《이상한 나라의 앨리스》는 21세기에 만들어진 오페라임에도 2007년 뮌헨 초연 이후로 여러 극장에서 네 번의 프로덕션이 더 있었어요. 2010년 스위스 제네바, 2011년 독일 빌레펠트, 2012년 미국 세인트 루이스에서 각기 새로운 연출로 무대에 올랐고, 2015년에는 로스앤젤레스와 런던에서 일러스트레이션이 포함된 콘서트 버전으로도 공연된 바 있고요.* 그 밖에 오페라 발췌곡 모음인 〈장면들〉과 〈퍼즐과 게임〉도 콘서트 레퍼토리로 종종 연주됩니다. 돌이켜 생각해 볼 때 이 오페라 작업에서 중요하게 남은 건 무엇인가요?

옛날 〈피아노 협주곡〉을 썼던 때처럼, 오페라를 해 본 적이 없어서 이 작품의 처음 아이디어도 그렇고 곡도 별생각 없이 써 나갔어요. 가끔 '절대로 못 해낼 거야'라는 생각도 했지만, 어쨌든 크게 신경 쓰지 않고 내가 갖고 있던 아이디어로 곡을 썼는데, 중요한 건 6주 동안의 리허설이었죠. 그 과정에서 재밌는 일이 많았어요. 오페라는 내가 컨트롤할 수 있는 부분이 반 정도밖에 안 돼요. 내가 만들 수 있는 건 악보일 뿐 악보로 무슨 일을 하는지는 내 영역 밖이라, 그때는 그 점이 조금 힘들었는데 이제는 그 과정을 아니까 곡을 다 써 놓고 나면 알아서 하라고 하겠죠. 물론 너무 이상한 일을 벌이면 문제지만, 연출이 내 마음에 좀 안 들어도, 어차피 연출은 바뀔 수 있으니까요. 음악은 안 바뀌거든요. 그런 부분에서 마음이 너그러워졌는

---

* 2024년 6월 1일 암스테르담 콘세르트헤바우에서는 전체 오페라가 콘서트 버전으로 연주되었고, 2025년 11월에는 빈 오페라극장에서 《이상한 나라의 앨리스》의 새로운 무대가 예정되어 있다.

데, 처음 뮌헨에서는 내가 생각했던 것과 너무 달라서 힘들었어요. 연출이 추상적이고 뭘 하는지 모르겠다는 생각이 들었는데, 결국 뒤돌아보면 그 프로덕션이 최고로 좋았어요.

저도 그 초연 현장에 있었는데, 무대가 비스듬히 서 있고, 성악가들은 움직이지도 않고 서서 부르는 모습이 낯설었어요. 음악은 너무나 생동감 있게 펼쳐지는데 무대가 정적이라 아쉽다고 생각했었는데, 나중에 DVD를 보니 프레임이나 시각적인 면은 좋더라고요.
이후에 했던 프로덕션들의 해석이 그만하지도 못했고요. 전부 이야기를 똑같이 반복하는 식이었어요.

그 점에서 아힘 프라이어는 자기 세계가 확고한 연출자 같아요. 예술적인 감각에서 서로 부딪히긴 했지만, 그러면서 좀 더 새로운 것이 나올 수 있었을 테고요. 첫 오페라 이후 다음 작업을 위해 어떤 생각을 하셨는지요?
《앨리스》는 오페라이긴 해도 콘서트 형식의 음악이에요. 노래 부르는 장면이 아주 많고 노래를 잘해야 하고요. 앨리스 이야기 자체가 드라마가 있진 않으니 그런 면에서 당시 나와 맞는 부분이 있었어요. 저런 작업을 한번 해 놓으니 이제는 또 완전히 드라마적인 걸 하고 싶어요. 오페라가 어떻게 돌아가고 뭘 조심해야 하는지 많이 배웠고요.

사실 그다음 오페라로 런던 코번트가든에서 《거울 나라의 앨리스》가 계획되어 있었는데, 그 프로젝트가 무산됐잖아요.
운명 같은데, 무산되어서 잘된 것 같아요. 어차피 그 시간에 할 수도 없는 상황이었고, 연출을 맡기로 했던 클라우스 구트가 자기주장이 너무 강하기도 하고요. 연출의 입김이 세면 구체적인 제시를 해야 하는데 그건 또 아니고, 그러면서 차일피일 진척이 안 되는 와중에 취소되었어요. 어쨌든 계약된 돈은 100퍼센트 다 받았고요.

당시 영국 상황이 브렉시트 터지면서 오페라단 운영에도 대대적인 변화가 있지 않았나요?
브렉시트의 영향도 있고 영국이라는 나라가 아주 묘하게 배타적인 부분이 있는데 그런 점도 작용했겠죠. 그런데 취소되는 순간 그 작품에 대한 의욕이 완전히 상실됐어요. 사실 앨리스 이야기는 영국에서 제대로 할 수 있잖아요. 그런데 안 해요. 놀랍지 않아요? 『이상한 나라의 앨리스」로 누가 오페라를 썼는데 영국에서 관심이 없다는 게? 나중에 알고 보니까 왜 자기네 걸 건드리냐는 생각이 있었던 거예요. 배타적인 분위기였죠. 그때 관심이 완전히 없어지면서 전혀 다른 작품을 하고 싶다는 생각이 들었고, 그래서 지금 하는 새 작업이 시작된 거예요.

지금 준비 중인 두 번째 오페라는 물리학자 볼프강 파울리에 관한 이야기고, 이 작품은 완전히 다른 성격의 오페라가 될 것 같은데, 파울리에 대한 관심은 언제, 어떻게 시작되었나요?
볼프강 파울리는 2017년경에 찾아냈어요. 양자역학을 비롯해 과학에 관해 책을 많이 보다가 우연히 하이젠베르크의 친구인 파울리를 알게 됐어요. 하이젠베르크의 자서전에 이 사람 이름이 많이 나와요. 어떤 사람일까 싶어서 찾아봤더니 재미있더라고요. 그래서 이것저것 알아보고 연구를 했죠.

하이젠베르크에 관심을 갖게 된 계기는 뭘까요?
별들의 생성과 소멸을 비롯해 천문학에도 관심이 많았고, 하이젠베르크나 아인슈타인 등 물리학 전반에 관심이 있었어요. 사실 별들 안에서 이루어지는 게 핵융합이잖아요. 그런 분야에 관심을 두면서 차츰 양자역학에 대해 알게 됐고, 하이젠베르크를 읽다가 자연스럽게 파울리까지 왔네요.

파울리라는 인물의 어떤 점에 매료되었나요?
사실 과학자로서 훌륭한 사람은 많아요. 아인슈타인이나 다른 사람들도 훌륭하지만, 그런 점만으로는 오페라를 할 수 없어요. 그런데 파울리는 예술가 기질을 지닌 사람이에요. 퍼스낼리티가 아주 복합적인 사람인데, 단순히 훌륭한 과학자가 아니라, 과학자로서 탁월하지만 인간적으로는 너무 아이 같고 성숙하지 못하고, 자기 감정을 다스리지도 못하는, 다양한 성격의 사람이라서 흥미로웠어요. 사생활도 흥미롭고요. 권위 있게 교수 노릇 하며 남들 있는 대로 다 까고 다니면서, 저녁에는 사창가 가서 술 마시고 깽판 부리고, 거기 드나드는 원초적인 사람들과 주먹싸움하고요. 상상하기 힘든 부분이잖아요. 이 사람의 사생활을 물리학계에서는 알면 안 되고, 저쪽에서는 이 사람이 어떤 사람인지를 전혀 알 수 없고요. 그리고 파울리가 계속 꿈을 꾸는데, 꿈 때문에 자기가 너무 힘들지만 거기서 너무나 많은 아이디어를 갖고 오는 거예요. 그러면서 그 꿈을 해석하기 위해 카를 구스타프 융에게 갔고, 두 사람이 꿈을 해석하며 편지를 주고받았어요. 내 생각에는 이 사람이 남들한테 얘기하진 않았지만 어떤 희망을 가졌던 것 같아요. 과학자/물리학자라는 사람들이 그렇거든요. 지금은 그때보다 더 많이 알겠지만, 결국 자신들이 학문으로 깰 수 없는 우주의 진짜 비밀, 마지노선이 있어요. 아무리 많이 연구하고 많이 알아도 정말로 풀 수 없는 비밀이 있거든. 파울리가 계속 주변 과학자들을 도와줬고 그들이 노벨상을 타기도 해서 너무나 존경받았는데, 아무리 노력해도 풀 수 없는 게 있다는 걸 스스로 알죠. 직감INSTINCT으로 아는 거예요. 그렇기 때문에 그걸 깨야 자기가 더 최고의 과학자가 돼요. 진짜 우주의 비밀을 푸는 꿈을 모든 물리학자가 갖고 있는데, 파울리는 인간으로서 그 일을 할 수 없지만 자기 꿈을 통해서, 자기 꿈을 분석함으로써 그 열쇠를 얻으려고 한 게 아닐까 싶어요. 최소한 그에 대한 희망이 있었을 거라고 나는 생각해요.

아주 흥미로운 지점이네요.
그런데 그걸 남들한테 얘기하거나 스스로 인정하진 않죠. 파울리의 꿈에 항상 나타나는 비전을 주는 인물들이 있어요. 자기가 일상생활에서 풀 수 없었던 많은 힘든 과제를 푸는 경험도 있었을 거예요. 꿈속에서 어떤 지시를 받기도 하고. 자기 꿈과, 약간 무당같이 관계를 맺는 거죠. 낮에는 너무나 이성적인 과학자인데, 자기가 그런 꿈을 꾼다는 얘기를 남에게 할 수 없었고, 융 외에는 아무도 몰랐어요. 융이 그 당시에는 굉장히 수상쩍은DUBIOUS 사람이었는데, 그런 사람에게 자기 비밀을 털어놓고 자신의 꿈을 분석하게 하는 걸 동료들이나 다른 누구에게도 얘기하지 않았어요. 비밀리에 마음속 어딘가에서는 자기가 꾸는 꿈에 빠져들고, 엄청난 꿈을 꾸면서 여기에 우주의 비밀을 깰 수 있는 열쇠가 있을 수 있다고 생각했던 거예요. 한편으로는 자기가 이 비밀을 깨려면 물리학 이상으로 넘어가야 하니까 물리학자로서 한계도 느꼈죠. 이 사람이 계속 그랬거든요. 정말 이 세상이 어떻다는 걸 알기 위해서는 과학만으로는 안 되고 심리학을 결합해야 하는데, 그런 식의 이론이 양자역학의 현상들과 맞는 부분이 많아요. 사실 지금도 그렇지만 그 당시에는 과학자로서 심리학 같은 것이 필요하다고 말하기도 조심스럽고, 그 안에서 갈등도 있었을 거예요. 자기 나름대로 비밀리에 그런 행동들을 했다고 나는 생각해요.

주관적인 생각이지만, 사실 나도 상당히 비슷한 경험을 했잖아요. 물론 누구나 꿈을 꾸지만, 꿈이 주는 어떤 힘이 아니었으면 나는 살아 있을 수 없는 상황이었거든요. 일상생활에서 빈곤과 폭력을 겪었고 인생에 아무런 희망이 없었어요. 돈도 없고 아무것도 없는데 미래에 무슨 희망이 있겠어요. 그럼에도 불구하고 일상생활에서 나를 망가뜨리지 않을 수 있었어요. 왜냐하면 꿈속에서 나는 파라다이스도 가 보고, 세상에서 가장 아름다운 장면을 보고, 말하자면 이데아를 경험하니까요. 어떤 사람은 그런 경험을 하기 위해 마약도 하는데 꿈속에서 경험하는 거죠. 계속 예지몽을 꾸고, 그 예지몽대로 내 인생이 돌아가요. 돌이켜 보면 살얼음판에서 너무 운 좋게 잘 풀렸잖아요. 돈도, 도와주는 사람도 없었고, 서울대에 두 번이나 떨어지고 기적같이 세 번째 해에 미달로 들어갔어요. 그런데 내 인생이 그렇게 풀릴 거라는 생각이 있었어요. 그 꿈들이 나한테 그런 확신을 안겨 줬어요. 자신에 대한 믿음과 세상을 살아 나갈 힘이죠. 그러면서 음악도 들었으니까 주변에서 아무리 어떤 일이 있어도 나를 건드리지 못하는 부분이 있어요.

작품 생활을 오랫동안 하면서 계속 꿈을 꿨는데, 나이 들면서 꿈이 점점 없어져요. 그러니까 꿈이 나를 떠난다는 공포감이 생겨요. 그런 부분에서 볼프강 파울리와 유사한 부분이 많아요. 나는 항상 곡을 쓸 때 너무 힘드니까, 메피스토펠레스가 와서 영혼을 팔라고 하면 당장 팔 거예요. 누가 나한테 진짜로 이 곡이 잘된다는 보장을 준다면 무슨 짓이든지 해요. 내 인생의 일부를 팔 수도 있고 무슨 짓이든 할 수 있다는 생각을 항상 해 왔기 때문에, 파울리의 인생을 보면서 유사함을 발견했어요. 이 사람은 아마 상상했을 거예요. 융을 못 미더워했음에도 불구하고 무당 끼가 있는 사람이니 자기가 보지 못하는 것을 끌어내 주기를 바랐을 거예요. 또 한편으로 자기가 학자로서 비합리적인 영역에서 무언가를 얻으려고 한다는 데 공포와 수치심을 느끼고 그 점을 숨기기도 했고요. 그런 이중적인 면이 굉장히 흥미로워요.

그렇네요.
이런 생각을 토대로 오페라의 픽션을 만들고 있어요. 그 구루가 꿈에서 비전을 주는 인물들을 뺏어가서 완전히 파멸시키는 내용이에요. 열여덟 페이지가량 초고를 써 놓았어요.

두 장짜리 시놉시스 말고 제대로 줄거리를 써 놓으셨군요.

거기에 아주 상세한 대화들도 있어요.

이 오페라도 나오면 센세이션을 일으킬 것 같아요. 물론 유럽인들 입장에서는 영혼을 파는 종류의 이야기로 해석할 수도 있겠지만.
누군가에게 영혼을 파는 건 보편적인 주제잖아요. 앞으로도 계속 나올 일이고, 인간의 본질적인 욕망을 건드리는 주제라서 나는 흥미롭다고 생각하는데, 이곳 사람들의 반응은 그저 그래요.

그래요?
이 사람들은 자기네 걸 건드리는 데 대한 공포감이 있어요. 예를 들어 내가 『춘향전』을 한다고 하면 아무 문제가 없죠. 그런데 여자가, 그것도 동양 여자가, 자기네 과학자와 양자역학에 관심이 있다고 하니까, 자기네가 나한테 기대하는 그림과 맞지 않거든요. 이들에게는 혼란스러운 거예요.

그러니 더더욱 해야겠네요.
도이치오퍼에 드라마투르그 하는 친구가 있는데 시놉시스를 보냈더니 너무 걱정되는 투로 이래서는 안 된다는 식으로 말해요.

어떤 이유로요?
너무 구식이고 얘기가 버르토크BÉLA BARTÓK의 《중국의 이상한 관리》와 비슷하다나? 뭐가 비슷해? 영화 〈푸른 천사〉(1930)와도 비슷하대요. 거기서 교수가 술집 여자에게 끌리는 얘기가 나오는데, 물론 내 대본에도 바에서 일하는 여자가 나오지만 알고 보면 완전히 다른 얘기거든요. 우리 출판사 사람들은 드라마투르그라고 해서 오페라에 대해 더 많이 아는 건 아니라고 진지하게 받아들이지 말라고 했지만, 그 사람은 자기가 드라마투르그라 비판할 수 있다고 생각하는 거예요. 무엇보다 그게 나의 아이디어고 내가 시놉시스를 썼다는 것부터 의심의 눈길을 보내요. 그런 게 편견인 거야.

맞아요.
내가 노래 곡을 많이 써 보았고, 작품의 내용이나 제목을 정할 때, 어느 정도의 비중으로 유머를 넣어야 하는지 정확하게 알거든요. 남들이 봐서 너무 유치한 건 하지 않아요. 그 얘기가 그렇게 유치하지도 않고, 1920~1930년대 얘기도 할 수 있죠. 왜 못 해요? 실존 인물이 있고 그 사람을 토대로 이야기를 풀어 가는데. 또 그런 얘기는 요즘 세상에는 전혀 중요하지 않대요.

이 작품은 그냥 과학자 얘기가 아니라 인간의 욕망과 세계의 본질을 탐구하는 것에 관한 보편적인 얘기잖아요. 물리학자는 다른 과학자들과 달리 어떤 면에서는 매우 직관적이라고 들었어요. 볼프강 파울리도 이성적으로 설명할 수 없는 부분을 본 거잖아요. 어떻게 보면 약간 종교의 영역일 수도 있고요.

그렇죠. 그 경계를 자기가 넘어야 한다는 걸 알면서도 그에 대한 공포감이 있는 거죠. 그리고 술집 여자가 나오는 게 너무 말이 안 된대요. 그런데 그 여자가 실제로 존재했어요. 물론 그 여자를 어떤 인물로 등장시키느냐는 더 생각해 봐야 하지만, 그 여자와의 관계를 통해 파울리가 한 인간으로서 얼마나 감정 표현이 서툰지, 이 사람의 감정적 차원을 보여 주거든요. 자기가 좋아하지만, 자신의 감정을 인정하지 못하는 거죠. 그렇게 천박한 여자여도 이 세상에서 자기가 정말로 자기일 수 있는 유일한 여자예요. 그게 얼마나 그에게 중요하냐고요. 그렇다고 그 사람과 섹스가 있는 것도 아니고, 그런 관계도 파울리 성격의 한 면을 보여 주는 거예요.

자서전에 그 여자에 대해 쓴 내용이 나와요. 장크트파울리에서 만나 별짓을 다 하다가 여자가 마약을 해서 관계가 끝났어요. 그런데 여자가 학교로 찾아오면 돈을 주며 무마했고, 30년을 못 만나다가 죽기 2~3년 전에 다시 만나요. 파울리가 1945년에 노벨상을 타고 여기저기 컨퍼런스에 많이 다녔거든요. 1955년도인가 함부르크의 컨퍼런스에 왔는데, 떠나기 전날 호텔로 전화가 와요. 그 여자가 파울리가 왔다는 걸 신문에서 보고 전화한 거죠. 다음 날 그 여자가 호텔로 들어오는데 나이는 들었지만 그때 그 모습이 있었고, 같이 역으로 가서 기차 타기 전까지 세 시간 동안 그동안의 일을 풀어내요. 전쟁 얘기부터 시작해서 자기가 결혼을 했고 이혼을 했고 마약에서는 빠져나왔고, 그런 얘기를 하는 거예요. 그러고 나서 파울리는 기차를 탔고 다시는 그 사람을 못 봤죠. 파울리는 그 세 시간 동안 자기의 전체 인생이 파노라마처럼 돌아가는 것 같았다는 얘기를 해요. 물론 30년 전보다 자기는 학자로서 더 똑똑하거나 유능하지는 않지만, 인간적으로는 그때보다 훨씬 성숙했다고. 그 몇 문장이, 그 사람이 자기 자신에 대해 얘기하는 유일한 문장들이에요. 다른 부분은 객관적이고 남들을 비판하는 내용인데, 그 부분에서 유일하게 자기 마음을 표현하죠. 그 내용이 상당히 나한테 다가왔어요. 이건 교수가 매춘부와 관련되는 뻔한 모습의 얘기가 아니에요.

그런 사람들의 편견을 뚫고 이 오페라에서 진짜 하고 싶은 얘기를 담으려면 넘어야 할 벽이 많네요.

프로젝트를 할 때 내 속에서 계획을 세우잖아요. '이게 될 거다', '안 될 거다' 내지는 '이 테마로 한다', '안 한다'고 판단할 땐, 그에 대한 믿음이 있거든요. 믿음이 없으면 할 수가 없어요. 남들이 그런 식으로 얘기한다고 흔들리지는 않지만 그래도 기분은 상당히 불쾌했어요. 마치 내가 처음부터 끝까지 말이 안 되는 걸 한다는 식이었어요. 내가 이 과학 분야에 관심을 둔 지 20년이 넘었어요. 물리학이나 양자역학에 대해서는 10년간 엄청나게 많은 책을 읽고 비디오를 보고 강연을 들었고, 그런 후에 이 내용을 하겠다고 결정했고, 그다음에 또 수년간 관련 책과 자료를 뒤져서 이야기를 만들었어요. 그런데 그에 대한 경험이 하나도 없는 사람이 어쩌고저쩌고한다는 게 말이 안 되죠.

게다가 내가 아시아 사람이고 여자니까 편견이 작용하고, 작곡가가 직접 대본을 썼다고 하면 기본적으로 깔고 보기도 하고요. 내가 직접 그 얘기를 만들어 냈다는 데서 이미 평은 노NO예요. 그건 알죠. 자기네가 얼마나 잘났는데, 자기네 걸 누가 와서 건드리면 싫어하니까. 하여튼 그런 편견에 맞설 수 있도록 내가 단단히 무장해야 해요.

그래야겠어요. 이번에는 데이비드 헨리 황이 리브레토 작업을 함께하지 않겠네요.

이야기는 내가 다 썼고, 스토리 구성도 되었고, 우리 출판사에 독일어 형식에 대해 같이 작업할 분은 있어요.

이번 오페라는 독일어로 하는군요.

그러려고요. 처음에는 데이비드 헨리 황에게 영어 번역을 맡기려고 했는데 오히려 그 사람이 안 하게 된 것이 잘된 일일 수 있어요.

《앨리스》는 원래 있던 얘기니까 각색에 함께했지만, 이번 작업은 작곡가가 직접 이야기를 만들었으니 대본가가 붙을 필요는 없죠.

독일어 단어에 반어적이고 비꼬는 투가 많이 나오거든요. 그런 어감이 그대로 전달되면 좋으니까 독일어로 하기로 했어요. 문장을 더 다듬고, 노래하기 쉽고 말하기 쉽게 조금 짧게 만드는 작업을 하고 있어요. 더 자료가 필요한 부분이 있어서 보충해야 하고요.

진짜 재밌을 것 같아요. 이전 오페라와는 완전히 다르니까요.

사실 오페라 스토리는 단순하잖아요. 그런데 이 작품은 복합적이에요. 텍스트도 많고, 파울리와 메피스토펠레스가 서로 싸울 때는 밑바닥까지 가는 긴장감 넘치는 대화도 많이 나와요. 인간에 대한 혐오와 인간의 본성이 드러나는, 예를 들어 파울리의 동료들이 원자폭탄을 만들라고 하는 장면이 있는데, 파울리는 만들고 싶지 않기도 하고, 사실 자기가 만들 수 있을지에 대한 의심도 있는데 자기가 못한다고 인정하기는 싫어해요. 그런 복잡한 상황에서 메피스토펠레스에게 가요. 메피스토펠레스가 그전에 파울리의 꿈을 해석해서 엄청나게 도와주겠다고, '너는 최고의 과학자가 될 거야'라는 식으로 약속했잖아요. 그런데 정작 아무것도 보여 주지 않아요. 초조해진 파울리가 자신이 너무 힘드니 빨리 도와 달라고 하자 메피스토펠레스의 대답이 이어지죠. 보통 사이비 종교는 병이 없는 사람들에게 병났다고 하면서 사람들을 현혹하는데, 진짜로 나쁜 악마는 거꾸로 사람을 조종해요. 파울리가 너무너무 힘들다고 해도, '넌 아무 문제 없어', '지금 네 상황은 인간으로서 정상이야. 걱정하지 마'라고 하면서 이 사람의 문제를 문제로 인정하지 않는 거예요. 그러니까 답답해진 사람이 계속 호소하죠. '내 동료들이 원자 폭탄을 만들라고 한다니까'라고 하니 '그래? 그런데 너 못해?' 그러는 거야. '물론 나는 할 수 있지만, 양심상 전 인류가 망할 수 있는데' 하니 그제야 악마가 자기 모습을 드러내며 '인간이라는 건 가장 혐오스러운 존재야. 그 인간이 다 망해도 되고, 그렇게 망하면 좋은 점이 하나 있어. 그러면 새로운 세상이 오거든'이라고 하죠. 이런 식으로 완전히 악마 같은 목소리로 얘기하는 거예요. 하여튼 파울리와 메피스토펠레스가 만나서 나누는 2막 2장의 대화는 아주 생생한 날것의 느낌이에요.

지금 시대 사람들도 직관적으로 이해할 수 있는 얘기네요.
그렇죠. 상대가 '나 우울증 있어'라고 하면 '우울증은 검은 옷을 입은 여자와 같아. 그러니까 우울증이 올 때는 쫓지 말고 의자를 내 주며 앉혀서 무슨 얘기를 하는지 들어 봐'라고 해요. 이 내용이 카를 구스타프 융의 오리지널 인용이거든요. 악마인데 우리가 통상적으로 생각하는 악마와는 달라. 그리고 결국은 이런 식으로 위로해요. '너의 상태는 아무런 문제가 없어. 모든 사람이 그래.' 그러면서 꿈에 나오는 이 사람의 희망이 되는 인물들을 뺏어가는 거예요. 이제 이 사람의 꿈속에 그 여자아이가 나와도 노래를 안 부르고, 어떤 장면에 나오는 여자는 목소리와 하는 말이 달라요. 뒤에서 악마가 목을 조르면서 자기 목소리를 내고 있고 여자는 입만 뻥긋뻥긋하는 거죠. 이 사람은 그걸 몰라요.

대본을 쓰면서 음악도 같이 구상하고 있는데, 작곡가가 대본을 직접 쓰면 그 점이 좋겠네요.
직접 쓰면 진짜로 내가 하고 싶은 얘기를 그대로 할 수 있으니까요. 나는 이 오페라가 얘깃거리가 된다고 생각해요. 이 복합적인 내용을 어떻게 하면 너무 많은 말을 하지 않고 전달하느냐가 관건인데, 써 놓은 이야기를 다 사용할 수는 없고 어쨌든 포인트를 잘 맞춰야죠. 중요한 건 이 사람이 겪는 여러 가지 갈등의 원인, 이 사람의 비밀스러운 갈망, 그리고 악마를 만나서 서로 합의하는 내용이에요. 그 악마가 처음에는 그렇게 악마같이 안 보이다가 얘기가 진행되면서 점점 악마화돼요. 처음에는 룰루랄라하는 사이비 종교 교주 같은 인물이었다가, 2부가 되면서 분위기가 점점 더 어두워져요. 1부가 2부보다 길어야 하고, 2부에서는 훨씬 더 이야기의 진행 속도가 빨라야 해요.

그 독일 드라마투르그는 자신들의 기존 사고방식 안에서 통념적으로 받아들인 거잖아요. 그런데 파울리라는 인물이 활동했던 시대는 전과 다른 방식으로 세계를 이해하는 새로운 관점이 열린 사고의 전환기였는데, 이 오페라에도 전통적인 스테레오타입으로 환원되지 않는 장치가 있어야 할 것 같아요.
그런데 그 사람이 말한 것처럼 《중국의 이상한 관리》에 나오는 매춘부가 찾아온 만다린을 죽이는 이야기와는 아무 상관이 없잖아요. 〈푸른 천사〉도 마찬가지예요. 멀쩡한 교수가 그런 여자 때문에 파멸되는 과정은 내 대본과는 아무 상관 없는 얘기거든요.

사람들은 그 과학자가 갖고 있던 내면의 욕망이나 혼동, 고통을 깊이 들여다보지 않잖아요.
모르죠. 그런 데 관심도 없고.

이 오페라는 바로 그 인간 존재의 모순과 복잡성에 관한 것이고, 다른 등장인물들과의 관계는 사실 부차적일 수 있는데, 사람들은 그런 표피적인 것들로만 이해할 수 있겠다 싶기도 해요.
그러니까 그 점을 이해시켜야 해요. 지금 시놉시스만 해도 상세 내용이 다 들어가 있진 않고 일종의 윤곽이잖아요. 어쨌든지 이 작품이 청중들에게 줘야 하는 핵심 열쇠를 잘 전달해야죠. 사실 그 여자는 술집 여자로 등장하지 않아도 돼요. 많이 안 나와도 되고요. 이 여성 인물을 통해서 주인공이 술집에서는 걸걸거리면서도 진짜 자기를 좋아하는 여자가 있으면 그걸 인정하지 못하고 주저하며 가까이 가지 못하는 성격이라는 걸 보여 주는 정도면 돼요.

작곡가의 창작 과정

이제 방향을 바꿔서 작품의 창작 과정에 대해 여쭤볼게요. 당연히 세세하게 설명할 수는 없겠지만, 사람들이 작업 과정을 궁금해하고 조금은 엿보고 싶은 마음도 있는 것 같아요. 지난 프레장스 페스티벌에서도 공연장 로비에 스케치들이 크게 확대되어 전시됐는데, 그런 전시도 작곡가의 작업 과정을 알고 싶어 하는 관객들을 위해 기획되었을 테고요. 곡을 쓸 때 첫 씨앗이 되는 것이 특정 음들이고(예컨대 〈첼로 협주곡〉에서는 G#음이 중요하고, 〈그래피티〉도 F#음으로 시작하는 식으로), 화음도 중요할 텐데요. 작품의 출발이 되는 구체적인 음악 재료가 어떻게 전개되어 가는지 설명해 주실 수 있을까요?

곡마다 다른데요. 가장 초기 단계의 스케치에서, 머릿속에 있는 추상적인 아이디어를 음악적인 매개 변수PARAMETER로 번역해야 하니까, 그럴 때 중요한 것이 중심적인 음이나 화성 아니면 리듬 같은 요소예요. 그런데 꼭 그것이 전체적인 아이디어를 대변한다고 할 수는 없어요. 대부분의 경우 처음 스케치와 나중에 나온 곡이 상당히 달라요. 스케치는 지푸라기라도 잡기 위해 하는 행동이고, 음악을 쓰기 시작해서 잘 나가면 그다음에는 스케치를 안 하죠. 스케치를 한다는 건 내가 아직 시작을 못 하고 있다는 의미예요. 가장 기초적인 음들의 형태나 화음이 주제로서 가치를 가지고 있을지 실험도 해 보고, 어떤 모티브나 단편FRAGMENT이나 음형을 많이 만들어서 마음에 들 때까지 계속 변화시키고 버렸다가 다시 돌아오는 과정이 스케치에 있는데요. 오케스트라 곡의 경우 그 복합적인 아이디어를 모두 스케치할 수는 없고, 말하자면 구상 단계에 있는 아주 기본적인 윤곽만 담는다고 할 수 있어요.

그리고 내 음악 어법의 변화 과정은, 글쎄요. 어떤 방식을 쓰다가 큰 변화가 생겨 여기서 저기로 갔다고 얘기하기는 힘들지 않을까요. 오페라 《이상한 나라의 앨리스》는 다른 작품들과 스타일 면에서 확연히 다르고, 〈구갈론〉도 그렇고요. 작곡가가 한 어법으로 시작해서 점점 발전하면서 변한다고 흔히들 말하는데, 내 경우 그렇게 얘기하기는 어려울 듯해요. 지금도 어디로 튈지 모르니까요. 작품의 변화는 음악의 아이디어나 편성과 관련 있어요. 물론 크게 보자면 초기에 썼던 작품들은 조금 더 서유럽 아방가르드에 근접해 있고 뒤로 가면서 훨씬 더 자유로워졌다고 할 수 있는데, 아방가르드에서 쓰는 기법이나 재료를 아직도 쓰고 있지만 그 클리셰를 쓰는 건 아니니까, 그만큼 초기보다는 지금 사용하는 재료의 폭이 더 넓어졌다고 말할 수 있을 것 같네요.

스케치 후 곡을 쓰기 시작하면 어떻게 진행되나요? 곡을 착수할 때의 판타지가 있으니까 대략의 구상이나 흐름은 만들어 놓겠지만, 구성을 미리 세세하게 설정해 놓지는 않는다고 알고 있는데요. 언젠가 말씀하시길, 곡의 처음을 쓰기가 가장 어렵고, 일단 시작하면 음악이 유기체적으로 흘러가는 길을 따라가시게 된다고요. 그러니까 머릿속에 있는 추상적인 것을 음으로 번역하는 과정에서 새로운 아이디어가 생기기도 하겠죠?
그렇죠. 아무래도 곡이 진짜로 발전되는 건 일단 쓰면서부터고요. 처음에 원했던 아이디어를 훨씬 구체적으로 펼쳐 가지만 잘 안 되기도 해요. 그 아이디어와 음악적인 재료들의 물리학이 다르니, 구체적으로 음을 쓰고 음악이 진행되면서 그 재료들과 써 놓은 음악이 자기가 갈 수 있는 방향을 스스로 설정하는 부분이 확실히 있다고 생각해요. 그러니까 곡을 써서 음악이 진행되면 될수록 쓰는 게 좀 더 쉬워져요. 음악이라는 게 항상 처음부터 쭉 흐르기 때문에, 나는 가다가 막히는 경험은 거의 없었어요.

제가 현장에서 들은 진은숙의 작품들은 놀랍게도 항상 그 연주회에서 가장 돋보였어요. 1996년 베를린에서 처음 들은 〈말의 유희〉도, 1998년 들었던 〈알레그로 마 논 트로포〉도 그랬는데, 이 곡들이 인상적이었던 이유는 음악적인 흐름, 말하자면 곡이 시작해서 끝날 때까지 밀고 가는 힘이 대단했기 때문이에요. 사실 현대곡에서는 매우 드문 경험인데, 어쩌면 작곡가가 설정해 놓은 대로 간다기보다 음악이 스스로 가는 길을 잘 컨트롤하며 가져가서 그럴 수도 있겠다 싶어요.
내가 워낙 어렸을 때부터 음악을 했고, 클래식부터 시작했잖아요. 작곡을 하기 위해 현대음악부터 시작한 사람이 아니기 때문에, 나

〈첼로 협주곡〉의 아이디어 메모. 곡을 처음 구상한 후 악보에 음들을 적어 가는 본격적인 작곡 과정에 이르기 전에 떠오르는 여러 가지 음악적인 아이디어들을 스케치한다.

한테 음악은 항상 옛날 전통 음악같이 흐름이 있고 박동PULSE이 있는 거예요. 아무리 느리고 파편FRAGMENT으로 쓴 음악이라도 큰 선이 있어야 한다는 게 어렸을 때부터 몸에 배어 있었어요. 그리고 나한테 음악이라는 건, 유럽에서는 다소 오해를 받는 단어이기도 하지만, 어떤 감정의 흐름을 담고 있고, 절박하게EINDRINGLICH 내가 청중에게 하고 싶은 얘기를 하겠다는 의지와 힘을 가지고 쓰는 것이기 때문에, 음악이 처음 시작해서 끝까지 쭉 힘을 가지고 가죠.

저는 그것이 음악적인 스킬이라고 생각했는데, 오히려 작곡가의 내면에서 나오는 강한 열망 같은 것이군요.
스킬이기도 하지만, 내 속에 있는, 내가 전하고 싶어 하는 메시지의 힘이죠.

설득력 있는 얘기네요. 음악을 끌고 나가는 힘이 내면에서부터 강하게 흘러나오는 에너지라면, 그런 내적 파워가 없을 경우 작곡을 하기는 힘들겠구나 싶기도 했어요.
예술가는 누구나 그래요. 연주자도 마찬가지고 화가도 마찬가지고, 할 말이 없거나 할 힘이 없는 사람은 그걸 하면 안 되죠.

그런 것 같아요. 음악 안에서 사람들을 쥐었다 놨다 하면서 긴장감을 끌고 가는 건 결국 타이밍, 시간에 관한 감각이라는 생각도 들었는데요.
그런 것도 있고. 내가 말하려고 하는 바가 악보 위에서 어떤 음악적 재료로 나오는데, 그것이 얼마만큼 강한지, 내가 그걸 전하려고 하는 의지가 얼마만큼 강한지와 상당히 연관이 있다고 생각해요.

하고 싶은 얘기가 있어도 그걸 적절하게 음으로 만들어 내지 않으면 안 되니, 형식이나 구조에 대한 기술적인 측면이 중요하지 않나 싶기도 한데, 그런 요소를 작곡가 스스로 설명하기는 힘든 문제 같네요.
어떤 분야든지 창작의 과정을 설명하기는 거의 불가능하고요. 사실 중요한 건 결과물이지 과정은 전혀 중요하지 않아요.

그렇긴 해요. 사실 창작의 과정은 연구자나 창작을 하지 않는 사람들의 관심사죠. 창작에 대한 환상이 있어서 굳이 설명해 보고 싶은 거예요.

창작과 삶의 변곡점들

지금까지 작품 세계의 변화가 인생의 변곡점들과도 맞물려 있다고 생각되는데요. 돌이켜보면 2000년대 초가 그런 때가 아닌가 싶어요. 혼자서 곡 쓰는 데만 완전히 몰입해 살다가, 새로운 파트너를 만나고 또 아이를 낳으면서 생활이 아주 크게 바뀌었잖아요. 그때 저는 사람도 좀 바뀐다는 느낌이 있었는데…….

많이 바뀌었죠.

그러면 당연히 작품 활동에도 영향을 줄 것 같은데 그때 어떤 변화가 있었다고 보세요?

그전까지는 잠수 타는 인생이었죠. 아무런 사회적인 관계가 없고, 누구와도 커뮤니케이션하지 않고, 사람들 앞에 나가는 걸 너무너무 싫어했어요. 내 세계에서 작품만 쓰면서 살았어요. 그게 또 좋은 면도 있었죠. 그때는 인터넷도 없던 때니까 고립되어 작품 쓰면서 약간 또라이같이 살았는데, 그러다가 마리스를 만나고 애를 낳고요. 무엇보다 서울시향에서 일하게 된 게 큰 변화였어요. 그 당시는 한국이라는 나라가 나한테 아주 생소한 나라가 되어 버렸는데, 수십 년을 사회활동을 하지 않다가 갑자기 서울시향 상임 작곡가가 되고 '아르스 노바'를 하게 되면서 서서히 정상적인 생활에 적응되어 갔어요.

그리고 2000년대부터 소위 말하는 경력도 조금씩 단계별로 올라갔고, 특히 켄트 나가노를 통해서 현대음악계가 아닌 일반 클래식 음악계와 연결된 일이 중요한 변화예요. 어쨌든 나는 현대음악을 하는 사람인데 1990년대까지는 독일 안의 현대음악 신과는 아무런 상관이 없었거든요. 거기서는 내가 누군지 모르고, 아무 데서도 내 작품을 연주하지 않았어요. 그러다가 켄트를 만나면서 심포니오케스트

라 쪽에서 위촉을 받고, 사이먼 래틀이 베를린에서 〈바이올린 협주
곡〉도 하면서, 정말로 내가 일하길 원했던 쪽으로 갈 수 있었죠.

그 후 서울시향에서 일하면서 사회화도 되었고요. '아르스 노바'에
서 프리PRE 콘서트 토크도 하고, 사람들을 만나서 말을 해야 하는
일이 많아졌는데, 나는 음악을 거의 독학으로 했고 대화를 통해 음
악을 배운 사람이 아니어서 내 작품에 관해 얘기하는 일이 너무 힘
들었어요. 알고 있는 것을 언어로 표현하기 어려운 거죠. 내 작품을
설명해 본 적이 없으니까요. 그런데 서울시향 일을 하면서 인터뷰도
많이 하다 보니 서서히 그런 기술을 배우게 되고, 남들 앞에서 얘기
하는 게 좀 더 쉬워졌어요.

하여튼 2000년대 초반쯤부터 큰 변화가 있었는데 음악적으로도 영
향이 있었죠. 아무래도 활동의 폭이 넓어지면서 솔리스트들과 오케
스트라들을 만나니까 음악에 대한 생각도 폭넓어지고요. 예전에도
물론 내가 원하는 걸 썼지만 그러면서도 '이렇게 쓰면 작곡가들이
욕할 텐데'라는 생각을 했는데, 그다음부터는 아무 상관이 없어졌어
요. 완전히 다른 물이니까요. 그러면서 음악도 많이 변했어요.

**2006년에 서울시향 상임 작곡가로 부임했지만, 사실 2005년경부터
일하기 시작했잖아요. 독일로 유학을 떠난 게 1985년이니 딱 20년 만
에 한국에 돌아왔고, 그때부터 공적인 활동을 본격적으로 시작하면서
새로운 국면으로 나아갔는데, 처음 일을 시작할 때 했던 말씀이 기억
나요. '20년 동안 내가 독일에서 활동하며 쌓아 놓은 게 아주 많더라.
그걸 한국에서 쓸 때가 온 것 같다.' 혼자 고립되어 작곡만 하면서도
유럽에서 활동하며 축적된 음악적 역량이나 네트워크가 한국에서 쓰
일 수 있게 된 건 참 시의적절한 일이 아니었나 싶습니다.
돌이켜보면 서울시향에서 했던 '아르스 노바' 시리즈는 한국 음악계에
큰 흔적을 남겼는데, 일단 서울시향이 아르스 노바를 통해 다양한 레
퍼토리를 다룰 수 있게 됐고, 그러면서 자체 역량이 강화됐고요. 이제
는 서울시향도 현대음악 레퍼토리를 시즌 프로그램에서 종종 연주하
고, 서울시향만이 아니라 다른 오케스트라들도 적잖게 하거든요. 그
리고 후학 양성에서 큰 성과를 이뤘죠. 마스터 클래스를 통해 젊은 작
곡가들을 키워 냈고, 이제는 그들이 세계 각지에서 활동하고 있으니까
요. 12년 정도 하고 2017년에 그만두셨는데, 당시 다들 너무 아쉬워
하면서도 작곡가 개인으로서는 더 나은 일이라고 했었어요. 그 12년
동안 창작으로 써야 할 에너지를 아르스 노바 기획과 진행에 투여했는
데, 그럼에도 불구하고 작곡가로서도 의미 있던 지점은 무엇일까요?**

그전에는 너무 편안하게 살다가 서울시향 일을 맡게 되었었는데, 초기에는 괜찮았지만 2010~2011년부터 너무 힘들었어요. 사춘기 아들이 속 썩이기도 하고, 어떨 때는 내 인생이 너무 꼬여서 기가 콱콱 막힌다는 생각이 들 정도로 힘들었는데, 그 과정에서 내공을 쌓게 되었죠. 물론 곡 쓰는 일도 힘들지만, 다른 어려움도 겪으면서 이제는 웬만한 일에 놀라지도 않아요. 그러면서 배운 것도 많고요.

좀 더 구체적으로 말씀해 주실 수 있으세요?
한국에 들어와 일하면서 지나치게 일에 나를 걸었어요. 물론 열심히 하면 좋지만 내가 하는 일이 단체의 일이니 어느 정도는 거리를 둬야 건강한데, 너무 거리 두기를 못 한 거예요. 그러니까 내가 다치죠. 내가 어떻게 하든 바꿀 수 없는 부분도 있는데, 그걸 모르고 이상주의적으로 일했던 건 후회되기도 해요. 겪어 보고 알았으니 이젠 그렇게는 안 하죠. 열심히 하되 항상 거리 두기를 해요. 내 본업은 그게 아니니까요.

2011년부터 10년간 런던 필하모니아의 현대음악 시리즈 '뮤직 오브 투데이 MUSIC OF TODAY' 예술 감독도 하셨어요. 작곡가로서의 활동과 음악회 기획이나 프로그래밍은 다른 영역이지만 서로 영향을 주고받기도 할 것 같은데요.
프로그램 짜는 일은 곡 쓰는 것과 똑같아요. 그 일을 나의 권력으로 보느냐 아니면 음악을 위한 일로 보느냐에 따라 스타일이 나뉘는데, 난 일하면서 내가 누구한테 뭘 해 주는 권력을 가졌다고 생각해 본 적이 없어요. 음악회를 만들기 위해서는 수많은 음악을 듣고, 프로그램의 기승전결과 구조를 생각하고, 내가 모르는 작곡가들을 발견하기도 해요. 그런 일들이 모두 작곡하는 데 상당히 많은 도움이 됐다고 생각해요.

서울시향에서 마지막에는 일반 시즌 프로그램도 만드셨잖아요. 현대음악 시리즈와는 또 다른 차원의 일인데요.
그렇죠. 현대음악 프로그램은 아무래도 제한적인 면이 있지만, 일반 시즌 프로그램에는 좋은 음악이 너무 많잖아요. 2016년에 서울시향의 공연기획 자문 역을 맡아서 2017~2018년 시즌을 만들었는데, 자화자찬인지 몰라도 그런 오케스트라 시즌 프로그램은 다른 데서 볼 수 없을 정도로 훌륭해요. 한국에서 일할 때 느끼는 어려움은 아무리 좋은 걸 해도 사람들이 잘 모른다는 거예요. 알아 달라고 하는 건 물론 아니지만, 어느 정도의 공감대와 이해가 필요한데 그런 점이 부족하니까 아쉽기도 해요.

그 프로그램을 누가 만들었는지는 모를 수 있지만, 2017년 시즌 프로그램이 좋다는 얘기는 많이 나왔고, 이듬해를 기대하게 만드는 프로그램이었어요. 서울시향 얘기는 따로 질문 안 할게요. 그만둔 직후 홍형진 작가와 했던 인터뷰도 있으니까요. 그런데 2016년쯤이 여러 면에서, 개인적으로도 힘든 시기였는데, 그때 쓴 작품이 〈별들의 아이들의 노래〉예요. 창작자에게는 가혹한 얘기일지 모르겠지만, 힘든 때일수록 좋은 작품이 나온다는 생각이 들기도 해요.
그때 힘들었죠. 에너지를 소진하거나 시간을 많이 뺏기면 작품 쓰는 데 방해가 되지만, 그 곡은 몇 년 전부터 계획했던 작품이었어요. 특히 정명훈 선생님이 북한 가서 연주하고 싶다고 말씀하셔서 그 말을 염두에 두고 썼어요.

아, 그런 얘기를 하셨군요?
항상 북한에 가서 연주하고 싶다고 말씀하셨죠. 실제로 다녀오시기도 했고요. 그때만 해도 북한에 가서 무언가를 하는 게 가능해 보였던 시기니까요. 언젠가 북한에 가서 합동으로 연주하게 되면 이 곡을 하면 좋겠다고 염두에 두고 쓴 작품이에요.

그건 몰랐네요. 실제로 할 수 있을지는 모르겠지만, 그럴 수 있다면 정말 의미 있는 일이겠어요. 〈별들의 아이들의 노래〉 합창이 아주 어렵지는 않아서요. 코로나로 모든 것이 중단되었던 지난 2~3년의 기간이 개인적으로는 자신에게 집중하는 계기가 되지 않았을까요?
1년 정도 세상이 멈춰서고 모든 게 취소돼서 집에 가만히 있는 시기였는데, 물론 그런 세상이 또 오면 안 되지만, 개인적으로는 좋은 시간이었어요.

조금 전에 말씀하신 힘들 때 쌓은 삶의 내공이 예순의 나이를 지나면서 더 빛을 발할 것 같아요. 한국에서 24년을 살고 유럽으로 오셨는데, 한국에서의 삶을 돌이켜 보면 어렸을 때와 학창 시절 한국에서의 경험이 본인의 예술적 자아에 어느 정도 영향을 줬다고 느끼세요?
그걸 얘기하기는 힘들죠. 내가 다르게 살았다면 어땠을지를 알아야 비교가 가능할 테니. 당시 사회와 우리 집안의 상황이, 죽어라 뭘 하지 않으면 생존할 수 없는 상황이었기 때문에, 그런 것들이 아무래도 영향을 미쳤을 거예요. 사실 어렸을 때 나의 목표는, 물론 음악을 하겠다는 꿈을 가졌지만, 성공해서 먹고 싶은 걸 마음대로 먹는 거였어요. 어렸을 때 너무 배고팠으니까요. 하여튼 그런 상황에서 지구력이나, 하나를 시작하면 끝장을 봐야 하는 성격이 생겼을 수도 있죠. 물론 타고난 성격도 있겠지만, 내가 아주 부잣집에서 편안하게 자랐으면 이렇지 않을 수도 있죠. 하여튼 어릴 적 삶이 작품 생활하는 데, 작곡가로서의 기본적인 성격 형성에는 상당히 도움이 됐다. (웃음)

아시아 작곡가라는 선입견에 맞서

유럽에서 작곡가로 활동하다 보면 아시아나 한국에 대한 선입견을 마주하잖아요. 한국 출신 작곡가는 한국적인 작품을 해야 한다고 기대하는데, 그런 편견을 돌파해 여기까지 올 수 있었던 게 참 대단하다 싶어요.

나는 성격상 남의 눈치를 보거나 남의 기대에 영합하지 않고도 살 수 있어요. 예술가에게 가장 중요한 성격은 외로움을 견디는 거예요. 외로움을 견디지 못하면 항상 남들의 끊임없는 칭찬이 필요하죠. 남들의 인정이 필요한 사람들은 그들이 요구하는 것에 본인의 성공 여부가 달려 있다고 생각하는데, 나는 그렇지 않았기에 가능했고요. 초창기에 작품이 많지 않았을 때는 한국적인 곡이 하나도 없다고 욕을 많이 먹었지만, 수십 년이 지난 지금은 곡이 많아지고 다양해져서 나한테 왜 한국적인 작품을 안 했느냐는 차원의 불만을 표할 수 없어요. 그만큼 많은 시간이 필요해요.

그리고 일단 사회가 변해야 해요. 특히 독일 사회는 우월주의가 뿌리 깊어요. 너무 뿌리 깊어서 본인들이 모르기도 하죠. 그들이 한국 사람에 대해 갖는 상像이 있어요. 한국에 한 번도 가 본 적 없고 한국이 어떤 곳인지 전혀 모르면서 그런 상을 가지고 있고, 어떤 한국 사람이 그런 상에서 벗어나면 이해하지 못하고 그 사람을 비판하죠. 2차 세계대전 때 독일이 저지른 만행에 대한 콤플렉스도 있고요. 참회하려는 건 좋지만, 제3세계에서 온 사람들을 지나치게 존중해 주는 척하는 건 존중하는 게 아니에요. 존중한다고 하면서 그 사람들에게 자기네가 정의 내린 역할을 부여하는 거예요. '너는 이래야 해, 우리가 하는 걸 감히 건드리지는 말고.' 그건 결국 자기들의 경쟁 상대가 되지 말라는 말이거든요. 그 심리가 상당히 묘해요.

또 한 가지는 제3세계 사람들에게 불쌍한 희생자 코스프레를 하도록 요구해요. 군부 독재에서 고문당하는 서사를 좋아하죠. 독일이 과거에 유대인들에게 잘못했기 때문에 제3세계 사람들을 도와주면서 자신들이 대리로 희생자가 되려고 하는 거예요. 역사적 죄의식을 그런 식으로 푸는 거죠. 나는 그게 순수한 의도라고 생각하지 않아요. '우리는 너무 좋은 사람이야', '우리는 우리 선조가 저지른 범죄를 이런 식으로 참회해'라는 식인데, 굉장히 복잡한 심리예요. 독일 안에서의 외국인들에 대한 편견은 독일 역사에서 그 원인을 찾아야 한다고 봐요. 아주 오랫동안 그래 왔고, 요즘 들어 조금 바뀌긴 했지만 본질적인 변화라고 생각하지는 않아요. 요즘 연주회를 하면 여성이 포함되지 않았다고들 비판하는데, 언제부터 자기네가 여성 작곡가를 배려했다고! 진짜 배려와 공평이 무엇인지 모르는 사람들이에요. 한편으로 독일이라는 나라는 너무나 많은 외국인이 살면서 자기 인생을 꽃피울 수 있는 곳이기도 해요. 나도 독일에 오지 않았으면 이렇게 못 살았을 테니까요. 그런 좋은 뿌리가 있는 사회긴 하지만 반면에 다른 면이 있는 거죠.

2016년 어느 독일 문화평론가와 인터뷰에서 자신의 문화를 한동안 저버린 건 예술가로 받아들여지지 못할 거라는 두려움 때문이었냐는 도발적인 질문에 '나 자신의 문화'가 어떤 것이냐고 반문하시면서, 나는 독일에서 수십 년을 살았고 여러 다른 나라에서 작업해 왔는데, 그런 나 자신의 정체성은 혼합적일 수밖에 없다고 답변하셨어요. 2005년 쇤베르크상 수상 기념 연설에서 아마르티아 센 AMARTYA SEN의 '정체성의 덫' 개념을 언급하실 때부터, 아시아 작곡가로서 느끼는 유럽 사회의 선입견이나 편견에 대해 적극적으로 발언하기 시작했다고 느꼈어요. 유럽인들은 미처 인식하지 못하는 지점을 일깨워 주는 거죠.

이런 식의 작곡은 서양 사람들의 전유물이었어요. 그런데 나 같은 사람이 나타나서 내놓은 작품은 타령이 들어가지도 않고 아무것도 아니거든요. 그들에게는 내가 이런 작곡을 할 이유가 없는 거예요. 자기네가 지금 너무 잘하고 있고, 자신들의 전유물이라고 생각하니까요. 세상은 진짜 너무 많이 달라졌는데. 요즘은 인터뷰에서 그런 식의 얘기를 하진 않아요. 1980~1990년대, 2000년대 초까지만 해도 강하게 그런 걸 요구했죠. 거꾸로 생각해 보면 드뷔시 음악에 상

• 슈테판 드레스 엮음, 이희경 옮김, 『진은숙, 미래의 악보를 그리다』(휴머니스트, 2012)에 수록되어 있다.

당히 많은 가믈란 음악의 영향이 있는데, 그럼 그 사람의 정체성은 뭐예요. 영국 작곡가가 인도의 라가 음악에 관심 있으면 그 사람의 정체성은? 인도가 옛날에 영국의 식민지였으니까 그럴 권리가 있다고 말할 수 있으려나요. 미국 작곡가가 발리에 가서 가믈란을 공부해 곡을 썼다면, 그러면 곡이 좋건 나쁘건 상관없이 그 사람의 정체성은 뭘까요. 왜 그들한테는 그런 질문을 안 하면서 나나 아프리카에서 온 작곡가에게는 그런 질문을 하냐는 거예요. 유럽이나 미국 사람들은 자신들이 온 세계를 발굴DISCOVER할 권리가 있는데 거꾸로는 아니라는 거죠. 얼마나 식민주의적인 생각이냐고요. 자기네가 그렇다는 인식이 없어요.

그러니까 자꾸 얘기해서 일깨워 줘야 하는 것 같아요. 그런 생각을 안 해 봤으니까 지적하면 깨닫긴 하겠죠.
내가 앨리스로 오페라를 했을 때도 왜 한국 사람이 영국 얘기를 쓰냐고 한동안 사람들이 뭐라고 했어요. 존 애덤스가 인도의 동화를 가지고 오페라를 쓰면, 그 사람의 정체성에 대해서는 누구도 질문하지 않아요. 당연하다고 생각하죠. 그리고 내 새로운 오페라가 볼프강 파울리라는 물리학자를 다룬다니까 벌써 몇 사람은 내가 물리학에 관심 있다는 걸 너무 신기해해요. 주인공이 오스트리아 물리학자라서 너무 생소하다고, 왜 한국을 주제로 하지 않냐고요. 한국에는 볼프강 파울리가 없잖아요. (웃음)

오르한 파묵ORHAN PAMUK도 그런 얘기를 했었는데, 유럽 작가에게는 그 나라의 대표성을 요구하지 않으면서 왜 우리 같은 사람에게는 작가 개인이 아닌 그 나라를 대표하라고 하냐고. 그런데 사실 또 그런 정체성을 내세워서 이용한 사람도 많잖아요.
그렇기 때문에 그런 질문이 나오는 거예요.

제 생각에 윤이상 선생님은 그럴 수밖에 없었어요. 그분이 살았던 시대에는 한국 전통이 살아 있었고 그걸 온몸으로 체득한 세대였으니 한국 전통으로 작업하는 일이 자연스러웠지만, 그다음 세대는 그럴 수 없잖아요. 중국의 탄둔譚盾이나 천치강陳其鋼 같은 작곡가들도 처음 나왔을 때는 그들만의 고유함이 있었지만, 다음 세대는 중국적인 걸 내세우면 손쉽게 눈에 띄고 사람들이 인정해 주니까 거기에 영합하는 사람들이 많아지면서 식상해졌죠.
그런데 탄둔의 음악을 봐요. 초기에 괜찮은 작품들도 소위 중국식이라고 사람들이 느끼는 이유가 너무 표피적이에요. 글리산도, 중국 심벌즈 같은 몇 가지 악기를 썼다고 중국적이다? 그게 뭐예요. 한 번 하고 마는 거죠. 깊이도 없고 중국 작곡가들에게 미래를 제시하지도 않아요. 아무것도 아닌, 말하자면 그냥 비즈니스.

그런 것들이 어찌 보면 다수고, 사람들이 또 비즈니스를 장려하니까요. 이 업계에도 깊이 있는 음악에 관심 있는 사람은 어차피 소수라. 하여튼 저는 진은숙이라는 존재가 그전까지 아시아 작곡가들에게 흔히 투사됐던 통념을 깨는 데 기여했다고 생각하고, 그 길을 열었기 때문에 그다음 세대에게는 훨씬 다양한 선택지가 가능해졌다고 봐요. 그런 편견을 뚫고 아시아 작곡가가 유럽 작곡가들과 같은 선상에 자리매김할 수 있게 된 성공 사례가 있다는 게 다행이고요.
요즘 성평등 이슈가 중요해지면서 여성들의 사회 참여 비율을 의무화하는 문제로 논란이 되기도 하잖아요. 여성들이 그동안 사회적 제약으로 자기를 펼칠 기회가 없었기에 길을 열어 준다는 의미로 필요하다는 생각이 들기도 해요. 한국에서는 아직 이런 문제가 공론화되지 않았지만, 최근 유럽에서는 페스티벌이나 음악회에 여성 작곡가나 지휘자가 없을 경우 사회적 이슈가 되기도 하던데, 그 부분에 대해서는 어떻게 생각하세요?
물론 미투 운동 이후로 세상이 많이 변해서, 이제 아시아에서 온 사람도, 흑인도, 여자도 사람 취급을 해 주는 방향으로 바뀌는 것은 긍정적이라고 생각해요. 그런데 문제는, 남자건 여자건 어느 나라 사람이건 작품을 평가할 때는 그 퀄리티로 따지면 되는데, 그렇지 않다는 거예요. 그 음악을 만든 사람이 여자건 남자건 아프리카 사람이건 아시아 사람이건 상관없어야 하는데 그렇지 않았기 때문에 백인 남성이 지배하는 문화가 됐잖아요. 그런데 지금은 다른 방향으로 그전과 똑같이 하고 있어요. 여자이기 때문에 무조건 그 사람의 작품이 연주되는 건 똑같은 모순이라고 생각해요. 내 작품의 퀄리티가 높아서 연주되길 원하지 내가 여자라서 연주되는 일은 정말 악몽이죠.

그런데 이런 업계는 음악적인 것이 아닌 것을 기준으로 계속 굴러오니까요. 2023년 베를린 현대음악 페스티벌의 주제가 '1950년대 음악'이었는데, 프로그램에 여성 작곡가 작품이 없다는 비판에 대해선 어떻게 생각하세요?
전통적으로 작곡은 남자들의 직업이었어요. 이 점은 남자들이 나빠서가 아니고, 우리가 바꿀 수 없는 역사적인 사실이거든요. 수십 년 전부터 작곡하는 여성들이 조금씩 많아져서 지금은 여성 작곡가들의 숫자가 꽤 되지만, 콩쿠르 심사를 가 보면 항상 여성의 비율이 낮아요. 그런데 단지 여성이라는 이유로 뽑을 수 있어요? 누군지 모르고 뽑았을 때 여성이 들어가는 경우도 있고 안 들어가는 경우도 있단 말이죠. 그런데 여성을 뽑기 위해서 좋지 않은 작품을 선택하는 건 누구에게도 도움이 안 돼요. 그런 방식은 그나마 열악한 이 클래식계가 망하는 지름길이에요. 결국은 퀄리티로 판단해야죠.

그동안 긴 이야기 감사합니다. 남은 질문은 나중에 한국에서 다시 할게요.

2023년 하반기 초연 곡들과 베를린 음악축제 연주

안녕하세요. 지난 2월 베를린 인터뷰에서 못 했던 몇 가지 질문을 이어 갈게요. 그간 또 많은 연주가 있었죠? 우선 프레장스 페스티벌에서 취소되었던 〈알라라프 '심장박동의 제의'〉가 한 달 전 바젤에서 드디어 초연되었는데, 연주가 어땠는지 궁금합니다.

아주 재밌는 경험이었어요. 바젤 심포니오케스트라 상임인 아이버 볼턴이라는 지휘자가 고음악 하는 사람인데, 14분짜리 곡을 21분에 했어요.

왜 그렇게 느리게 했나요?

느리게 했는데도 화나지 않았던 이유가, 그 사람이 그 곡에서 음악적으로 자기 나름대로 본 게 있더라고요. 뒤의 2~3분이 엄청 빠른 부분인데 그 부분을 내가 써 놓은 메트로놈 표시보다 훨씬 느리게, 거의 두 배 이상 느리게 연주했는데 나쁘지 않았어요. 그래서 메트로놈 표시를 조금 내릴까 하는 생각도 해요. 이 음악이 다른 내 음악과 달리 길게 나가고, 게다가 울림이 큰 홀에서 연주했으니 오히려 빨리하면 이해하기 힘든 부분이 있었을 것 같기도 해요. 느리게 한것이 나름대로 좋은 경험이었어요. 2월에 첫 리허설을 하고 나서 조금 고쳤고 이번에 망신 안 당할 정도로는 했는데, 이 곡을 확장해야겠다는 생각이 들더라고요. 이 곡 자체가 윤이상 선생님 음악보다 더 정적으로 길게 가는 성격이라서요.

지금까지 작품 중에 그런 건 없었는데요.

처음으로 해 봤어요. 2024년 1월 암스테르담 연주 때 더 들어 본 다음 시간을 두고 생각해 보려고요. 음악의 성격이 이전 곡들과 너무 다르니까 나도 적응하는 데 시간이 필요해요. 하여튼 굉장히 새로운 경험이었어요.

초연 전에 걱정하더니 그래도 곡이 잘 나왔네요.
녹음을 들어 봐야 해요. 드레스 리허설 때 꽤 잘했는데 본 연주는 좀 망쳤거든요. 녹음은 첫날 연주밖에 안 해서 리허설한 것과 편집해 방송할 예정이라고 해요. 방송 전에 내가 한번 들어 봐야죠.

이 작품도 초연 이후 연주가 계속 잡혀 있지만, 11월 초에는 바이에른 국립오케스트라가 켄트 나가노의 지휘로 〈오페라스코프〉를 초연하잖아요. 이 곡도 2024년 1월에 공동 위촉자인 에스프리 오케스트라가 캐나다에서 북미 초연하고, 이어 브라질에서 남미 초연 후, 2024년 4월에는 파리 오케스트라 연주로 이어지더군요. 2023/2024 시즌에 관현악곡이 두 곡이나 초연되고, 시즌 시작할 때 루체른 페스티벌과 베를린 음악축제에서도 여러 곡이 연주되었는데요.
8월 30일 바젤에서 〈알라라프〉 초연한 날 베를린 음악축제에서 〈생황 협주곡〉을 연주했고, 9월 2일에 루체른 페스티벌에서도 〈생황 협주곡〉을 했어요. 다음 날 베를린 음악축제에서는 앙상블 모데른 오케스트라가 〈스피라〉를 했는데 그 연주가 너무 좋았어요.

조지 벤자민이 지휘했죠?
그래서 좋았어요. 클라우스 메켈레도 이 곡을 여러 번 했잖아요. 2021년 파리 오케스트라와 했고, 2023년 초 클리브랜드에서도 했는데, 메켈레가 빨리 연주한 무대가 진짜 좋았거든요. 그 친구야 전문 지휘자니까 여하튼 잘 만들어 냈는데, 조지 벤자민의 연주를 들으면 이 사람이 음악을 이해한다는 느낌이 들어. 나도 못 들었던 게 들리고 너무 완벽했어요. 게다가 앙상블 모데른 오케스트라는 현대음악을 주로 하는 곳이니까 그런 곡을 잘하잖아요.

앙상블 모데른이 오케스트라 편성으로도 하는군요.
후원이 필요한 일이라 자주는 못 하지만 가끔 해요. 이번 베를린에서는 오케스트라로 연주했는데 너무 좋았어요. 나도 그 곡을 그렇게 제대로 들어 본 적이 처음이에요. 일주일 후 쾰른에서 똑같은 프로그램을 했을 때도 아주 좋았고요.

이번 베를린 음악축제에서 세 곡이 연주됐는데, 〈생황 협주곡 '슈'〉와 〈스피라〉 외에 〈첼로 협주곡〉도 했어요.

〈첼로 협주곡〉은 우여곡절이 있었어요. 일요일(9월 3일)에 〈스피라〉 연주 끝나고, 〈첼로 협주곡〉이 7~8일에 연주되는데 리허설에 오라는 연락이 없는 거예요. 출판사에도 알아보게 했는데 연락이 없고요. 그런데 국립오페라단 합창단에 있는 지인이 화요일에 김치를 갖다준다고 와서는 이 시간에 왜 여기 있냐고, 지금 리허설 시간 아니냐는 거예요. 그래서 연락해 봤더니, 작곡가가 살아 있다는 것도 모르는 것 같았어요.

세상에, 그럴 수가!

하여간 이상했어요. 출판사에서는 아직 리허설이 남았다고 하는데, 안 되겠다 싶어 사람들 통해 이메일을 보냈더니, 그쪽 담당자가 연락 와서 최종 리허설GENERAL PROBE에 초대한다고 하길래, 무슨 소리냐고 했죠. 지휘자도 솔리스트도 오케스트라도 처음 하는 곡이라* 그래선 안 된다고, 다음 날이 쉬는 날이니 최소한 솔리스트와 지휘자만이라도 만나자고 했어요. 만나서 한번 악보를 훑고 마지막 리허설 한 시간 전에 솔리스트 연주를 들어 봤죠. 사실 걱정을 많이 했는데, 어쨌든 진지하게 공부는 해 왔고 인토네이션은 좋더라고요. 피치는 정확한데 빠른 부분을 할 때 소리 하나하나가 안 들리고 퍽퍽 긁는 느낌이 나서 문제였는데, 어쨌든 걱정했던 것보다는 형태가 만들어졌어요. 첫날 슈타츠오퍼 극장 연주는 목요일이라 사람도 많이 안 온 데다 다들 말러 교향곡 5번을 들으러 왔지 내 곡 때문에 온 사람은 없었으니까 분위기가 좋진 않았어요. 그런데 다음 날 필하모니홀에서는 객석이 꽉 찼고 연주도 아무래도 한 번 해 봤으니까 더 좋았어요. 청중 반응도 너무 좋아서 잘 끝났죠. 이번 베를린 음악축제에서 성격이 다른 세 곡을 연주했는데 모두 반응이 괜찮았어요.

베를린에 정착한 지 35년 만에 처음으로 베를린 음악축제에서 작품이 연주되었잖아요. 독일 공영방송의 TV 뉴스 프로그램 '아벤트샤우 ABENDSCHAU'에 인터뷰도 나오고요.

• 2023 베를린 음악축제에서는 앨리사 웨일러스타인의 첼로, 라파엘 파야레의 지휘로 베를린 슈타츠카펠레가 진은숙의 〈첼로 협주곡〉을 연주했다. 앨리사 웨일러스타인은 2025년 5월 북중미(미국 샌디에이고, 멕시코)에서 라파엘 파야레 지휘로 샌디에이고 심포니와 진은숙의 〈첼로 협주곡〉 연주를 이어 갈 예정이다.

사람들이 정말 첫 연주냐고 물어봐요. 못 믿는 거죠. 내가 베를린에서 35년을 살면서 활동하고 있는데 베를린 음악축제에서 내 곡을 단 한 번도 연주한 적이 없어요. 빈리히 호프WINRICH HOPP 감독이 '중요한 일을 놓칠지도 모른다는 두려움TORSCHLUSSPANIK'이 있어서, 지금 하지 않으면 큰일 날 것 같으니 여태까지 하지 않은 걸 약간 변명하는 식으로, 한 곡보다는 집중 조명하는 식으로 한 거예요. 지금 안 하면 욕먹는 분위기인 거죠. 앙상블 모데른 감독이 정말로 베를린 음악축제에서 한 번도 연주한 적 없냐고 재차 물어볼 정도였어요.

베를린에 오래 살았는데 곡을 연주하지 않아서 서운한 마음이 있기는 했어요?
나는 당연하다고 생각했어요. 독일 내에서는 항상 그랬으니까요. 나는 음악회에 가서 내 곡이 연주되는지 여부는 생각하지 않거든요. 베를린필에서 여러 번 연주했으니 별로 아쉽지도 않았고요. 그런데 돌이켜 보니, 수십 년을 살았는데 정말 독일에서 나를 푸대접했다는 생각이 들어요. 베를린필에서의 연주도 모두 외국 지휘자들이 들어와서 나와 작업한 경우잖아요. 2017년에 내 곡을 집중 조명했던 '쾰른 여덟 다리 페스티벌'도 감독이 네덜란드 사람이에요. 2013년 함부르크 북독일방송국의 경우는 책임자가 독일 사람이지만 프랑크•의 절친이라 연결되었고요. 그 외 '비텐 현대실내악축제'에서 〈코스미기믹스〉를 공동 위촉했을 때는 그 독일 감독이 서독일방송 교향악단도 맡고 있어서 〈클라리넷 협주곡〉과 이 곡을 같이 위촉한 경우지, 나머지는 완전히 무시했죠. 뮌헨 '무지카 비바'에서는 한 번도 안 했고요. 물론 빈리히 호프가 무지카 비바와 베를린 음악축제 양쪽 다 감독을 맡고 있어서 2019년에 켄트 나가노가 무지카 비바에 갈 때 나한테 위촉하겠다고 해서 빈리히 호프를 만나 전자 음악이 들어가는 큰 곡을 하기로 얘기했었는데, 나중에 내가 안 한다고 했어요. 그러니까 독일 내에서는 정말로 찬밥이었죠.
그런데 20년 정도는 사방에다, 최소한 현대음악 담당자들에게 나에 대해 안 좋은 얘기를 하고 다닌 분의 영향도 있을 거예요. 내가 프랑크에게 "그 사람이 나한테 무슨 해를 끼칠 수 있다고 생각하는 게 참 웃기다"라고 하니까, "아니야. 해를 끼쳤어"라고 하더라고요. 독일에서 그렇게 프로모션을 해도 잘 안 됐다는 거예요.

• 프랑크 하더스-부테나우 Frank Harders-Wuthenow. 부시 앤드 호크스 출판사 프로모션 책임자

진은숙이 집중 조명됨을 알리는 2023 베를린 음악축제 안내 포스터

어차피 시간은 지나가고 그렇게 방해했는데도 결국 독일 음악계가 진은숙 곡을 연주하지 않으면 부끄러워지는 상황이 되었잖아요.

빈리히 호프는 내 곡이 베를린 음악축제에서 이번에 처음으로 연주된다고 말하면 민망하게 생각해요. 지나가는 말로 현대음악 신은 좀 이상하다면서 마치 자기 책임이 아닌 것처럼 말하더라고요.

그 사람 책임은 아닐 수도 있죠.

자기도 그런 식으로 생각했겠죠. 하지만 시간이 지나면서 너무나 많은 것이 달라졌고, 이제는 하드코어 아방가르드를 했던 사람들이 민망해졌어요. 그 사람들이 옳다고 받쳐 준 이데올로기가 있지 않으면 기능하지 않는 음악이거든요. 그 이데올로기가 흐지부지해지면서 음악적으로도 입지가 없어졌어요.

세상도 많이 달라졌고, 그런 이데올로기로 작동하는 음악이 아니라 시간이 흘러도 꾸준히 연주되는 음악이 남겠죠.

가믈란 음악과 한국 전통 음악

〈생황 협주곡〉을 쓰시기 전에 가믈란 음악에 한동안 매료되셨는데요. 음향적인 관심이었나요?

음향적인 관심도 있지만, 리듬이 만들어지는 텍스처에 꽂혔어요. 가믈란 음악은 흐름이 자연스럽고 음악이 갑자기 빨라졌다가 느려지는 식으로 유동적이거든요. 그런 다이내믹한 음악이 서양 음악에는 없어요. 초창기에 내가 가믈란 음악을 접했을 때는.

그때가 언제였나요?

1990년대 중반이요. 내가 발리에 가지 않은 지 오래됐는데, 지금은 너무 여행지처럼 변했지만 그때만 해도 괜찮았거든요. 거기서 엄청난 음악들을 들었어요. 특히 가믈란 음악이 한국 전통 음악과 다른 점은 굉장히 추상적이라는 거예요. 숫자의 조합 같은 음악이기 때문에, 그 요소를 가져다 음악에 사용하는 편이 한국 음악보다 훨씬 쉬워요. 한국 음악을 이해하려면 그 배경을 알아야 하고, 어떤 걸 가져다 쓰면 금방 한국 음악이라는 느낌이 나니까 내 걸 하기가 힘든데, 가믈란 음악은 그렇지 않거든요. 추상적이고, 리듬 조합이 아주 단순한데도 거기서 아주 복잡한 게 나와요. 대단한 음악이죠. 그래서 나한테 상당히 많은 영향을 미쳤던 것 같아요.

1996~1997년에 쓴 〈피아노 협주곡〉이 그렇고, 2002년에 나온 〈이중 협주곡〉도 가믈란 음악 분위기가 물씬 나요.

그건 완전히 하이퍼 가믈란이죠. 〈피아노 에튀드〉 1번 "인 시 IN C"의 리듬 조합도 거의 가믈란에서 왔어요. 물론 화성 체계는 배음들을 사용했으니 가믈란 음악과는 완전히 다르지만요.

가믈란 음악이 어떤 식으로 작곡에 영향을 주었나요?

요즘 쓰는 음악에서는 많이 벗어났지만, 〈피아노 협주곡〉과 〈이중 협주곡〉, 〈피아노 에튀드〉 1번과 5번에 가믈란 음악의 영향이 있죠. 내가 리듬의 텍스처를 짜깁기하듯이, 옷감 짜듯이 만드는 걸 좋아하는데, 가믈란 음악을 접했을 때 그 음악이 가져다주는 인상은 어마어마했어요.

발리에 가서 가믈란 음악을 배우기도 했잖아요.

배웠죠. 이 음악의 층LAYER 하나하나는 단순하거든요. 그 음악을 하는 사람들이 다 농부들이니까요. 그런데 그 층들이 아주 많아서 그것들이 합쳐지면 엄청나게 복합적인 리듬 구조가 만들어져요. 이렇게 전체가 큰 군집같이 극적으로 움직이는 음악은 서양에는 없어요. 다른 곳의 민속 음악 중에도 그런 음악은 없는 것 같아요.

음향보다는 리듬에 더 끌리신 거예요?

음향도 그런 금속성 소리를 내가 워낙 좋아하죠. 가믈란 음악은 노래가 들어가거나 연극이나 춤에 전통적인 스토리가 있는데, 음악 자체는 추상적인 음의 숫자 조합 같은 구조라서 스토리를 묘사하거나 표현하는 식이 아니라 완전히 추상적이에요. 극적으로 움직이는데 음악은 추상적이라는 점이 놀라워요. 그런데 그 점을 느끼는 사람들이 많지 않아요. 그곳 사람들은 항상 하던 걸 하는 거고요.
미분음들이 동네마다, 가믈란 그룹마다 달라요. 악기를 세트로 주문하는데, 서양에서 미분음을 생각하듯이 몇 센트(주파수 측정 단위)라고 정해진 게 아니라 대충의 미분음이라 이 마을 세트는 저 마을 세트와 다르고요. 그룹마다 고유한 미분음들이 동시에 연주되면서 웨이브가 생기는 게 가믈란 음악의 특성이에요. 그 사람들에게는 미분음이 부딪히는 소리가 없으면 음악이 아니죠. 가믈란 음악을 하는 분들에게 바흐를 한번 들려줬더니 신기하게 여기더라고요. 저게 음악인가 하는 반응이었어요.

1990년대 중반부터 2000년대 초반까지 가믈란이 음악적 아이디어의 중요한 원천이었네요. 이번 프레장스 페스티벌 프로그램 책자에 실린 인터뷰에서 한국 전통 음악과 관련한 질문을 받으셨고, 판소리에 관심 있다는 얘기를 하셨어요.

초기에는 한국 전통 음악에 관심이 없었던 건 아니지만 내 작품에 전통 음악을 끌어들이지는 않았고, 나이 들면서 작품의 폭도 넓어지고 생각도 확장되면서 자연스럽게 그런 가능성을 생각하고 있다는 얘기였어요. 언어 얘기도 나왔는데, 내가 성악곡에서 한국어 가사를 한 번도 쓴 적이 없거든요. 그 인터뷰에서는 얘기하지 않았지만, 첫 번째 이유는 좋은 텍스트를 못 찾아서예요. 최소한 내가 본 텍스트 중에는 쓸 만한 걸 구하지 못했고, 한국어로 작업을 한다면 사실 판소리가 한국 언어에 가장 잘 맞는 음악 형태거든요. 그런 의미에서 했던 얘기예요.

전통 연주자들과 협업하는 한국 작곡가들에 대한 언급도 있었는데, 한국 전통 음악을 가져다가 그 음악을 제대로 연구하지 않고 그냥 쓰는 문제도 지적하셨어요. 한국에 올 때마다 계속 전통 악기를 이것저것 많이 찾아보셨는데, 혹시 판소리 말고 기악곡으로 생각하고 있는 건 없나요?

아직은 내가 그렇게 할 만한 상황이 아니에요. 일단 악기가 개발돼야 하는데, 음악이 존재하지 않으면 악기가 개발될 수가 없고, 그렇게 개발해서도 안 되고요. 서양식 평균율로 반음계가 다 되고 예쁜 소리를 찾는 건 망치는 일이에요. 좋은 음악이 나와서 그 음악과 같이 악기가 개발돼야 하는데, 아직 나는 가능성을 못 찾고 있어요. 무엇보다 어떤 곡을 쓰든지 한국 전통 음악의 느낌에서 벗어날 수 없다는 점이 가장 큰 문제예요. 나중에 어떻게 될지 모르죠. 예전에 서울대 국악과에 가서 편경을 한번 본 적이 있잖아요. 난 악기 제작에 관해선 잘 모르지만, 제작 공정의 전문성이 떨어지지 않나 싶은 생각이 들었어요.

그 악기가 쓰이는 음악이 몇 개 없잖아요. 주로 제례악에서만 쓰이고, 사용을 많이 안 하니까 제작이 많이 안 돼서 그런 것 아닐까요?

악기가 두 개 있었는데 피치가 다 달랐잖아요. 다른 한국 악기와 달리 고정된 피치가 있으면 정확한 음고를 만들어 내는 시스템이 있어야 하는데, 한국 음악이라는 것 자체가 지금 우리가 생각하는 음악과는 너무나 달라요. 어쨌든지 한국 음악에서 소리가 유동하고, 5음 음계면 간격이 넓어서 그게 가능하지, 예를 들어 반음계로 되어 있다면 안 되잖아요. 여하튼 음악의 정신 자체가 너무 달라서 모르겠어요. 큰 국악관현악단으로 작품을 하려면 진짜로 많은 작곡가가 오랜 기간 곡을 써서 악기도 개발하면서 해야지, 지금 상황에서는 큰 의미가 없다고 생각해요.

2021년 10월 한국에 오셨을 때 국악방송 '원일의 여시아문'에 출연해 지나가는 말로 〈구갈론〉을 국악기로 한번 해 볼까 싶다는 얘기를 하셨어요. 그동안 팀프 작곡 아카데미에서 발표됐던 젊은 작곡가들의 곡들을 포함해 국악기와 서양 악기가 혼합된 편성의 곡들을 여럿 들어보셨을 텐데요. 이런 혼합 편성이 음악적으로 어떤 가능성이 있다고 생각하시는지요. 사실 해결해야 할 복잡한 문제가 많거든요.

일단 소리로부터 시작해야 한다고 생각해요. 만약 내가 국악으로 어떤 곡을 쓴다면 음향으로 시작할 것 같아요. 일단 그렇게 시작해서 원하는 음악의 판타지가 생기고, 그 음악을 구현하는 과정에서 악기들의 한계가 있으면 그 아이디어에 맞게 악기들을 개발하는 거죠. 악기 개발을 먼저 해서 반음계로 만든다기보다는 일단 아이디어가 있어야 해요. 그렇게 악기를 개발하고 연주하는 사람들도 새로운 음악을 하면 기량이 높아지겠죠. 그런 음악들이 많이 나오면서 일상화되면 명인도 나올 수 있고요. 건방진 얘기인지는 몰라도 지금까지는 작업이 별로 안 됐다고 봐요.

곡이 많이 나오긴 하는데 도대체 어떤 음악적 판타지를 갖고 쓴 걸까 싶은 작업이 대부분이라.

음악적인 목적이 있고 그 목적을 통해서 무엇이 필요한지를 생각해야지, 거꾸로는 아니죠. 물론 악기들이 개발되어야 할 필요성은 아주 많아요. 그런데 그냥 서양 악기에 맞춰서 기술적으로 잘하도록 미리 개발해 놓는 건 의미가 없다고 생각해요. 음악이 먼저 있고 그에 맞춰 악기가 나와야죠. 그리고 제 음악적인 관심사가 많이 바뀌었잖아요. 1990년대에 했던 작업과 2000년대에 했던 작업이 다르고, 몇 년 전부터 또 바뀌고 있어서, 일단 그쪽으로도 생각해 보는 중이에요. 〈구갈론〉은 국악기를 쓰지도 않았고 전통 음악에서 가져다 쓴 부분도 없지만 아주 한국적인 음악이잖아요.

그렇죠. 분위기가.

굳이 전통 음악에서 가져다 써서 한국적인 냄새가 나야 한국적인 음악이 아니고, 서양에서 하지 않는 새로운 것을 만들어 내면 한국적인 음악이 될 수 있으니까요. 그래서 〈구갈론〉은 시간이 되면 최소한 한 악장 정도, 다섯 번째 곡("판잣집 앞에서 추는 춤")은 국악기로 편곡해 보려고요. 그 곡은 국악기 편곡의 연주가 가능할 거라고 생각해요. 다른 곡은 테크닉 면에서, 바이올린 파트를 해금으로 하는 건 불가능하니까 어려울 테고요. 이 곡은 한 악장 정도 실험 삼아 해 보는 거죠.

그렇게 해서 막상 소리를 들어 보면 악기의 한계와 가능성을 더 알 수 도 있을 테고요.

내가 생각하는 전통 악기들의 한계는 그 소리를 들으면 한국 전통 음악이 바로 연상된다는 점이에요. 내 식으로 쓸 수가 없는 거죠. 나 는 내 음악을 해야 하니, 그런 점을 어떻게 피해 갈 수 있을지가 과 제예요.

〈구갈론〉으로 해 보면 그 가능성이 보일 수도 있을 것 같아요. 이미 쓰 인 곡이니까.

전통 음악에서 연주하는 식이 아니라, 농현 없이 악보에 쓰인 음으 로만 연주해서 조합하면 충분히 가능해요. 피아노에 타악기식으로 쓴 부분은 장구 같은 악기가 하면 되니까.

앞으로의 계획

2025년 상반기에 무대에 올려질 오페라 작업 후에는 어떤 작품을 구상하고 계세요?

제가 〈구갈론〉 같은 곡을 음악극으로 하겠다고 했잖아요? 그 작품을 엑상프로방스 페스티벌에서 2027년에 하자고 하는데, 그해는 도저히 안 되고 빨라도 2028년에나 할 수 있을 거예요. 이 음악을 하기 위해 풀어야 할 과제가 많거든요. 지금 내가 생각하고 있는 음악은 완전히 새로운 세상이라 새로운 길을 개척해야 해요. 극의 형태를 어떻게 할지 정해야 하고요. 판소리에서 아니리 하듯이 내레이션하는 사람도 필요하니, 판소리에서 데려와야죠. 그런데 악보를 연습해서 노래도 할 수 있어야 하는데 그런 사람들이 있을까요?

요즘 젊은 소리꾼들은 다 해요. 전통 음악에서 말하는 '성음'이 서양 음악과는 전혀 다른 결이지만, 국악 연주자들의 기량이 전반적으로 높아져서 서양식 악보도 보면서 전통 음악도 잘하더라고요. 젊은 국악인들 가운데 감각 있는 음악가들이 충분히 있을 거예요. 요즘 워낙 판소리가 융성해서 하는 사람도 많고 경쟁도 치열해서인지 뛰어난 친구들이 꽤 많아요.

한국 판소리 하는 사람만 데려와야 할지 아니면 서양 노래 하는 사람도 포함해야 할지 정해야 하고, 그러려면 양쪽이 중간에서 만나야 하는데 그 지점을 어떻게 구현할지도 생각해야 해요. 또 한국 성악가들이 벨칸토 이탈리아 오페라는 잘해도, 지난 통영국제음악제 때 온드레이 아다멕의 작품을 연주한 일본 가수(시게코 하타 秦茂子)가 했던 식의 퍼포먼스를 한 사람들이 별로 없잖아요. 저음으로 현대음악도 하고, 실용적인 작업도 한 사람이 없는 게 문제예요.

오히려 성악 쪽에서 보이스 퍼포먼스가 가능한 사람을 찾는 게 관건이네요.

오페라 하는 목소리가 아니라, 그런 목소리를 기본으로 하되 판소리로 다가가는 새로운 걸 할 수 있어야 해요. 양쪽이 만나는 거죠. 서양 노래 하는 사람과 판소리 하는 사람을 섞어서 갓 쓰고 양복 입은 것처럼 하면 안 되고요.

그건 결정적으로 연주자들 몫이더라고요.

그리고 프로젝트를 끌어갈 리더가 있어야죠. 한국에서 어떤 단체와 합작하면 그쪽에서 그런 복잡한 실행 계획LOGISTICS을 수행할 수 있을까요?

오페라단은 그렇다 쳐도 창극단이나 예술단 같은 곳은 외부 사람들과 다양한 프로젝트를 해 왔으니 이런 새로운 형태의 음악극 프로젝트도 충분히 해 볼 만할 것 같아요.

공연을 제작해서 여기서도 초연하고 외국 페스티벌에서도 하려면, 사람들을 모아 프로젝트를 이끄는 일을 누가 해야 하니까요.

프로젝트의 아이디어가 구체화되면 여러 단체를 접촉해 볼 수 있을 거예요. 단체보다는 그 단체와 일했던 연출자나 그런 프로젝트를 진행할 만한 제작자를 물색해서 그분에게 조직하는 일을 맡길 수도 있고요. 요즘 국립창극단도 새로운 시도를 많이 해요. 전통에 바탕을 두고 있지만 현대적인 작업으로 히트 치기도 했고요. 판소리 하는 분들과 서양 노래 하는 분들을 결합해서 새로운 프로젝트를 시도한다면 오페라단보다는 창극단 쪽이 훨씬 열려 있을 것 같아요.

그거 좋은 아이디어네요. 그렇게 하지 않으면 이 아이디어를 실현하기가 너무 힘드니까 그런 단체와 해 보면 좋겠어요.

어떤 단체와 접촉해 볼지는 프로젝트의 성격에 따라 달라질 테니, 기본적인 포맷이 나오면 그때 생각해도 되지 싶어요.

그런데 그 포맷이 나오려면 내가 노래하는 사람들이 어떻게 부르는지 들어 봐야 해요. 어떤 식으로 접근해서 누구를 써서 뭘 할지 생각해야죠. 이번에 통영에 왔던 일본 가수가 그런 걸 잘해요. 순수한 한국어라도, 대사를 하진 않아도 노래는 어느 정도 배워서 부를 수 있으니까요.

성악가들이 외국어를 몰라도 그 언어로 노래를 하니까, 한국어 노래도 배워서 할 수 있죠. 진짜 흥미로운 프로젝트네요.

그런데 생각해야 할 문제가 한두 가지가 아니에요. 일단은 내가 머릿속에서 생각을 정리하고, 한국에 왔을 때 판소리 하는 사람들도 보면서 감각을 가져야 해요.

여자와 남자 중에 어떤 소리꾼이 필요할까요?

여러 명이 나오니까 여자도 필요하고 남자도 필요해요. 일단 소리가 좋아야 하고 연기를 잘해야 하고, 새로 쓰인 곡을 악보 보고 외워서 연주할 수 있어야죠.

요즘 소리꾼들이 그건 다 해요. 현대곡은 어떨지 모르겠는데 판소리 소리꾼 가운데 스타들도 있고, 아주 어려서부터 소리를 해 와서 역량이 대단하더라고요. 국립창극단 공연에 20~30대도 많이 와서 본다니까요. 《오르페오전》, 《트로이의 여인들》, 《리어》 같은 새로운 소재의 창극도 많이 했고, 최근에는 유명 웹툰 기반의 《정년이》도 무대에 올렸어요.

새로운 현대적인 얘기로 판소리를 할 수도 있고, 그렇게 계속 가야 하지 않을까요?

이미 새로운 시도를 많이 하고 있어서, 조금 더 다른 방향도 충분히 해볼 만하다고 봐요. 2028년이면 5년 정도 남았잖아요.

노래하는 사람들을 보면서 감각을 키우고, 일단은 그 얘기를 내가 써야겠어요.

예전에 말했던 장례식장에서 벌어지는 부조리한 이야기인가요?

맞아요. 이야기가 복잡할 필요는 없잖아요. 그 글은 내가 얼마든지 쓸 수 있어요. 내가 특별히 만들어 낼 필요 없이, 한국 신문만 몇 번 보면 부조리함이 다 담겨 있으니까 그걸 인용하면 돼요. 게다가 부모가 죽으면 자식들 종교가 모두 달라서 장례 절차를 불교식·기독교식·천주교식·무속식으로 할지 싸우다가, 결국은 각자 신부·목사·스님·무당 네 명을 데리고 와서 폴리포니(두 개 이상의 성부를 가진 음악)를 할 예정이거든요. 일단 스님이 염불하면, 대선율로 신부가 그레고리오 성가를 하고, 루터식의 찬송가 비슷한 노래가 나온 다음에 꽹과리 치면서 무당이 나오는 폴리포니.

그걸 음악적으로 만들면 정말 재밌겠네요. 오페라 다음으로 가장 큰 작품이겠어요.

그렇죠. 이 프로젝트가 내 음악의 새로운 길을 열어 줄 것 같아요. 이번에 쓴 오케스트라 곡 〈알라라프〉도 그렇고, 이렇게 오기까지 수십 년이 필요했네요. 그동안의 경험이 있으니까 이런 작품을 해도 한쪽으로 쏠리지 않고 깊이 있게 접근할 수도 있고요. 국악으로 뭘 함부로 할 수는 없는 것 같아요. 이걸 하기까지 40년이 걸렸는데.

그러니까요. 자기 안에서 체화된 다음에 흘러나와야 하는데, 그게 그렇게 쉽냐고요. 전혀 다른 부류의 음악인데 함부로 가져다 쓴다고 제대로 된 작품이 나올 리 없죠.

그동안 긴 인터뷰에 임해 주셔서 감사합니다.

부록

진은숙 연보

1961	7월 14일 경기도 파주에서 감리교 목사 진순항과 서화순의 둘째 딸로 태어남.
1965	부친에게 기본적인 악보 읽기를 배워 독학으로 피아노를 치기 시작.
1974	중학교 음악 선생님의 권유로 피아니스트 대신 작곡가의 길을 가기로 함.
1981	서울대학교 음악대학 작곡과 입학. 1982~1984년 강석희를 사사.
1984	재학 시절 캐나다 세계현대음악제에 〈형태〉 선정 연주.
1985	졸업 작품 〈분광〉 암스테르담 가우데아무스 국제작곡콩쿠르 1등상.
	독일학술교류처DAAD의 장학금을 받아 함부르크 음대 죄르지 리게티를 사사하기 위해 독일행.
1986	첫 위촉작 〈트로이의 여인들〉 그리스 헤라클리온 페스티벌 초연.
1988	함부르크에서 작곡 공부를 끝내고 베를린으로 이주.
1989	베를린 공과대학 전자음악스튜디오와 공동 작업 시작. 이후 10년간 다섯 작품 발표. 암스테르담에서 〈영원에의 길〉 초연.
1990	오슬로 세계현대음악제에서 〈트로이의 여인들〉 개작 초연.
1991	출세작 〈말의 유희〉 발표. 지금까지 100여 회 연주.
1992	파리 앙상블 앵테르콩탱포랭 '리딩 패널'로 선발.
1993	조지 벤자민 지휘로 런던에서 〈말의 유희〉 개작 완성본 초연.
	관현악곡 〈상티카 에카탈라〉 도쿄도 150주년 기념 국제작곡콩쿠르에서 1등상.
1994	파리 시테 앵테르나쇼날 데 자르 레지던스 예술가로 선정.
	런던 부시 앤드 호크스 출판사와 독점 계약 체결.
	앙상블 앵테르콩탱포랭 위촉작 〈기계적 환상곡〉 파리에서 초연.
1996	크로노스 콰르텟 위촉작 〈파라메타스트링〉 서울에서 초연.
1997	BBC 웨일스 국립오케스트라 위촉작 〈피아노 협주곡〉 카디프에서 초연.
	〈피아노 에튀드〉 2~4번 오를레앙 국제피아노콩쿠르에서 현대 피아노작품 분야 1등상.

〈기계적 환상곡〉 개작 초연으로 앙상블 앵테르콩탱포랭과 본격적인 협업 시작.

맨체스터 세계현대음악제 심사위원. 첫 국제 무대 심사 활동.

1999 앙상블 앵테르콩탱포랭 위촉작 〈씨〉 파리 초연 후 미국 순회 연주 프로그램에 포함.

부르주 국제전자음악콩쿠르 1등상 수상.

런던 필하모니아 오케스트라 현대음악 시리즈 '뮤직 오브 투데이'에서 진은숙 음악 집중 조명.

〈시간의 거울〉 런던 로열앨버트홀에서 켄트 나가노 지휘로 초연. 켄트 나가노와의 첫 협업.

2000 핀란드 음악가 마리스 고토니 Maris Gothóni 와 결혼.

피에르 불레즈 탄생 75주년 기념, 런던 사우스뱅크 센터 위촉작 〈피아노 에튀드〉 6번 "그레인" 초연.

2001 아들 리윤 Liyun 출산.

베를린 독일교향악단 DSO 2001/2002 상주 작곡가. 2002년 1월 〈바이올린 협주곡〉 초연.

2002 버밍엄 현대음악그룹이 버밍엄과 런던에서 〈말의 유희〉 공연. 사이먼 래틀 경과의 첫 협업.

2004 〈바이올린 협주곡〉(2001) 그라베마이어 작곡상 수상.

2005 첫 독집 음반 도이치그라모폰 DG '20/21' 시리즈로 출시(2011년 카이로스에서 재출시).

사이먼 래틀 지휘, 크리스티안 테츨라프 협연으로 베를린 필하모닉이 〈바이올린 협주곡〉 연주.

빈에서 아르놀트 쇤베르크상 수상.

2006 서울시립교향악단 상임 작곡가로 부임해 현대음악 시리즈 '아르스 노바' 12년간 기획 운영.

바이올린과 라이브 일렉트로닉을 위한 〈이중 구속?〉 작업으로 파리 이르캄과 협업 시작.

2007 첫 오페라 《이상한 나라의 앨리스》가 뮌헨 오페라 페스티벌 개막작으로 바이에른 국립오페라극장에서 켄트 나가노 지휘, 아힘 프라이어 연출로 초연.

이탈리아 미토 세템브레 무지카, 프랑스 스트라스부르 음악 페스티벌, 스웨덴 우메오 페스티벌, 맨체스터 왕립 노던 음악칼리지 등에서 진은숙 음악 집중 조명.

하이델베르크 예술상, 경암학술상, 대원문화재단 음악상 수상.

2008 첫 오케스트라 곡 〈로카나〉 켄트 나가노 지휘, 몬트리올 교향악단 초연 후, 뉴욕 카네기홀을 포함한 미국 순회공연.

오페라 《이상한 나라의 앨리스》 DVD 유니텔 클라시카에서 출시.

2009   세 개 작품 초연. 〈첼로 협주곡〉 런던 로열앨버트홀에서, 〈생황 협주곡 '슈'〉 도쿄 산토리홀에서, 〈구갈론〉 베를린 콘체르트하우스에서.

아나렉타에서 켄트 나가노 지휘, 몬트리올 교향악단 연주로 진은숙 음반 출시.

2010   〈구갈론〉 모나코 피에르 대공 재단 작곡상 수상.

〈첼로 협주곡〉 영국 작곡가상 수상.

정명훈이 이끄는 서울시립교향악단의 독일 · 러시아 · 이탈리아 · 체코 순회공연에서 〈바이올린 협주곡〉과 〈생황 협주곡 '슈'〉 연주.

2011   에사-페카 살로넨이 이끄는 런던 필하모니아 오케스트라의 '뮤직 오브 투데이' 예술 감독으로 선임되어 2020년까지 10년간 현대음악 시리즈 음악회 기획.

런던 바비컨 센터 현대음악 페스티벌 '토털-이머전' 시리즈의 진은숙 특집. 4월 9일 온종일 BBC 교향악단, 런던 신포니에타 등이 진은숙 음악 집중 조명.

정명훈이 이끄는 서울시립교향악단 영국 에든버러 페스티벌 · 네덜란드 · 오스트리아 · 독일 순회공연에서 〈생황 협주곡 '슈'〉 연주.

2012   정명훈이 이끄는 서울시립교향악단 북미 순회공연에서 〈생황 협주곡 '슈'〉 연주.

네덜란드 뉴 앙상블과 비텐 현대실내악축제 위촉작 〈코스미기믹스〉를 암스테르담 무지크헤바우에서 초연.

오스트리아 티롤 현대음악제 '클랑슈푸렌' 국제 앙상블 모데른 아카데미 상주 작곡가.

오페라 《이상한 나라의 앨리스》 축약본 세인트루이스 오페라극장에서 미국 초연.

호암 예술상 수상.

2013   〈그래피티〉 구스타보 두다멜 지휘, 로스앤젤레스 필하모닉 초연.

앨런 길버트 지휘로 뉴욕 필하모닉이 연주한 〈구갈론〉 미국 초연이 『뉴욕 매거진』 '올해의 클래식 연주 탑10'에 선정.

'스톡홀름 작곡가 페스티벌'에서 진은숙 특집으로 4회 음악회, 12곡 연주.

2014   포르투 카사 다 무지카 상주 작곡가.

북독일방송NDR 교향악단 '새로운 작품' 시리즈에서 특집 음악회 2회.

도이치그라모폰에서 진은숙 협주곡 세 작품을 담은 음반 출시.

루체른 페스티벌 상주 작곡가. 〈세이렌의 침묵〉 사이먼 래틀 지휘, 바버라 해니건 협연으로 초연.

2015   〈클라리넷 협주곡〉 앨런 길버트 지휘, 카리 크리쿠 협연, 뉴욕 필하모닉

연주로 전곡 초연.

오페라 《이상한 나라의 앨리스》 로스앤젤레스와 런던에서 네티아 존스 연출의 멀티미디어 버전 연주.

〈마네킹〉 뉴캐슬에서 일란 볼코프 지휘, 영국 국립유스오케스트라 초연.

'파리 가을 축제' 초청 작곡가로서 한국의 젊은 작곡가들을 위한 무대 마련.

2016 서울 롯데콘서트홀 개관 기념 위촉곡 〈별들의 아이들의 노래〉 정명훈 지휘, 서울시립교향악단 · 국립합창단 · 국립소년합창단 연주로 초연.

2016~2017 뉴욕대 국제고등연구소 '클래식 음악의 미래' 연구 프로젝트 참가.

2017 퀼른 필하모니 '여덟 다리 페스티벌'에서 진은숙 특집으로 8회 음악회, 13곡 연주.

롯데콘서트홀에서 국내 첫 진은숙 음악 집중 조명.

〈첼로 협주곡〉 브라질 초연. 첫 남미 방문.

비후리 시벨리우스상 20번째 수상. 첫 아시아인, 두 번째 여성 수상자.

베를린 필하모닉 위촉곡 〈코로스 코르돈〉 초연 후 아시아 투어 프로그램에 포함, 음반 출시.

2018 다케미츠 도루 작곡콩쿠르 단독 심사위원 위촉. 진은숙 집중 조명 초상 음악회.

호주 멜버른 '메트로폴리스 현대음악 페스티벌'에서 진은숙 특집으로 9곡 연주.

2019 독일 뷔르츠부르크 모차르트축제 상주 작곡가.

노르웨이 베르겐 국제음악축제 상주 예술가.

2019/2020 함부르크 북독일방송 엘프필하모니 오케스트라 상주 작곡가. 5회 음악회, 14곡 연주.

2020 암스테르담 콘세르트헤바우에서 베토벤 250주년 기념 위촉곡 〈수비토 콘 포르차〉 초연. 코로나 시기였음에도 4년간 140여 회 연주.

2020/2021 로마에 있는 독일 아카데미 빌라 마시모 회원으로 위촉.

2021 통영국제음악제 작곡 아카데미 시작.

2022 〈바이올린 협주곡 2번 '정적의 파편'〉 사이먼 래틀 지휘, 레오니다스 카바코스 협연으로 런던 바비컨 센터에서 초연.

통영국제음악제 예술 감독 취임.

대만 가오슝 웨이우잉衛武營국제음악제 예술 감독 취임.

2023 파리 라디오 프랑스 '프레장스 페스티벌' 올해의 작곡가. 10회 음악회, 17곡 연주.

루체른 페스티벌 작곡 아카데미에 볼프강 림을 대신해 지도. 2024년에도 참여.

《베를린필 진은숙 에디션》(CD 2장과 블루레이 세트) 출시.

2023/2024 바젤 교향악단 상주 작곡가. 〈알라라프 '심장박동의 제의'〉 초연.

2024 《베를린필 진은숙 에디션》이 디아파종 골드 음반에 선정.

에른스트 폰 지멘스상 수상.

암스테르담 콘세르트헤바우에서 오페라 《이상한 나라의 앨리스》 콘서트 버전으로 연주.

영국 올드버러 음악제에서 진은숙 음악 집중 조명.

베니스비엔날레 '비엔날레 무지카' 개막 공연에서 〈바이올린 협주곡 2번〉 연주.

2025 두 번째 오페라 《달의 어두운 면》 함부르크 국립오페라극장에서 초연.

로스앤젤레스 필하모닉 '서울 페스티벌' 프로그램 큐레이션.

수상

1985	네덜란드 가우데아무스 국제작곡콩쿠르 1등상 〈분광〉
1993	도쿄도 150주년 기념 국제작곡콩쿠르 1등상 〈상티카 에카탈라〉
1997	오를레앙 국제피아노콩쿠르 현대 피아노작품 분야 1등상 〈피아노 에튀드〉
1999	부르주 국제전자음악콩쿠르 1등상 〈알레그로 마 논 트로포〉
2004	그라베마이어상 〈바이올린 협주곡〉
2005	아르놀트 쇤베르크상
2007	하이델베르크 예술상
	경암학술상
	대원문화재단 음악상
2010	모나코 피에르 대공 재단 작곡상 〈구갈론〉
	영국 작곡가상 〈첼로 협주곡〉
2012	호암 예술상
	로슈 재단상
2017	비후리 시벨리우스상
2018	뉴욕 필하모닉 마리-호세 크라비스 음악상
2019	함부르크시 바흐상
2021	덴마크 레오니 소닝 음악상
2024	에른스트 폰 지멘스 음악상

상주 작곡가, 예술 감독, 공연기획 자문 등

2001/2002	베를린 독일교향악단 상주 작곡가
2005	통영국제음악제 상주 작곡가
2006~2017	서울시립교향악단 상임 작곡가. 현대음악 시리즈 '아르스 노바' 예술 감독
2009/2010	독일 에센 필하모니 상주 작곡가
2011~2020	런던 필하모니아 오케스트라 '뮤직 오브 투데이' 예술 감독
2012	오스트리아 티롤 현대음악제 클랑슈푸렌Klangspuren 상주 작곡가
2013	스웨덴 스톡홀름 작곡가 페스티벌Tonsättarfestival 상주 작곡가
2014	포르투갈 포르투 카사 다 무지카 상주 작곡가
	스위스 루체른 페스티벌 상주 작곡가
2015	프랑스 파리 가을 축제Festival d'Automne à Paris 상주 작곡가
2016~2017	서울시립교향악단 공연기획 자문역
2017	독일 쾰른 여덟 다리 페스티벌Acht Brücken Musik für Köln 상주 작곡가
2019	독일 뷔르츠부르크 모차르트축제 상주 작곡가
	노르웨이 베르겐 국제음악축제 상주 예술가
2019/2020	독일 함부르크 북독일방송 엘프필하모니 오케스트라 상주 작곡가
2021	대만 가오슝 웨이우잉국제음악제 상주 작곡가
2022	통영국제음악제 예술 감독 선임
	대만 가오슝 웨이우잉국제음악제 예술 감독 선임
2023	파리 라디오 프랑스 프레장스 페스티벌 올해의 작곡가
2023/2024	암스테르담 콘세르트헤바우 NTR 자테르닥(토요)마티네 상주 작곡가
	바젤 교향악단 상주 작곡가

국제 콩쿠르 및 작곡상 심사

1997	국제현대음악협회ISCM 맨체스터 세계현대음악제
2003	앙상블 앵테르콩탱포랭 리딩 패널
2007	크리스토프 델츠 재단 작곡상(루체른 페스티벌, 앙상블 레셰르셰와 공동 주최)
2009	국제윤이상작곡상(윤이상평화재단 주최)
2010	국제현대음악협회 스웨덴 세계현대음악제

2012	오를레앙 국제피아노콩쿠르
2013	부조니 국제피아노콩쿠르
2017	제네바 국제음악콩쿠르 작곡 부문
2018	다케미츠 도루 작곡상(도쿄 오페라시티 문화재단 주최)
	버르토크 국제음악콩쿠르 작곡 부문(부다페스트 리스트 음악 아카데미 주최)
2018~2023	모나코 피에르 대공 재단 작곡상 심사 음악위원회 위원
2019	루치아노 베리오 국제작곡콩쿠르(산타 세실리아 국립 아카데미 주최)
	하얼빈 국제음악콩쿠르 작곡 부문
2021	바젤 작곡콩쿠르(파울 자허 재단)
	8월 2일 국제작곡콩쿠르(1980년 8월 2일 볼로냐역 학살 희생자 유족회)
2022	제네바 국제음악콩쿠르 작곡 부문
2023	스페인 청소년 지휘콩쿠르

2023년 8월 말 루체른 페스티벌 아카데미의 작곡가 세미나에 볼프강 림을 대신해 강사로 투입된 진은숙.
오른쪽은 스위스 작곡가 디터 암만 © Peter Fischli/Lucern Festival

연도별, 장르별 작품 개관

	성악 작품	오페라	협주곡
1986	〈트로이의 여인들〉		
1987			
1988			
1989			
1990			
1991			
1992			
1993	〈말의 유희〉		
1994			
1995			
1996			
1997			〈피아노 협주곡〉
1998			
1999	〈시간의 거울〉		
2000	〈칼라〉		
2001			〈바이올린 협주곡〉
2002			〈이중 협주곡〉
2003			
2004	〈스내그스 앤 스널스〉		
2005	〈칸타트릭스 소프라니카〉	《이상한 나라의 앨리스》	
2006			
2007			
2008			
2009			〈첼로 협주곡〉, 〈생황 협주곡〉
2010			
2011	〈장면들〉(오페라 발췌곡)		
2012			
2013			
2014	〈세이렌의 침묵〉		〈클라리넷 협주곡〉
2015			
2016	〈별들의 아이들의 노래〉		
2017	〈퍼즐과 게임〉(오페라 발췌곡)		
2018			
2019	〈이제 끝이다〉		
2020			
2021			〈바이올린 협주곡 2번 '정적으
2022		《달의 어두운 면》	
2023			
2024			
2025			

오케스트라 곡	그 외 기악곡	전자 음향 포함
		〈영원에의 길〉(테이프 음악)
	〈기계적 환상곡〉	〈알레그로 마 논 트로포〉(테이프 음악)
	〈피아노 에튀드〉 2~4번	
		〈파라메타스트링〉(전자 음향)
	〈씨〉(전자 음향), 〈알레그로 마 논 트로포〉(타악기와 테이프)	
	〈피아노 에튀드〉 1번	
	〈피아노 에튀드〉 6번	
	〈피아노 에튀드〉 5번	
		〈이중 구속?〉(라이브 일렉트로닉)
〈로카나〉		
	〈구갈론〉	
		〈공상적 팡파르〉(전자 음향)
	〈코스미기믹스〉	
〈그래피티〉		
〈마네킹. 타블로 비방〉		
〈코로스 코르돈〉		
	〈그랑 카덴차〉	
〈스피라〉, 〈권두곡〉		
〈수비토 콘 포르차〉		
〈알라리프 '심장박동의 제의'〉		
〈오페라스코프〉		

작품 및 음반 목록

진은숙의 작품은 모두 런던에 있는 음악 출판사 부시 앤드 호크스 사 Boosey & Hawkes 에서 독점 출판된다.

별표(*)로 표시한 곡들은 작곡가가 작품 목록에서 삭제한 것들이다.

출시된 음반/음원은 스포티파이 Spotify 나 애플뮤직 Apple Music 등에서 감상할 수 있다.

1983   **형태** Gestalten (파울 클레의 세 개의 그림에 부쳐). 플루트 · 바이올린 · 피아노를 위한 곡. 초연: 1984년 9월 몬트리올 세계현대음악제. — 12분. * 작품 목록에서 삭제.

1985   **분광** Spektra. 세 대의 첼로를 위한 곡. 초연: 1985년 암스테르담 가우데아무스 작곡콩쿠르. — 11분. * 작품 목록에서 삭제.

1986   **칸초네** Canzone. 피아노곡. 가우데아무스 재단 위촉. 초연: 1986년 암스테르담 가우데아무스 음악제. 르네 에카르트(피아노). — 4분. * 작품 목록에서 삭제.

1986/1990   **트로이의 여인들** Die Troerinnen. 여성 독창자들(두 명의 소프라노와 메조소프라노) · 여성 합창 · 오케스트라를 위한 곡. 에우리피데스의 동명의 작품을 토대로 함. 그리스 헤라클리온 페스티벌 위촉. 개작 초연: 1990년 9월 23일, 오슬로 세계현대음악제, 오슬로 콘서트홀. 스티나 토른베리(소프라노) · 안네-리세 베른트센(소프라노) · 키르스텐 돌베르(메조소프라노), 베르겐 오페라합창단, 베르겐 필하모닉 오케스트라, 지휘 루카 파프. — 22분.

1989   **영원에의 길** Gradus ad infinitum. 테이프 음악. 가우데아무스 재단 위촉. 베를린공대 전자음악스튜디오에서 작업. 초연: 1989년 9월 6일, 암스테르담 세계현대음악제, 네덜란드 아이스브레커. — 11분.

1991~1993   **말의 유희** Akrostichon-Wortspiel. 동화의 일곱 장면. 소프라노와 앙상블을 위한 곡. 미하엘 엔데 『끝없는 이야기』, 루이스 캐럴 『거울 나라의 앨리스』와 진은숙 자신의 텍스트. 가우데아무스 재단 위촉. 초연: 1991년 9월 2일(미완성 첫 버전). 암스테르담. 모니크 크뤼스(소프라노), 뉴 앙상블, 지휘 데이비드 포르셀레인. 개작 완성본 초연: 1993년 9월 8일, 런던 퀸 엘리자베스홀. 퍼넬러피 웜슬리-클라크(소프라노), 프리미어 앙상블, 지휘 조지 벤자민. — 17분.

         【음반】 피아 콤시(소프라노), 앙상블 앵테르콩탱포랭, 지휘 오노 가

즈시. 도이치그라모폰 00289 477 5118(CD 2005). 재발매 카이로스
0013062KAI(CD 2011).

1992   **그늘의 숨결**El Aliento de la Sombra. 테이프 음악. 페스티벌 '인벤치오넨' 위
촉. 베를린공대 전자음악스튜디오에서 작업. 초연: 1992년 베를린 페스
티벌 '인벤치오넨'. ― 18분. * 작품 목록에서 삭제.

【음반】 베를린공대 전자음악스튜디오의 여섯 작품. ACADEMY
0085102ACA (CD 1995).

1993   **상티카 에카탈라** Santika Ekatala. 오케스트라 곡. 초연: 1993년 10월 6일,
도쿄도 150주년 기념 국제작곡콩쿠르 수상작. 도쿄도 교향악단, 지휘 이
노우에 미치요시. ― 15분. * 작품 목록에서 삭제.

1993~1994   **알레그로 마 논 트로포**Allegro ma non troppo. 테이프 음악. 베를린공대 전
자음악스튜디오에서 작업. 폴크마어 하인 50세 생일 기념 위촉. 초연:
1994년 2월 2일, 베를린 예술 아카데미. ― 13분.

타악기와 테이프 버전(1998). 독일학술교류처DAAD 베를린 예술가프로그
램 위촉. 초연: 1998년 9월 25일, 베를린 파로키알 교회. 티에리 미롤리오
(타악기). ― 13분.

【음반】 베를린공대 전자음악스튜디오 50년사. EMF 미디어 054(CD
2005).

1994/1997   **기계적 환상곡**Fantaisie mécanique. 트럼펫 · 트롬본 · 피아노 · 두 명의 타악
기 주자를 위한 곡. 1997년 개작. 초연: 1994년 12월 2일, 파리 퐁피두
센터. 앙상블 앵테르콩탱포랭. 개작 초연: 1997년 6월 8일, 파리 시테 드
라 무지크. 앙상블 앵테르콩탱포랭, 지휘 데이비드 로버트슨. ― 13분.

【음반】 앙상블 앵테르콩탱포랭, 지휘 파트리크 다뱅. 도이치그라모
폰 00289 477 5118(CD 2005). 재발매 카이로스 0013062KAI(CD
2011) | 인터내셔널 앙상블 모데른 아카데미 2012/2013, 지휘 빔바
이 카지보니. 앙상블 모데른 미디어 EMCD-023(CD 2013).

1995   **피아노 에튀드 2번 "시퀀스**Sequenzen**"**. 2003년 개작. 딩 샤오리 위촉. 초
연: 1995년 6월 5일, 베를린. 딩 샤오리(피아노). 개작 초연: 2003년 12월
16일, 도쿄 오페라시티 리사이틀홀. 오오이 히로아키(피아노). ― 3분.

피아노 에튀드 3번 "스케르초 임의로 Scherzo ad libitum**"**. 2003년 개작. 초
연: 1996년 2월 11일, 미국 캔자스주 토피카 공공도서관. 딩 샤오리(피아
노). 개작 초연: 2003년 12월 16일, 도쿄 오페라시티 리사이틀홀. 오오이

히로아키(피아노). — 2분.

피아노 에튀드 4번 "스케일Scalen". 2003년 개작. 초연: 1996년 2월 11일, 미국 캔자스주 토피카 공공도서관. 딩 샤오리(피아노). 개작 초연: 2003년 12월 16일, 도쿄 오페라시티 리사이틀홀. 오오이 히로아키(피아노). — 2분.

【음반】메이 이 푸(피아노). 오드라데크 레코드 8553 1700302 8(CD 2012) ¦ 길예진(피아노). 솔스티스 SOCD300(CD 2013) ¦ 클레어 해먼드(피아노). 비스 레코드 BIS-2004(CD 2014).

1995~1996 **파라메타스트링ParaMetaString.** 현악 사중주와 테이프를 위한 곡. 크로노스 콰르텟 위촉. 전자 음향은 베를린공대 전자음악스튜디오에서 작업. 초연: 1996년 5월 31일, 서울 예술의전당 콘서트홀. 크로노스 콰르텟. — 20분.

【음반】에스메 콰르텟. 알파 클래식스 ALPHA590(CD 2020).

1996~1997 **피아노 협주곡.** BBC 웨일스 국립오케스트라 위촉. 초연: 1997년 6월 6일, 영국 카디프 세인트데이비스홀. 롤프 힌드(피아노), BBC 웨일스 국립오케스트라, 지휘 마크 위글스워스. — 25분.

【음반】김선욱(피아노), 서울시립교향악단, 지휘 정명훈. 도이치그라모폰 481 0971(CD 2014) ¦ 김선욱(피아노), 베를린 필하모닉, 지휘 사카리 오라모, 베를린필 진은숙 에디션 BPHR 230411(CD/Blu-ray 2023).

1998 **씨Xi.** 앙상블과 전자 음향을 위한 곡. 앙상블 앵테르콩탱포랭 위촉. 초연: 1999년 2월 24일, 파리 시테 드 라 무지크. 앙상블 앵테르콩탱포랭, 지휘 데이비드 로버트슨. — 23분.

【음반】앙상블 앵테르콩탱포랭, 지휘 데이비드 로버트슨. 도이치그라모폰 00289 477 5118(CD 2005). 재발매 카이로스 0013062 KAI(CD 2011).

1999~2000 **스펙트르.스페큘레르spectres.spéculaires.** 바이올린과 라이브 일렉트로닉을 위한 곡. 비텐 현대실내악축제와 서독일방송국WDR 위촉. 조지 반 담(바이올린), 쾰른 WDR 전자음악스튜디오, 진은숙(음향 감독). — 22분. * 작품 목록에서 삭제.

【음반】조지 반 담(바이올린), 쾰른 WDR 전자음악스튜디오, 진은숙(음향 감독). 비텐 현대실내악축제 2000 다큐멘테이션 WD 00(CD 2001).

| 1999/2001 | **시간의 거울** Miroirs des temps. 독창자들(카운터테너·두 명의 테너·베이스)과 오케스트라를 위한 곡. 2001년 개작. 기욤 드 마쇼의 전례 텍스트, 페르난두 페소아의 시. 요하네스 치코니아의 발라타 〈오 죽음이여 자비를〉, 14세기 사이프러스섬 야누스 궁정의 비를레 〈나는 사랑에 빠졌답니다〉의 편곡 포함. BBC 위촉. 초연: 1999년 11월 7일, 런던 로열앨버트홀. 힐리어드 앙상블, 런던 필하모닉 오케스트라, 지휘 켄트 나가노. 개작 초연: 2001년 6월 30일, 베를린 필하모니홀. 힐리어드 앙상블, 베를린 독일교향악단, 지휘 켄트 나가노. ― 36분. |

2악장 치코니아의 발라타, 5악장 사이프러스섬의 사랑 노래, 두 개의 편곡 악장 뺀 버전 ― 19분.

[발췌곡]
나의 끝은 나의 시작이요, 나의 시작은 나의 끝이리니 Ma fin est mon commencement Mon commencement est ma fin. 독창자들과 앙상블을 위한 버전. 〈시간의 거울〉 3악장. ― 6분.
나는 사랑에 빠졌답니다 Je suis trestout d'amour raimpli (1999/2001). 독창자와 오케스트라를 위한 버전. 〈시간의 거울〉 5악장. ― 6분 10초.

| 1999/2003 | **피아노 에튀드 1번 "인 시** in C". 2003년 개작. 하노버 현대음악협회 위촉. 초연: 1999년 5월 25일, 하노버. 오오이 히로아키(피아노). 개작 초연: 2003년 12월 16일, 도쿄 오페라시티 리사이틀홀. 오오이 히로아키(피아노). ― 3분. |

【음반】 메이 이 푸(피아노). 오드라데크 레코드 8553 1700302 8(CD 2012) ┃ 길예진(피아노). 솔스티스 SOCD300(CD 2013) ┃ 클레어 해먼드(피아노). 비스 레코드 BIS-2004(CD 2014) ┃ 라우라 파레 로자다(피아노). Nimbus. Seed 012(CD 2020).

| 2000 | **칼라** Kālā. 소프라노와 베이스 독창, 혼성 합창과 오케스트라를 위한 곡. 게르하르트 륌·잉에르 크리스텐센·우니카 취른·군나르 에켈뢰프·아르튀르 랭보·파보 하비코의 텍스트. 덴마크 방송교향악단·예테보리 교향악단·오슬로 필하모닉 오케스트라 위촉. 초연: 2001년 3월 9일, 예테보리 콘서트홀. 피아 콤시(소프라노), 마틴 스넬(베이스), 예테보리 교향악단, 예테보리 심포니 합창단, 지휘 페테르 외트뵈시. ― 32분. |

| 2000 | **피아노 에튀드 6번 "그레인** Grains". 피에르 불레즈 75주년 기념 사우스뱅크 센터 위촉. 초연: 2000년 3월 26일, 런던 사우스뱅크 센터. 롤프 힌드(피아노). ― 3분. |

【음반】 메이 이 푸(피아노). 오드라데크 레코드 8553 1700302 8(CD

2012) ｜ 길예진(피아노). 솔스티스 SOCD300(CD 2013) ｜클레어
해먼드(피아노). 비스 레코드 BIS-2004(CD 2014).

2001 **바이올린 협주곡**. 베를린 독일교향악단 위촉. 초연: 2002년 1월 20일,
베를린 필하모니홀. 비비아네 하그너(바이올린), 베를린 독일교향악단,
지휘 켄트 나가노. — 27분.

> 【음반】비비아네 하그너(바이올린), 몬트리올 교향악단, 지휘 켄트 나
> 가노. 아나렉타 AN 2 9944(CD 2009) ｜ 크리스티안 테츨라프(바이
> 올린), 베를린 필하모닉, 지휘 사이먼 래틀. 베를린필 진은숙 에디션
> BPHR 230411(CD/Blu-ray 2023).

2002 **이중 협주곡**. 피아노·타악기와 앙상블을 위한 곡. 앙상블 앵테르콩탱포
랭과 라디오 프랑스 위촉. 초연: 2003년 2월 2일, 프레장스 페스티벌, 파
리 라디오 프랑스, 올리비에 메시앙홀. 디미트리 바실라키스(피아노), 사
뮈엘 파브르(타악기), 앙상블 앵테르콩탱포랭, 지휘 스테펀 애즈버리. —
20분.

> 【음반】디미트리 바실라키스(피아노), 사뮈엘 파브르(타악기), 앙상
> 블 앵테르콩탱포랭, 지휘 스테펀 애즈버리. 도이치그라모폰 00289
> 477 5118(CD 2005). 재발매 카이로스 0013062KAI(CD 2011).

2003 **피아노 에튀드 5번 "토카타**Toccata**"**. 도쿄 오페라시티 문화재단 위촉. 초
연: 2003년 12월 16일, 도쿄 오페라시티 리사이틀홀. 오오이 히로아키
(피아노). — 3분.

> 【음반】메이 이 푸(피아노). 오드라데크 레코드 8553 1700302 8(CD
> 2012) ｜ 길예진(피아노). 솔스티스 SOCD300(CD 2013) ｜클레어
> 해먼드(피아노). 비스 레코드 BIS-2004(CD 2014) ｜라우라 파레
> 로자다(피아노). Nimbus. 시드 뮤직 012(CD 2020) ｜첸준얀(피아
> 노). It's Time. 왕립음악원 200주년 시리즈. 린 레코드 (CD 2022).

2003~2004 **스내그스 앤 스널스**snagS & Snarls. 소프라노와 오케스트라를 위한 곡. 루
이스 캐럴 『이상한 나라의 앨리스』와 진은숙의 텍스트, 전통 동요. 로스
앤젤레스 오페라하우스 위촉. 초연: 2004년 6월 6일, 캘리포니아 오하이
음악 페스티벌, 리비 보울. 마거릿 톰프슨(메조소프라노), 로스앤젤레스
오페라 오케스트라, 지휘 켄트 나가노. — 13분.

확대 버전(2011) — 16분.

소프라노와 피아노를 위한 편곡(2014, 홀거 그로쇼프). 초연: 2014년 10
월 3일, 서울 엘지아트센터. 서예리(소프라노), 홀거 그로쇼프(피아노)

2004~2005 **칸타트릭스 소프라니카** Cantatrix Sopranica. 두 명의 소프라노·카운터테너와 앙상블을 위한 곡. 거트루드 스타인·해리 매튜·아르노 홀츠·이백·진은숙의 텍스트. 런던 신포니에타·로스앤젤레스 필하모닉 현대음악그룹·오스트리아 장크트뢸텐 축제극장·앙상블 앤테르콩탱포랭·앙상블 무지크파브리크 공동 위촉. 초연: 2005년 5월 18일, 런던 퀸엘리자베스홀. 아누 콤시(소프라노), 피아 콤시(소프라노), 앤드루 와츠(카운터테너), 런던 신포니에타, 지휘 조지 벤자민. — 26분.

> 【음반】아누 콤시(소프라노), 피아 콤시(소프라노), 데이비드 코디에(카운터테너), 무지크파브리크, 지휘 스테펀 애즈버리. 베르고 WER 6851 2(CD 2010).

2004~2007 **이상한 나라의 앨리스** Alice in Wonderland. 여덟 장면 오페라. 루이스 캐럴의 『이상한 나라의 앨리스』를 토대로 한 데이비드 헨리 황과 진은숙의 대본. 로스앤젤레스 오페라단 위촉. 초연: 2007년 6월 30일, 뮌헨 바이에른 국립오페라극장. 바이에른 국립오페라 합창단과 오케스트라, 지휘 켄트 나가노. — 120분.

[발췌곡]
미친 티 파티 서곡 Mad Tea Party Overture (다섯 번째 장면 전주곡). 오케스트라 곡(2007). 초연: 2007년 8월 3일, 인천문화예술회관, 아시아 필하모닉 오케스트라, 지휘 정명훈. — 2분.
이상한 나라의 앨리스 장면들 Scenes from Alice in Wonderland. 소프라노·메조소프라노와 오케스트라를 위한 곡(2010/2011). 초연: 2011년 4월 2일, 포르투갈 포르투 카사 다 무지카. 클레어 부스(소프라노), 수전 비클리(메조소프라노), 포르투 카사 다 무지카 교향악단, 지휘 올라리 엘츠. — 40분.
애벌레의 충고 Advice from a caterpillar. 독주 베이스클라리넷 곡(2007). — 5분.

> 【영상】샐리 매튜스(소프라노), 피아 콤시(소프라노), 디트리히 헨셸(바리톤), 앤드루 와츠(카운터테너), 귀네스 존스(소프라노) 등, 바이에른 국립오페라 합창단과 오케스트라, 지휘 켄트 나가노, 연출 아힘 프라이어, 비디오 감독 엘렌 펠만. 유니텔 A05016472(DVD 2008).

2006~2007 **이중 구속?** Double Bind? 바이올린과 라이브 일렉트로닉을 위한 곡. 이르캄 위촉. 초연: 2007년 2월 12일, 파리 부프뒤노르 극장. 강혜선(바이올린). — 17분.

2007~2008 **로카나** Rocana. 오케스트라 곡. 몬트리올 교향악단·바이에른 국립오페라단·베이징 음악페스티벌 예술재단·서울시립교향악단 공동 위촉. 초연:

2008년 3월 3일, 몬트리올 예술광장 윌프리드-플레티어홀. 몬트리올 교향악단, 지휘 켄트 나가노. — 21분.

【음반】몬트리올 교향악단, 지휘 켄트 나가노. 아나렉타 AN 2 9944 (CD 2009) | 베를린 필하모닉, 지휘 다니엘 하딩. 베를린필 진은숙 에디션 BPHR 230411(CD/Blu-ray 2023).

2008~2009/2013　첼로 협주곡. BBC 프롬스 위촉. 2013년 개작. 초연: 2009년 8월 13일, BBC 프롬스, 런던 로열앨버트홀. 알반 게르하르트(첼로), BBC 스코틀랜드 교향악단, 지휘 일란 볼코프. — 30분.

【음반】알반 게르하르트(첼로), 서울시립교향악단, 지휘 정명훈. 도이치그라모폰 481 0971(CD 2014) | 알반 게르하르트(첼로), 베를린 필하모닉, 지휘 정명훈. 베를린필 진은숙 에디션 BPHR 230411(CD/Blu-ray 2023).

2009/2010　생황 협주곡 '슈śu'. 생(중국 생황)과 오케스트라를 위한 곡. 2010년 개작. 산토리홀 국제프로그램 · 자테르닥마티네 · 로스앤젤레스 필하모닉 · 에센 필하모니 공동 위촉. 초연: 2009년 8월 28일, 도쿄 산토리 음악재단 여름 페스티벌, 산토리홀. 우웨이(생), 도쿄 교향악단, 지휘 아키야마 가즈요시. — 20분.

【음반】우웨이(생), 서울시립교향악단, 지휘 정명훈. 도이치그라모폰 481 0971(CD 2014).

2009/2011　구갈론 - 거리극의 장면들 Gougalōn – Szenen aus einem Straßentheater. 앙상블 곡. 지멘스 예술프로그램과 앙상블 모데른 위촉. 초연: 2009년 10월 9일, 베를린 콘체르트하우스 대극장. 앙상블 모데른, 지휘 요하네스 칼리츠케. — 14분. 확대 개정판 초연: 2012년 1월 10일, 파리 시테 드 라 무지크. 앙상블 앵테르콩탱포랭, 지휘 수산나 멜키. — 21분.

【음원】뉴욕 필하모닉, 지휘 앨런 길버트. 콘택트! 2012/2013 NYP 20130111(iTunes/spotify).

2010~2011/2019　공상적 팡파르 Fanfare chimérique. 공간적으로 배치된 두 개의 관악 앙상블과 라이브 일렉트로닉(혹은 전자 음향)을 위한 곡. 2019년 개작. 이르캄과 앙상블 앵테르콩탱포랭 위촉. 초연: 2011년 4월 15일, 파리 퐁피두센터. 앙상블 앵테르콩탱포랭, 지휘 파트리크 다뱅. — 18분. 개작 초연: 2020년 2월 8일, 파리 라디오 프랑스 스튜디오 104. 라디오 프랑스 음악가들, 지휘 마르티나 바틱.

2011~2012　코스미기믹스 cosmigimmicks. 7중주곡(트럼펫 · 타악기 · 하프 · 기타 · 만돌

린 · 프리페어드 피아노 · 바이올린). 뉴 앙상블 · 비텐 현대실내악축제 공동
위촉. 초연: 2012년 4월 26일, 암스테르담 무지크헤바우. 뉴 앙상블, 지
휘 세우스 안투네스. — 20분.

2012~2013 **그래피티** Graffiti. 실내 오케스트라 곡. 로스앤젤레스 필하모닉 · 바비컨 센
터 · 가나자와 오케스트라 앙상블 · 노르트라인베스트팔렌 NRW 예술재
단 · 앙상블 무지크파브리크 공동 위촉. 초연: 2013년 2월 26일, 로스앤젤
레스 월트디즈니 콘서트홀, 로스앤젤레스 필하모닉, 지휘 구스타보 두다
멜. — 23분.

【음반】 앙상블 무지크파브리크, 지휘 페터 룬델. 베르고 WER 6861 2
(CD 2016).

2014 **클라리넷 협주곡.** 예테보리 교향악단 · 쾰른 서독일방송 교향악단 · 필하
모니아 오케스트라 · 바르셀로나 교향악단 · 뉴욕 필하모닉 공동 위촉. 초
연: 2014년 5월 8일, 예테보리 콘서트하우스. 카리 크리쿠(클라리넷), 예
테보리 교향악단, 지휘 켄트 나가노. 전곡 초연: 2014년 9월 23일, 뉴욕
애버리 피셔홀. 카리 크리쿠(클라리넷), 뉴욕 필하모닉, 지휘 앨런 길버트.
— 25분.

2014 **세이렌의 침묵** Le Silence des Sirènes. 소프라노와 오케스트라를 위한 곡. 호
메로스 『오디세이』 12장과 제임스 조이스 『율리시스』 11장의 텍스트를
토대로 함. 로슈 재단 위촉. 초연: 2014년 8월 23일, 루체른 KKL 콘서트
홀. 바버라 해니건(소프라노), 루체른 페스티벌 아카데미 오케스트라, 지
휘 사이먼 래틀. — 27분.

【음반】 바버라 해니건(소프라노), 베를린 필하모닉, 지휘 사이먼 래
틀. 베를린필 진은숙 에디션 BPHR 230411(CD/Blu-ray 2023).

2014~2015 **마네킹. 타블로 비방** Mannequin. Tableaux vivants. 오케스트라 곡. 사우스뱅크
센터 · 보스턴 교향악단 · 덴마크 국립교향악단 · 멜버른 교향악단 · 북독
일방송 교향악단 공동 위촉. 초연: 2015년 4월 9일, 뉴캐슬 세이지 게이
츠헤드. 영국 국립유스오케스트라, 지휘 일란 볼코프. — 27분.

실내 오케스트라 버전(2021, 편곡 레이몬즈 첼메니스). 초연: 2022년 3월
26일, 뮌헨 국립극장. 바이에른 국립발레단, 안무 마르코 괴케, 지휘 톰
셀리그먼.

2015~2016 **별들의 아이들의 노래** Le Chant des Enfants des Étoiles. 어린이 합창 · 혼성 합
창 · 오르간 · 오케스트라를 위한 곡. 롯데콘서트홀 · 뉴욕 필하모닉 · 필하
모니아 오케스트라 공동 위촉. 초연: 2016년 8월 19일, 서울 롯데콘서
트홀. 서울시립교향악단, 국립합창단, 국립소년합창단, 오르간 신동일,

지휘 정명훈. — 40분.

2017 **이상한 나라의 앨리스 중 퍼즐과 게임** Puzzles and Games from Alice in Wonderland. 소프라노와 오케스트라를 위한 곡. 루이스 캐럴의 『이상한 나라의 앨리스』와 『거울 나라의 앨리스』를 토대로 데이비드 헨리 황과 진은숙이 각색한 텍스트. 초연: 2017년 5월 7일, 쾰른 필하모니. 시오반 스태그(소프라노), 남서독일방송 SWR 교향악단, 지휘 티토 체케리니. — 23분.

앙상블 버전(2019). 초연: 2019년 6월 10일, 뷔르츠부르크 레지덴츠 카이저홀. 니카 고리치(소프라노), 베를린 필하모닉 카라얀 아카데미 장학생들, 지휘 파블로 헤라스-카사도.

【음반】 황수미(소프라노), 팀프 앙상블, 지휘 최수열. 유니버설 뮤직 Universal DU 42239(CD 2022)

2017/2020 **코로스 코르돈** Chorós Chordón. 오케스트라 곡. 베를린 필하모닉 재단 위촉. 초연: 2017년 11월 3일, 베를린 필하모니홀. 베를린 필하모닉, 지휘 사이먼 래틀. — 11분. 2020년 개작.

【음반】 베를린 필하모닉, 지휘 사이먼 래틀. 베를린필 미디어 BPHR 180221(CD 2018) | 베를린 필하모닉, 지휘 사이먼 래틀. 베를린필 진은숙 에디션 BPHR 230411(CD/Blu-ray 2023).

2018 **그랑 카덴차** Gran Cadenza. 두 대의 바이올린을 위한 곡. 안네 소피 무터 위촉. 초연: 2021년 10월 21일, 독일 레겐스부르크대학 아우디맥스. 안네 소피 무터 · 최예은. — 6~8분.

2019 **스피라** SPIRA. 오케스트라를 위한 협주곡. 로스앤젤레스 필하모닉 · 버밍엄시 교향악단 · 파리 오케스트라 · 북독일방송 엘프필하모니 오케스트라 · 로열 스톡홀름 필하모닉 오케스트라 공동 위촉. 초연: 2019년 4월 5일, 로스앤젤레스 월트디즈니 콘서트홀. 로스앤젤레스 필하모닉, 지휘 미르가 그라지니테-틸라. — 19분.

2019 **권두곡** Frontispiece. 오케스트라 곡. 북독일방송 엘프필하모니 오케스트라 위촉. 초연: 2019년 9월 6일. 함부르크 엘프필하모니 대극장. 북독일방송 엘프필하모니 오케스트라, 지휘 앨런 길버트. — 7분.

2019 **이제 끝이다 - '스펨 인 알리움'에 붙인 전주곡** Nulla est finis - a prelude to 'Spem in alium'. 40성부 아카펠라 합창곡. 루크레티우스 『사물의 본성에 관하여』 제1권 150~154행. 초연: 2019년 10월 5일, 스톡홀름 베르발트할렌. 스웨덴 방송합창단, 지휘 앤드루 맨지. — 3분.

2020 **수비토 콘 포르차** subito con forza. 오케스트라 곡. BBC 라디오 3 · 쾰른 필

하모니 · 콘세르트헤바우 오케스트라 공동 위촉. 초연: 2020년 9월 24일, 암스테르담 콘세르트헤바우. 로열 콘세르트헤바우 오케스트라, 지휘 클라우스 메켈레. — 5분.

2020~2021 **바이올린 협주곡 2번 '정적의 파편**Scherben der Stille**'.** 런던 교향악단 · 보스턴 교향악단 · 라이프치히 게반트하우스오케스트라 공동 위촉. 초연: 2022년 1월 6일, 런던 바비컨 센터. 레오니다스 카바코스(바이올린), 런던 교향악단, 지휘 사이먼 래틀. — 27분.

2022 **알라라프 '심장박동의 제의'**Alaraph 'Ritus des Herzschlags'**.** 오케스트라 곡. 프랑스 국립오케스트라 · 암스테르담 NTR 자테르닥마티네 · 바젤 교향악단 · 샌프란시스코 심포니 · 국립대만교향악단 공동 위촉. 초연: 2023년 8월 30일, 바젤 슈타트카지노 음악당. 바젤 교향악단, 지휘 아이버 볼턴. — 13분.

2023 **오페라스코프**Operascope**.** 오케스트라 곡. 바이에른 국립오케스트라 · 에스프리 오케스트라 · 파리 오케스트라 · 상파울루 국립교향악단 · 통영국제음악제 공동 위촉. 초연: 2023년 11월 6일, 뮌헨 국립극장. 바이에른 국립오케스트라, 지휘 켄트 나가노. — 9분.

2022~2025 **달의 어두운 면**Die dunkle Seite des Mondes**. 2막 오페라.** 물리학자 볼프강 파울리의 삶과 업적, 심리학자 카를 구스타프 융과의 관계를 토대로 한 진은숙의 대본(케르스틴 쉬슬러-바흐의 협력). 함부르크 국립오페라극장 위촉. 초연: 2025년 5월 18일, 함부르크 국립오페라극장. 함부르크 국립오페라 합창단과 오케스트라, 지휘 켄트 나가노. — 150분.

주요 음반

진은숙 〈로카나〉, 〈바이올린 협주곡〉
(아나렉타, CD 2009)

몬트리올 교향악단, 지휘 켄트 나가노,
바이올린 비비아네 하그너

진은숙: 세 개의 협주곡
(도이치그라모폰, CD 2014)

〈피아노 협주곡〉, 〈첼로 협주곡〉, 〈생황 협주곡 '슈'〉
서울시립교향악단, 지휘 정명훈, 피아노 김선욱,
첼로 알반 게르하르트, 생황 우웨이

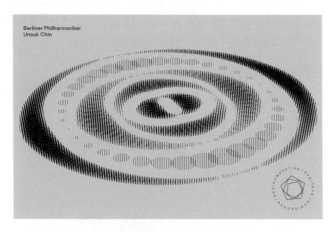

베를린필 진은숙 에디션 **BPHR 230411**
(CD/Blu-ray 2023)

CD 1: 〈바이올린 협주곡 1번〉, 〈첼로 협주곡〉
CD 2: 〈세이렌의 침묵〉, 〈코로스 코르돈〉, 〈피아노 협주곡〉, 〈로카나〉
베를린 필하모닉, 지휘 사이먼 래틀 · 정명훈 · 사카리 오라모 · 다니엘 하딩,
바이올린 크리스티안 테츨라프, 첼로 알반 게르하르트,
소프라노 바버라 해니건, 피아노 김선욱

진은숙 〈말의 유희〉
(도이치그라모폰, CD 2005)

진은숙 〈말의 유희〉 음반 재발매
(카이로스, CD 2011)

〈기계적 환상곡〉, 〈씨〉, 〈말의 유희〉, 〈이중 협주곡〉
앙상블 앵테르콩탱포랭, 지휘 파트리크 다뱅 · 데이비드 로버트슨 · 오노 가즈시 · 스테펀 애즈버리,
소프라노 피아 콤시, 타악기 사뮈엘 파브르, 피아노 디미트리 바실라키스

슈프레히게장(말하는 듯한 노래)
(베르고, CD 2010)

진은숙 〈칸타트릭스 소프라니카〉
앙상블 무지크파브리크, 지휘 스테펀 애즈버리,
소프라노 아누 콤시 · 피아 콤시,
카운터테너 데이비드 코디에

팀프 앙상블 20주년. 한국 작곡가들
(유니버설 뮤직, CD 2022)

진은숙 〈퍼즐과 게임〉
팀프 앙상블, 지휘 최수열, 소프라노 황수미

베를린 필하모닉 아시아 투어 기념 음반
(베를린필 미디어, CD 2018)

진은숙 〈코로스 코르돈〉
베를린 필하모닉, 지휘 사이먼 래틀

무지크파브리크: 그래피티
(베르고, CD 2016)

진은숙 〈그래피티〉
앙상블 무지크파브리크, 지휘 페터 룬델

유클리드의 심연
(앙상블 모데른 미디어, CD 2012)

진은숙 〈기계적 환상곡〉
국제 앙상블 모데른 아카데미 2012/2013,
지휘 빔바이 카지보니

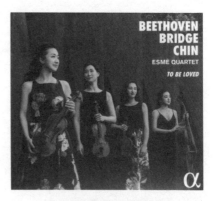

에스메 콰르텟: To Be Loved
(알파 클래식스, CD 2020)

진은숙 〈파라메타스트링〉
에스메 콰르텟

메이 이 푸: Musical Toys
(오드라데크 레코드, CD 2012)

진은숙 〈피아노 에튀드〉 1~6번

길예진: Fulgurances
(솔스티스, CD 2013)

진은숙 〈피아노 에튀드〉 1~6번

클레어 해먼드 에튀드
(비스 레코드, CD 2014)

진은숙 〈피아노 에튀드〉 1~6번

라우라 파레 로자다: Nimbus
(시드 뮤직, CD 2020)

진은숙 〈피아노 에튀드〉 5번 "토카타"

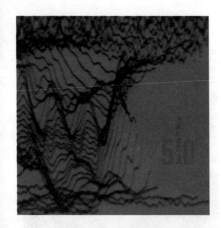

베를린공대 전자음악스튜디오 50년사
(EMF 미디어, CD 2005)

진은숙 〈알레그로 마 논 트로포〉
(1998년 타악기와 테이프 버전 초연 실황 음원)

진은숙 오페라 《이상한 나라의 앨리스》 세계 초연 무대
(유니텔 클래시카, DVD 2008)

지휘 켄트 나가노, 연출 아힘 프라이어, 비디오 감독 엘렌 펠만,
바이에른 국립오페라 합창단과 오케스트라,
소프라노 샐리 매튜스·피아 콤시·귀네스 존스, 바리톤 디트리히 헨셀, 카운터테너 앤드루 와츠 등

진은숙 음악의 연주자들

진은숙이 현재까지 쓴 40편이 조금 넘는 작품들은 다양한 악단과 연주자를 통해 꾸준히 청중을 만나 왔다. 주 활동 무대인 유럽만이 아니라 북미와 남미, 아시아와 오세아니아 지역까지 전 세계에서 연주가 이어지고 있다. 아래 자료는 부시 앤드 호크스 출판사 웹사이트에서 확인한 1990년부터 2024/2025 시즌까지 35년간 1,540여 회의 연주 기록을 토대로 작성한 것이다.

오케스트라와 앙상블은 200개와 86개 악단을 모두 포함했고, 한국어 명칭으로 가나다순 정렬 후 원어를 병기했다. 지휘자는 총 310명 가운데 2회 이상 연주하거나 초연 혹은 주요 연주를 맡았던 164명만 선별해서 정리했고, 성악가도 성악 작품과 오페라에 참여한 142명 가운데 2회 이상 혹은 초연했던 77명(여성 53명, 남성 24명)의 이름만 포함했다. 50명이 넘는 〈피아노 에튀드〉 연주자들 역시 2회 이상 혹은 전곡 연주를 했던 27명만 기록해 두었다.

심포니오케스트라는 한국어 용례에 따라 교향악단으로 통일했다(단, 국립심포니오케스트라는 KBS교향악단의 과거 이름인 국립교향악단과 구분하기 위해 현재 통용되는 이름 그대로 남겨 두었다). 외국인 인명은 일반적으로 통용되는 이름-성 순으로, 동아시아 음악가는 성-이름 순으로 표기했음을 밝혀 둔다. 진하게 표시된 악단과 연주자는 작품의 세계 초연을 맡았던 이들이다. 별표(*)는 10회 이상 연주 횟수를 나타내는데, 오케스트라의 경우만 5회 이상에서 시작해 5~9회*, 10회~**, 20회~***, 40회~****로 표시했다.

오케스트라

가오슝 교향악단 *	Kaohsiung Symphony Orchestra, 高雄市交響樂團
갈리시아 왕립 필하모닉 오케스트라	Orquesta Real Filharmonía de Galicia
경기 필하모닉 오케스트라	Gyeonggi Philharmonic Orchestra
괴팅엔 교향악단	Göttinger Symphonie Orchester
교토시 교향악단	City of Kyoto Symphony Orchestra
국립대만교향악단	National Taiwan Symphony Orchestra (NTSO), 國立臺灣交響樂團
국립심포니오케스트라	Korea National Symphony Orchestra
굴벤키안 오케스트라 *	Gulbenkian Orchestra(리스본)
그라츠 대오케스트라	Grosses Orchester Graz
그랜트파크 오케스트라	Grant Park Orchestra(시카고)
나바라 교향악단	Orquesta Sinfónica de Navarra(스페인)
남서독일방송 교향악단 *	**SWR Symphonieorchester**
남부네덜란드 필하모니	Philharmonie Zuidnederland
네덜란드 방송 체임버 필하모니	Nederlands Radio Kamer Filharmonie
네덜란드 방송 필하모닉 오케스트라 *	Radio Filharmonisch Orkest(RFO)
네덜란드 필하모닉 오케스트라 *	Nederlands Philharmonisch Orkest
노르셰핑 교향악단	Norrköpings Symfoniorkester(스톡홀름)

노를란드 오페라 교향악단 *	Norrlands Opera Symphony Orchestra(스웨덴)
노스잉글랜드 컨서버토리 심포니	North England Conservatory Symphony
뉴뮤직 오케스트라	New Music Orchestra(폴란드)
뉴욕 필하모닉 **	**New York Philharmonic**
뉴월드 심포니	New World Symphony(마이애미)
뉴질랜드 교향악단	New Zealand Symphony Orchestra
닝보 교향악단	Ningbo Symphony Orchestra, 寧波交響樂團 (상하이)
다름슈타트 국립오케스트라	Staatsorchester Darmstadt
대만국가교향악단	National Symphony Orchestra Taiwan (NSO), 國家交響樂團
댈러스 교향악단	Dallas Symphony Orchestra
덴마크 국립교향악단 *	Danish National Symphony Orchestra
도르트문트 필하모닉	Dortmunder Philharmoniker
도쿄 교향악단	**Tokyo Symphony Orchestra, 東京交響樂團**
도쿄도 교향악단	**Tokyo Metropolitan Symphony Orchestra, 東京都交響樂團**
뒤스부르크 필하모닉	Duisburger Philharmoniker
라 페니체 극장오케스트라	Orchestra del Teatro la Fenice(베네치아)
라디오 프랑스 필하모닉 오케스트라 **	Orchestre Philharmonique de Radio France
라이RAI 국립교향악단 *	Orchestra Sinfonica Nazionale della RAI(이탈리아)
라이프치히 게반트하우스오케스트라	Gewandhausorchester
라네르스 오케스트라	Randers Orchestra(덴마크)
런던 교향악단	**London Symphony Orchestra**
런던 신포니에타 **	**London Sinfonietta**
런던 신포니에타 아카데미	London Sinfonietta Academy
런던 필하모닉 오케스트라	**London Philharmonic Orchestra**
로렌 국립오케스트라	Orchestre National de Lorraine
로스앤젤레스 오페라 오케스트라	**Los Angeles Opera Orchestra**
로스앤젤레스 필하모닉 **	**Los Angeles Philharmonic**
로열 스톡홀름 필하모닉 오케스트라 **	Kungliga Filharmoniska Orkestern
로열 콘세르트헤바우 오케스트라 *	**Royal Concertgebouw Orchestra**
루체른 페스티벌 아카데미 오케스트라	**Lucerne Festival Academy Orchestra**
루체른 페스티벌 현대 오케스트라	Lucerne Festival Contemporary Orchestra(LFCO)
룩셈부르크 필하모닉 오케스트라 *	Orchestre Philharmonique du Luxembourg
리가 신포니에타	Sinfonietta Riga(라트비아)
리옹 국립오케스트라	Orchestre National de Lyon

리투아니아 국립교향악단	Lietuvos nacionalinis simfoninis orkestras
릴 국립오케스트라	Orchestre National de Lille
마그데부르크 필하모니	Magdeburgische Philharmonie
마인츠 필하모닉 국립오케스트라	Philharmonisches Staatsorchester Mainz
말뫼 교향악단	Malmö Symphony Orchestra
멜버른 교향악단 *	Melbourne Symphony Orchestra
몬트리올 교향악단 **	**Orchestre Symphonique de Montreal**
몽펠리에 국립오케스트라	Orchestre National de Montpellier
뮌헨 심포니	Münchner Symphoniker
뮌헨 체임버 오케스트라	Münchener Kammerorchester
뮌헨 필하모닉	Münchener Philharmoniker
미네소타 오케스트라 **	Minnesota Orchestra
바덴 슈타츠카펠레	Badische Staatskapelle
바르셀로나 교향악단	Barcelona Symphony Orchestra
바이에른 국립오케스트라 *	**Bayerisches Staatsorchester**
바이에른 방송교향악단	Symphonieorchester des Bayerischen Rundfunks
바젤 교향악단 *	**Sinfonieorchester Basel**
바젤 신포니에타	Basel Sinfonietta
발레아레스 제도 교향악단	Orquestra Simfonica Illes Balears(스페인)
발렌시아 시립오케스트라	Orquesta Municipal de Valencia
밤베르크 교향악단	Bamberger Symphoniker
밴쿠버 교향악단 *	Vancouver Symphony Orchestra
버밍엄시 교향악단	City of Birmingham Symphony Orchestra
버클리 심포니	Berkeley Symphony
베르겐 필하모닉 오케스트라	**Bergen Philharmonic Orchestra**
베르크 오케스트라	Berg Orchestra(프라하)
베르크 체임버 오케스트라	Berg Chamber Orchestra(프라하)
베른 교향악단	Berner Symphonie-Orchester
베를린 독일교향악단 **	**Deutsches Symphonie-Orchester Berlin (DSO)**
베를린 방송교향악단	Rundfunk-Sinfonieorchester Berlin
베를린 슈타츠카펠레	Staatskapelle Berlin
베를린 콘체르트하우스 오케스트라	Konzerthausorchester Berlin
베를린 필하모닉 ***	**Berliner Philharmoniker**
베이징 교향악단	Beijing Symphony Orchestra, 北京交響樂團
벨기에 국립오케스트라	Belgian National Orchestra
보되 신포니에타	Bodø Sinfonietta(노르웨이)
보스턴 교향악단 **	Boston Symphony Orchestra

보훔 심포니	Bochumer Symphoniker
본 베토벤 오케스트라	Beethoven Orchester Bonn
볼티모어 교향악단	Baltimore Symphony Orchestra
부산시립교향악단 *	Busan Philharmonic Orchestra
부에노스아이레스 필하모닉 오케스트라	Orquesta Filarmónica de Buenos Aires
부퍼탈 교향악단	Sinfonieorchester Wuppertal
북극 필하모닉 신포니에타	Arctic Philharmonic Sinfonietta(노르웨이)
북독일방송 엘프필하모니 오케스트라**	**NDR Elbphilharmonie Orchester**
= 북독일방송 교향악단	NDR Sinfonieorchester(2016년 이전)
브레멘 필하모닉	Bremer Philharmoniker
브르노 현대 오케스트라	Brno Contemporary Orchestra(체코)
빈 방송교향악단	Radio-Symphonieorchester Wien
쇠네르윌란 교향악단	Sønderjyllands Symfoniorkester(덴마크)
산타크루즈 심포니	Santa Cruz Symphony
상파울루 국립교향악단 **	Orquestra Sinfônica do Estado de São Paulo
상파울루 심포니	São Paulo Symphony(OSESP)
상하이 오페라하우스 교향악단	Shanghai Opera House Symphony Orchestra
샌프란시스코 심포니 *	San Francisco Symphony
서울시립교향악단 ****	**Seoul Philharmonic Orchestra**
세인트 루크 오케스트라	Orchestra of St. Luke's(뉴욕)
세인트루이스 교향악단	St. Louis Symphony Orchestra
센다이 필하모닉	Sendai Philharmonic Orchestra, 仙台フィルハーモニー管絃樂團
슈투트가르트 필하모닉	Stuttgarter Philharmoniker
스웨덴 방송교향악단 *	Sveriges Radios Symfoniorkester
스위스 로망드 오케스트라 *	Orchestre de la Suisse Romande
스타방에르 교향악단 *	Stavanger Symfoniorkester
스트라스부르 필하모닉 오케스트라	Orchestre philharmonique de Strasbourg
스페인 국립교향악단	Orquesta Nacional de España
슬로바키아 방송교향악단	Slovak Radio Symphony Orchestra
슬로베니아 필하모닉 오케스트라	Slovenska filharmonija
시드니 교향악단	Sydney Symphony Orchestra
시벨리우스아카데미 교향악단	Sibelius Academy Symphony Orchestra(핀란드)
시애틀 심포니	Seattle Symphony
시카고 교향악단 *	Chicago Symphony Orchestra
시카고 신포니에타	Chicago Sinfonietta
신시내티 교향악단	Cincinnati Symphony Orchestra

아메리칸 유스 심포니	American Youth Symphony(로스앤젤레스)
아반티 오케스트라	Avanti Orchestra(핀란드)
아반티 체임버 오케스트라 *	Avanti! Chamber Orchestra(핀란드)
아스투리아스 공국 교향악단	Orquesta Sinfónica del Principado de Asturias
아시아 필하모닉 오케스트라	Asia Philharmonic Orchestra(한국)
아이슬란드 교향악단	Sinfóníuhljómsveit Íslands
아일랜드 국립교향악단	RTE National Symphony Orchestra of Ireland
아텔라스 신포니에타	Athelas Sinfonietta(덴마크)
앙상블 모데른 오케스트라	Ensemble Modern Orchestra(프랑크푸르트)
애스펀 지휘 아카데미 오케스트라	Aspen Conducting Academy Orchestra
애틀랜타 교향악단	Atlanta Symphony Orchestra
에드먼턴 교향악단	Edmonton Symphony Orchestra
에스토니아 국립교향악단	Estonian National Symphony Orchestra
에스프리 오케스트라 *	Esprit Orchestra(토론토)
영국 국립유스오케스트라	**National Youth Orchestra of GB**
예테보리 교향악단 *	**Göteborg Symphoniker**
오덴세 교향악단	Odense Symfoniorkester(덴마크)
오리건 심포니 **	Oregon Symphony
오슬로 필하모닉 오케스트라	Oslo Philharmonic Orchestra
오클랜드 체임버 오케스트라	Auckland Chamber Orchestra
오클랜드 필하모닉 오케스트라	Auckland Philharmonic Orchestra
오페라 노스 오케스트라	Orchestra of Opera North(영국)
왕립음악원 교향악단	Royal Academy of Music Symphony Orchestra(영국)
요미우리 일본 교향악단	Yomiuri Nippon Symphony Orchestra, 讀賣日本交響樂團
유타 심포니 *	Utah Symphony
유토피카 오케스트라	OrchestrUtopica(포르투갈)
인디애나대학 오케스트라	Indiana University Orchestra
인스브루크 티롤 교향악단	Tiroler Symphonieorchester Innsbruck
제오르제 에네스쿠 필하모닉 오케스트라	Georges Enescu Philharmonic Orchestra(부쿠레슈티)
줄리아드 오케스트라	Juilliard Orchestra(뉴욕)
중국 필하모닉 오케스트라	China Philharmonic Orchestra, 中國愛樂樂團
중부독일방송 교향악단	MDR Sinfonieorchester
카스티야 이 레온 교향악단	Orquesta Sinfónica de Castilla y León(스페인)
카탈루냐 국립 바르셀로나 교향악단	Orquestra Simfònica de Barcelona i Nacional de Catalunya
카토비체 폴란드 국립 방송교향악단	National Polish Radio Symphony

	Orchestra Katowice
캐나다 오페라단 오케스트라	Canadian Opera Company Orchestra
캔자스시티 심포니	Kansas City Symphony
케르트너 교향악단	Kärntner Sinfonieorchester (오스트리아 클라겐푸르트)
코부르크 주립극장 필하모닉 오케스트라	Philharmonisches Orchester Landestheater Coburg
쾰른 교향악단	Sinfonieorchester Köln
쾰른 귀르체니히 오케스트라 **	Gürzenich-Orchester Köln
쾰른 서독일방송 교향악단	WDR Rundfunkchor & Sinfonieorchester Köln
쾰른 음악무용대학 오케스트라	Orchester der Hochschule für Musik und Tanz Köln
클리블랜드 오케스트라 **	Cleveland Orchestra
타피올라 신포니에타	Tapiola Sinfonietta(핀란드)
탐페레 필하모닉 오케스트라 *	Tampere Philharmonic Orchestra(핀란드)
태즈메이니아 교향악단	Tasmanian Symphony Orchestra(호주)
토론토 교향악단	Toronto Symphony Orchestra
통영페스티벌오케스트라 *	Tongyeong Festival Orchestra(TFO)
투루쿠 필하모닉 오케스트라	Turku Philharmonic Orchestra(핀란드)
트론헤임 교향악단	Trondheim Symfoniorkester(노르웨이)
파리 오케스트라 *	Orchestre de Paris
패서디나 심포니	Pasadena Symphony(미국)
포르츠하임 바덴 필하모닉	Badische Philharmonie Pforzheim(독일)
포르투 카사 다 무지카 교향악단 *	Orquestra Sinfónica do Porto Casa da Música
포메리지 무지칼리 오케스트라	Orchestra I Pomeriggi Musicali(밀라노)
포즈난 필하모닉 오케스트라	Poznań Philharmonic Orchestra(폴란드)
프라이부르크시 필하모닉 오케스트라	Philharmonisches Orchester der Stadt Freiburg
프랑크푸르트 방송교향악단	hr-Sinfonieorchester
프랑크푸르트 브란덴부르크 국립오케스트라	Brandenburgisches Staatsorchester Frankfurter
피츠버그 교향악단	Pittsburgh Symphony Orchestra
핀란드 방송교향악단 *	Finnish Radio Symphony Orchestra
필하모니아 오케스트라 *	Philharmonia Orchestra(런던)
하이델베르크 필하모닉 오케스트라	Philharmonisches Orchester Heidelberg
할레 슈타츠카펠레	Staatskapelle Halle(독일)
할레 오케스트라	Halle Orchestra(독일)
함부르크 필하모닉 국립오케스트라	**Philharmonisches Staatsorchester Hamburg**

헤이그 레지던스 오케스트라	Residentie Orkest
헬싱보리 교향악단	Helsingborg Symphony Orchestra(스웨덴)
헬싱키 필하모닉 오케스트라	Helsinki Philharmonic Orchestra
홍콩 필하모닉 오케스트라	Hong Kong Philharmonic Orchestra
흐라데츠크랄로베 필하모닉	Hradec Králové Philharmonic(체코)
BBC 교향악단 **	BBC Symphony Orchestra
BBC 스코틀랜드 교향악단 *	**BBC Scottish Symphony Orchestra**
BBC 웨일스 국립오케스트라	**BBC National Orchestra of Wales**
BBC 필하모닉	BBC Philharmonic
KBS 교향악단	KBS Symphony Orchestra

앙상블

가나자와 오케스트라 앙상블	Orchestra Ensemble Kanazawa(일본)
국제앙상블모데른아카데미 앙상블	IEMA-Ensemble(프랑크푸르트)
노이에 베르크 앙상블	das neue werk(함부르크)
노이에 앙상블	Das Neue Ensemble(독일)
누벨 앙상블 모데른	Nouvel Ensemble Moderne(몬트리올)
뉴 앙상블 **	**Nieuw Ensemble(암스테르담)**
뉴 줄리아드 앙상블	New Juilliard Ensemble(뉴욕)
뉴이어 컨템포러리 체임버앙상블	NewEar Contemporary Chamber Ensemble(캔자스시티)
디 라이에	die reihe(빈)
란데스유겐트앙상블 노이에 무지크	LandesJugendEnsemble Neue Musik (슐레스비히홀슈타인)
레만 모던 앙상블	Lemanic Modern Ensemble(스위스)
로잔음악원 컨템포러리 앙상블	HEMU Contemporary Ensemble
루체른 페스티벌 동문 앙상블	Ensemble of the LUCERNE FESTIVAL ALUMNI
루체른 페스티벌 현대 오케스트라 앙상블	Ensemble des Lucerne Festival Contemporary Orchestra
르믹스 앙상블 카사 다 무지카	Remix Ensemble Casa da Música(포르투)
모스크바 뉴뮤직 스튜디오	Studio For New Music Moscow
바르셀로나 216	Barcelona 216
발렌시아 인스트루멘탈 그룹	Grup Instrumental de València
버밍엄 현대음악그룹	Birmingham Contemporary Music Group
불레즈 앙상블 LVII	Boulez Ensemble LVII(베를린)
사선 - 바젤 음대 현대음악 앙상블	DIAGONAL - Ensemble für Zeitgenössische Musik der Hochschule für Musik Basel

사우스웨스트 체임버뮤직	Southwest Chamber Music(로스앤젤레스)
사운드스트림 앙상블	Soundstreams Ensemble(캐나다)
세종솔로이스츠	Sejong Soloists
스토니브룩 컨템포러리 체임버	Stonybrook Contemporary Chamber Players(뉴욕)
슬로윈드	Slowind and Friends(슬로베니아)
아르스 노바 앙상블	Ars Nova / Stefan Östersjö(말뫼)
아스코 쇤베르크 앙상블 *	Asko Schönberg Ensemble(네덜란드)
아스코 앙상블	Asko Ensemble(네덜란드)
아텔라스 앙상블	Athelas Ensemble(덴마크)
아트 레스퍼런트	Art Respirant(일본)
앙상블 노마드	Ensemble Nomad(도쿄도)
앙상블 리네아	Ensemble Linea(스트라스부르)
앙상블 리소난체	Ensemble Risognanze(이탈리아)
앙상블 마자	Ensemble Maja(파리)
앙상블 매드	Ensemble MÀD(그라디냥)
앙상블 모데른 *	**Ensemble Modern(프랑크푸르트)**
앙상블 무지카 노바	Ensemble Musica Nova(프랑스)
앙상블 무지크파브리크	Ensemble Musikfabrik(쾰른)
앙상블 시그널	Ensemble Signal(뉴욕)
앙상블 시 바레	Ensemble C Barré(마르세유)
앙상블 아스콜타	Ensemble Ascolta(슈투트가르트)
앙상블 아인스	Ensemble Eins(한국)
앙상블 아트하우스	Ensamble ArtHaus(아르헨티나)
앙상블 앵테르콩탱포랭 ***	**Ensemble intercontemporain(파리)**
앙상블 오케스트랄 콩탱포랭	Ensemble Orchestral Contemporain(루아르)
앙상블 오프스프링	Ensemble Offspring(호주)
앙상블 옥토푸스	Ensemble Oktopus(뮌헨)
앙상블 외!	Ensemble öi(스위스)
앙상블 유나이티드베를린	ensemble unitedberlin
앙상블 콘트라풍크테	Ensemble Kontrapunkte(빈)
앙상블 콩트레샹	Ensemble Contrechamps(제네바)
앙상블 폴크방 모데른	Ensemble Folkwang Modern(에센)
애스펀 현대 앙상블	Aspen Contermporary Ensemble
업로어 앙상블	Uproar Ensemble(웨일스)
에르마 앙상블	ÉRMA Ensemble(쾰른)
에스비에르 앙상블	Esbjerg Ensemble(덴마크)
오 톤-앙상블	oh ton-Ensemble(올덴부르크)
오벌린 현대음악 앙상블	Oberlin Contemporary Music Ensemble
오페라 랩 베를린	Opera Lab Berlin

웨이우잉 현대음악앙상블	Weiwuying Contemporary Music Ensemble
이스라엘 컨템포러리 플레이어즈	Israel Contemporary Players
익투스 앙상블	Ictus Ensemble(벨기에)
인디애나대학 앙상블	University of Indiana Ensemble
일리전 앙상블	Elision Ensemble(호주)
체임버앙상블 노이에무지크베를린	Kammerensemble Neue Musik Berlin
체임버앙상블N	KammarensembleN(스웨덴)
취리히 콜레기움 노붐	Collegium Novum Zürich
칸타타 프로파나	Cantata Profana(뉴욕)
컬러섬피언 컨소트	Callithumpian Consort(보스턴)
코렌테 앙상블	Corrente Ensemble(런던)
클랑포룸 빈	Klangforum Wien
키메라 학생 앙상블	Chimera Student Ensemble(요크)
탈레아 앙상블	Talea Ensemble(뉴욕)
터닝포인트 앙상블	Turning Point Ensemble(밴쿠버)
팀프 앙상블 *	Ensemble TIMF(한국)
파르코 델라 무시카 컨템포러리 앙상블	Parco Della Musica Contemporary Ensemble(로마)
프리미어 앙상블	**Premiere Ensemble(영국)**
프레젠트 뮤직	Present Music(밀워키)
할시온 앙상블	Halcyon(호주)
홍콩 뉴뮤직앙상블	Hong Kong New Music Ensemble
힐리어드 앙상블	**Hilliard Ensemble(영국)**
BIT20 앙상블	BIT20 Ensemble(베르겐)
GSMD 우부 앙상블	GSMD(Guildhall School of Music and Theater) Ubu Ensemble(런던)
MEC 앙상블	MEC(Monday Evening Concert) Ensemble(로스앤젤레스)
RNCM 뉴앙상블	RNCM New Ensemble(맨체스터)

콰르텟

노르딕 스트링 콰르텟	Nordic String Quartet(덴마크)
아르디티 콰르텟	Arditti Quartet(런던)
에스메 콰르텟	Esmé Quartet(한국)
오슬로 스트링 콰르텟	Oslo String Quartet
카이로스 콰르텟	Kairos Quartet(베를린)
크로노스 콰르텟 *	**Kronos Quartet(샌프란시스코)**

호주 스트링 콰르텟	Australian String Quartet

오페라단/발레단

바이에른 국립발레단 *	Bayerisches Staatsballett
바이에른 국립오페라단	**Bayerische Staatsoper**
빌레펠트 극장	Theater Bielefeld
세게드 컨템포러리 발레단	Szeged Contemporary Ballet
세인트루이스 오페라극장	Opera Theatre of Saint Louis
함부르크 국립오페라단	**Staatsoper Hamburg**

합창단

국립소년합창단	**Korean National Boys Choir**
국립합창단	**Korean National Choir**
그레이트 방송합창단	Groot Omroepkoor(네덜란드)
네덜란드 국립소년합창단	Nationaal Jongenskoor
네덜란드 국립어린이합창단	Nationaal Kinderkoor
베르겐 오페라합창단	**Bergen Opera Choir**
서독일방송 합창단	WDR Choir
서울모테트합창단	Seoul Motet Choir
스웨덴 방송합창단	**Swedish Radio Choir**
예테보리 합창단	**Göteborg Choir**
오슬로 필하모닉 합창단	Oslo Philharmonic Choir
중부독일방송 합창단	MDR Choir
테네브레 합창단	Tenebrae Choir(런던)
필하모니아 보이스	Philharmonia Voices(런던)
홍콩 아츠 페스티벌 합창단	Hong Kong Arts Festival Chorus
홍콩 어린이합창단	The Hong Kong Childrens' Choir
BBC 싱어스	BBC Singers*

지휘자

고트프리트 라블	Gottfried Rabl
구스타보 두다멜	**Gustavo Dudamel**

구스타보 히메노 *	Gustavo Gimeno
기에드레 슬레키테	Giedrė Šlekytė
기욤 부르고뉴	Guillaume Bourgogne
김선욱	Sunwook Kim
네메 예르비	Neeme Järvi
노르문츠 슈네	Normunds Šnē
누누 코엘류	Nuno Coelho
니콜라이 셉스-스나이데르	Nikolaj Szeps-Znaider
닐 톰슨	Neil Thomson
다니엘 네스타 커티스	Daniel Nesta Curtis
다니엘 스튜어트	Daniel Stewart
다니엘 코헨	Daniel Cohen
다니엘 하딩	Daniel Harding
다비트 단츠마이르	David Danzmayr
다비트 라일란트	David Reiland
다비트 아프캄	David Afkham
다비트 포르셸레인	**David Porcelijn**
던컨 워드	Duncan Ward
데이비드 로버트슨	**David Robertson**
데이비드 브로피	David Brophy
데이비드 블룸	David Bloom
디마 슬로보데니우크	Dima Slobodeniouk
라이언 밴크로프트	Ryan Bancroft
라이언 위글스워스	Ryan Wigglesworth
라인베르트 데 레우	Reinbert de Leeuw
라파엘 파야레	Rafael Payare
라하브 샤니	Lahav Shani
레베카 통	Rebecca Tong
레오니다스 카바코스	Leonidas Kavakos
로버트 트레비노	Robert Trevino
롤란트 클루티히	Roland Kluttig
루카 파프	**Luca Pfaff**
루페르트 후버	Rupert Huber
뤼디거 본	Rüdiger Bohn
리오 쿠오크만	Lio Kuokman
마누엘 나브리	Manuel Nawri
마르코 레토냐	Marko Letonja
마르코 앙기우스	Marco Angius
마르쿠스 슈텐츠 *	Markus Stenz

마이클 래퍼티	Michael Rafferty
마이클 크리스티	Michael Christie
마르크 알브레히트	Marc Albrecht
마크 위글스워스	**Mark Wigglesworth**
마르크 키소치	Marc Kissoczy
마티아스 핀처 *	Matthias Pintscher
마틴 브래빈스	Martyn Brabbins
미르가 그라지니테-틸라	**Mirga Gražinytė-Tyla**
미하엘 잔더링	Miachael Sanderling
민정기	Chungki Min
바스 비허르스	Bas Wiegers
박은성	Park Eun Seong
발두르 브뢰니만 *	Baldur Brönnimann
브라이언 커런트	Brian Current
브래드 러브먼 *	Brad Lubman
브루노 만토바니	Bruno Mantovani
비톨프 베르너	Witolf Werner
사이먼 래틀 *	**Simon Rattle**
사카리 오라모	Sakari Oramo
산투-마티아스 로우발리	Santtu-Matias Rouvali
성시연	Shi-Yeon Sung
세우스 안투네스	**Celso Antunes**
수산나 멜키 **	**Susanna Mälkki**
슈테판 가이거	Stefan Geiger
슈테판 마이어	Stephan Meier
스기야마 요이치	Yoichi Sugiyama
스타판 라르손	Staffan Larson
스테판 데네브	Stéphane Denève
스테펀 애즈버리 **	**Stefan Asbury**
스티븐 드루리	Stephen Drury
시몬 영	Simone Young
시안 에드워즈	Sian Edwards
실뱅 캉브를랭	Sylvain Cambreling
아누 탈리	Anu Tali
아르투로 타마요	Arturo Tamayo
아이버 볼턴	**Ivor Bolton**
아키야마 가즈요시	**Kazuyoshi Akiyama, 秋山和慶**
안나 스크릴레바	Anna Skryleva
안드레스 오로스코-에스트라다	Andrés Orozco-Estrada

조너선 헤이워드	Jonathon Heyward
조르주-엘리 옥토르	Georges-Elie Octors
조지 벤자민 *	**George Benjamin**
지앙원빈 *	Wen-Pin Chien, 簡文彬
창텅취	Tung-Chieh Chuang, 莊東傑
천메이안	Mei-Ann Chen, 陳美安
최수열 *	Soo-Yeoul Choi
켄-데이비드 마주어	Ken-David Masur
켄트 나가노 ****	**Kent Nagano**
코르넬리우스 마이스터	Cornelius Meister
크리스찬 바스케스	Christian Vásquez
크리스토프 에셴바흐 *	Christoph Eschenbach
크와메 라이언	Kwamé Ryan
클라우스 메켈레 *	**Klaus Mäkelä**
클라크 런델 *	Clark Rundell
클레멘트 파워	Clement Power
클레르 르바셰	Claire Levacher
토니노 바티스타	Tonino Battista
토마스 쇠네르고르	Thomas Søndergård
톰 셀리그먼 *	Tom Seligman
트론 마센	Trond Madsen
티모시 와이스	Timothy Weiss
티에리 피셔 *	Thierry Fischer
티토 무뇨스	Tito Muñoz
티토 체케리니 *	**Tito Ceccherini**
파블로 곤살레스	Pablo González
파블로 드루커	Pablo Druker
파블로 에라스-카사도	Pablo Heras-Casado
파비오 루이지	Fabio Luisi
파스칼 로페	Pascal Rophé
파트리크 다뱅	**Patrick Davin**
페르티 페카넨	Pertti Pekkanen
페리 소	Perry So
페터 룬델 *	Peter Rundel
페터 히르시	Peter Hirsch
페테르 브라벨	Peter Vrabel
페테르 외트뵈시	**Péter Eötvös**
프랑수아 자비에르-로트	François-Xavier Roth
프랑크 올뤼	Franck Ollu

피에르-앙드레 발라드	Pierre-André Valade
한누 린투	Hannu Lintu
한스 렌더스	Hans Leenders
호칸 하르덴베리에르	Håkan Hardenberger
후안호 메나	Juanjo Mena
휴 볼프	Hugh Wolff

성악가

귀네스 존스	**Gwyneth Jones**
니나 구오	Nina Guo
니카 고리치	Nika Gorič
니콜 티벨스	Nicole Tibbels
도나티엔느 미셸 단삭	Donatienne Michel-Dansac
라우라 뉘캐넨(메조)	Laura Nykänen
레이시 조 벤터(메조)	Lacey Jo Benter
레이첼 길모어 *	**Rachele Gilmore**
롤란데 판데르 팔	Rolande van der Paal
루시 데그래	Lucy Dhegrae
루트 잔트호프(메조)	Ruth Sandhoff
마거릿 톰프슨(메조)	**Margaret Thompson**
마리 아넷	Marie Arnet
마리솔 몬탈보	Marisol Montalvo
멜라니 크로이터	Melanie Kreuter
모니크 크뤼스	**Monique Krüs**
바버라 해니건	**Barbara Hannigan**
박은주	Eun-Joo Park
발딘 앤더슨	Baldin Anderson
사라 쿠프너	Sarah Kuffner
샐리 매튜스 *	**Salley Matthews**
서예리 **	Yeree Suh
수산네 레스마르크(메조)	Susanne Resmark
수전 나루키	Susan Narucki
수전 비클리(메조)	Susan Bickley
스티나 토른베리	**Stina Tornberg**
시오반 스태그	**Siobhan Stagg**
신디아 시든	Cyndia Sieden

신시아 잰슨(메조)	Cynthia Jansen
아누 콤시 *	**Anu Komsi**
안네-리세 베른트센	**Anne-Lise Berntsen**
애슐리 에머슨	Ashley Emerson
앨리슨 벨	Allison Bell
에카테리나 레키나	Ekaterina Lekhina
율리아 렘페	**Julia Rempe**
잇시키 카오리	Kaoli Isshiki, 一色香織
제니 뱅크(메조)	Jenni Bank
제인 헨셀	Jane Henschel
줄리 마케로프	Julie Makerov
쥔네 페터스(메조)	Sünne Peters
캐런 암스트롱	Karan Armstrong
키르스텐 돌베르(메조)	**Kirsten Dolberg**
크리스티아네 린케	Christiane Linke
크리스티아네 욀체	Christiane Oelze
클레어 부스	Claire Booth
키에라 더피	Kiera Duffy
트레이시 달	Tracy Dahl
퍼넬러피 웜슬리-클라크	**Penelope Walmsley-Clark**
페트라 호프만	Petra Hoffmann
피아 콤시 **	**Piia Komsi**
한나-엘리자베트 뮐러	Hanna-Elisabeth Müller
헬레나 윤투넨	Helena Juntunen
황수미	Sumi Hwang

고경일(베이스)	Kyungil Ko
기 드 메이(테너) *	**Guy de Mey**
다니엘 빌링스(바리톤)	Daniel Billings
데이비드 코디에(카운터테너)	David Codier
데이비드 트루젠(카운터테너)	David Trudgen
디르크 메스트마허(테너)	Dirk Mestmacher
디트리히 헨셸(바리톤) *	Dietrich Henschel
라파엘 모라스(테너)	Rafael Moras
루트비히 그랍마이어(바리톤)	Ludwig Grabmeier
뤼디거 트레베스(베이스)	**Rüdiger Trebes**
마틴 스넬(베이스)	**Martin Snell**
매튜 디바티스타(테너)	Matthew DiBattista
브래들리 스모크(베이스바리톤)	Bradley Smoak

브루스 랜킨(테너)	Bruce Rankin
스티븐 리처드슨(베이스)	Stephen Richardson
스티븐 흄스(베이스)	Steven Humes
앤드루 와츠(카운터테너) **	**Andrew Watts**
에릭 라포르테(테너)	Eric Laporte
오브리 앨리콕(베이스 바리톤)	Aubrey Allicock
윤기훈(바리톤)	Kihun Yoon
크리스토퍼 레밍스(테너)	Christopher Lemmings
크리스티안 리거(바리톤)	**Christian Rieger**
토르벤 위르겐스(베이스바리톤)	Torben Jürgens
폴 플라이트(카운터테너)	Paul Flight

피아노 연주자

〈피아노 협주곡〉

김선욱 *	Sunwook Kim
니콜라스 호지스	Nicolas Hodges
롤프 힌드	**Rolf Hind**
베르트랑 샤마유	Bertrand Chamayou
빌헴 라추미아	Wilhelm Latchoumia
앤드루 졸린스키	Andrew Zolinsky
어슐라 오펀스	Ursula Oppens
오오이 히로아키	Hiroaki Ooï, 大井浩明
요나스 아호넨	Joonas Ahonen
제니 린	Jenny Lin
타마라 스테파노비치	Tamara Stefanovich
프란체스코 피에몬테지	Francesco Piemontesi

〈피아노 에튀드〉

길예진 **	Yejin Gil
김선욱	Sunwook Kim
디미트리 바실라키스	Dimitri Vassilakis
딩 샤오리	**Shiao-Li Ding**
라메즈 마하나	Ramez Mhaanna
라우라 파레 로자다	Laura Farré Rozada

롤프 힌드	**Rolf Hind**
마르틴 폰 데어 헤이트	Martin von der Heydt
**메이 이 푸 **	**Mei Yi Foo**
박연민	Yeon-Min Park
베르트랑 샤마유	Bertrand Chamayou
비비안 최	Vivian Choi
안드레아스 스쿠라스	Andreas Skouras
안톤 게르첸베르크	Anton Gerzenberg
앤드루 졸린스키 *	Andrew Zolinsky
에이미 디사나야케	Amy Dissanayake
오오이 히로아키 *	**Hiroaki Ooï**, 大井浩明
윈스턴 최	Winston Choi
제니 린	Jenny Lin
제프리 콘커	Geoffrey Conquer
첸준얀	Junyan Chen
최희연	Hie-Yon Choi
카롤리나 보구스	Karolina Bogus
콜린 리	Colleen Lee
클레어 해먼드 *	Clare Hammond
타마라 스테파노비치	Tamara Stefanovich
플로렌스 밀레	Florence Millet

〈이중 협주곡〉 피아노 협연

나카가와 겐이치	Kenichi Nakagawa
니콜라스 호지스	Nicolas Hodges
디미트리 바실라키스	**Dimitri Vassilakis**
리사 무어	Lisa Moore
마리아그라치아 벨로키오	Mariagrazia Bellocchio
무카이야마 토모코	Tomoko Mukaiyama
세바스티앙 비샤르	Sébastian Vichard
앤드루 졸린스키	Andrew Zolinsky
에릭 휴브너	Eric Huebner
올리버 하겐	Oliver Hagen
콜린 리	Colleen Lee
플로리안 뮐러	Florian Müller
피에르 델리그니에스	Pierre Delignies
헤르만 크레츠슈마르	Hermann Kretzschmar

바이올린 연주자

〈바이올린 협주곡 1번〉

강혜선	Hae-Sun Kang
르노 카퓌송	Renaud Capuçon
비비아네 하그너 ***	**Viviane Hagner**
안드레이 비엘로우	Andrej Bielow
알렉시스 빈센트	Alexis Vincent
양인모	Inmo Yang
에른스트 코바치치	Ernst Kovacic
제니퍼 고	Jennifer Ko
크리스티안 테츨라프	Christian Tetzlaff
프란체스코 도라지오	Francesco D'Orazio

〈바이올린 협주곡 2번 '정적의 파편'〉

레오니다스 카바코스 *	**Leonidas Kavakos**

〈이중 구속?〉

강혜선	**Hae-Sun Kang**
제나 셰리	Jenna Sherry
조르주-에마뉘엘 슈나이더	Georges-Emmanuel Schneider
주마시 풀센	Djumash Poulsen
페테르 헤레스탈	Peter Herresthal
한누 바사라	Hannu Vasara

〈그랑 카덴차〉

강혜선	Hae-Sun Kang
낸시 저우	Nancy Zhou
디에고 토시	Diego Tosi
루 웨이	Wei Lu
리누스 로트	Linus Roth
모하메드 히베르	Mohamed Hiber
미하일 오브루츠키	Mikhail Ovrutsky
베리코 춤부리제	Veriko Tchumburidze

비비아네 하그너	Viviane Hagner
사무엘 네비우	Samuel Nebyu
아가타 심체프스카	Agata Szymczewska
아숏 사르키스얀	Ashot Sarkissjan
안네 소피 무터 **	**Anne-Sophie Mutter**
어빈 아르디티	Irvine Arditti
최예은	**Ye-Eun Choi**

첼로 연주자

〈첼로 협주곡〉

마리 할린크	Marie Hallynck
알반 게르하르트 ***	**Alban Gerhardt**
앨리사 웨일러스타인	Alisa Weilerstein
이상 엔더스	Isang Enders
조지프 존슨	Joseph Johnson
즐라토미르 펑	Zlatomir Fung
타냐 테츨라프	Tanja Tetzlaff
투오마스 레흐토	Tuomas Lehto

생황 연주자

〈생황 협주곡 '슈'〉

| **우웨이 ******* | **Wu Wei** |

클라리넷 연주자

〈클라리넷 협주곡〉

김한	Han Kim
리사 오버랜더	Lisa Oberlander
보글라르커 페체	Boglárka Pecze
제롬 콩트	Jérôme Comte
카리 크리쿠 *	**Kari Kriikku**

〈애벌레의 충고〉(베이스클라리넷)

리처드 헤인즈	Richard Haynes
슈테판 슈나이너	**Stefan Schneider**
아비바 엔딘	Aviva Endean
조나단 하다스	Jonathan Hadas
폴커 헴켄	Volker Hemken
피에 슈텐	Fie Schouten

타악기 연주자

〈이중 협주곡〉 타악기 협연

다니엘 드러크만	Daniel Druckman
다리오 사브론	Dario Savron
데이비드 스완	David Swan
데이비드 호킹스	David Hockings
라이너 뢰머	Rainer Römer
라이언 스콧	Ryan Scott
마수이 아야	Aya Masui
빌 솔로몬	Bill Solomon
사뮈엘 파브르	**Samuel Favre**
사브리나 마	Sabrina Ma
알렉스 리포브스키	Alex Lipowski
오웬 거넬	Owen Gunnell
카토 쿠니코	Kuniko Kato
클레어 에드워즈	Claire Edwardes

〈알레그로 마 논 트로포〉 타악기와 테이프 버전

로지 톨	Rosie Toll
마누엘 알카라스 클레멘테	Manuel Alcaraz Clemente
마츠 린드스트롬	Mats Lindstrom
마티아스 샤크-아르노트	Matthias Schack-Arnott
미하엘 파트만	Michael Pattmann
빅토르 한나	Victor Hanna
사브리나 마	Sabrina Ma
소냐 왓슨	Sonia Watson

스테판 블룸	Stefan Blum
앙투안 브로셰리우	Antoine Brocherioux
에드워드 최	Edward Choi
요시하라 스미레	Sumire Yoshihara, 吉原すみれ
워드 스팽글러	Ward Spangler
조니 악셀슨	Jonny Axelsson
죈케 슈라이버	Sönke Schreiber
첸잉슈	Ying-hsueh Chen, 陳盈孝
크리스티안 디어슈타인	Christian Dierstein
티에리 미롤리오	**Thierry Miroglio**
플로랑 조들레	Florent Jodelet
해리슨 아너	Harrison Honor

찾아보기

인명

진은숙 작품